云南警官学院资助

光明社科文库
GUANGMING DAILY PRESS:
A SOCIAL SCIENCE SERIES

·历史与文化书系·

云南汉晋时期
政区设置与城镇发展研究

李宇舟 | 著

光明日报出版社

图书在版编目（CIP）数据

云南汉晋时期政区设置与城镇发展研究 / 李宇舟著
. --北京：光明日报出版社，2022.9
ISBN 978-7-5194-6803-3

Ⅰ.①云… Ⅱ.①李… Ⅲ.①政区沿革—历史—云南
—汉代②政区沿革—历史—云南—晋代 Ⅳ.①K927.4

中国版本图书馆 CIP 数据核字（2022）第 168370 号

云南汉晋时期政区设置与城镇发展研究
YUNNAN HANJIN SHIQI ZHENGQU SHEZHI YU CHENGZHEN FAZHAN YANJIU

著　　者：李宇舟

责任编辑：杨　茹　　　　　　　责任校对：阮书平
封面设计：中联华文　　　　　　责任印制：曹　净

出版发行：光明日报出版社
地　　址：北京市西城区永安路 106 号，100050
电　　话：010-63169890（咨询），010-63131930（邮购）
传　　真：010-63131930
网　　址：http://book.gmw.cn
E - mail：gmrbcbs@gmw.cn
法律顾问：北京市兰台律师事务所龚柳方律师
印　　刷：三河市华东印刷有限公司
装　　订：三河市华东印刷有限公司
本书如有破损、缺页、装订错误，请与本社联系调换，电话：010-63131930
开　　本：170mm×240mm
字　　数：253 千字　　　　　　　印　　张：16
版　　次：2023 年 1 月第 1 版　　　印　　次：2023 年 1 月第 1 次印刷
书　　号：ISBN 978-7-5194-6803-3
定　　价：95.00 元

目 录
CONTENTS

导　论

一、选题缘由

对中国历史上大多数时期的边疆政区史、城镇史的研究都脱离不了特定时期中原王朝的政治制度背景和地缘政治格局，而大多数王朝的政治制度史是这个王朝民族文化史的一个组成部分。

民族与文化通常具有对应的归属关系，"没有归属的文化和没有文化的民族都是不存在的"①。因此，民族演进与形成的历史背后必然隐藏着民族文化的发展史和异质文化之间的关系史。中华民族多元一体格局的形成历史即历史上多种民族群体、多种民族文化圈层交叉辐射，相互影响融合，涵化互补，分层链接而造成共同文化维度的历史。文化是民族的特质，民族的划分以文化的差异为根本依据，民族史的研究脱离不了民族文化发展历史的演进。"文化是研究民族最基本的概念之一……当今文化人类学中至今尚有影响的几个学派——古典进化论、历史学派、结构功能主义、双重进化论。"② 无论是苏秉琦先生的"文化区系理论"③，还是童恩正先生的"边地半月形文化传播带

---

① 杨庭硕，罗康隆. 西南与中原［M］. 昆明：云南教育出版社，1992：导言51.
② 杨庭硕，罗康隆. 西南与中原［M］. 昆明：云南教育出版社，1992：导言47，48.
③ 苏秉琦在《中国文明起源新探》第四章《"条块"说》从远古时期的考古学角度认为：中国的古代文明按文化的性质划分为六个条块状的文化区系。参见苏秉琦. 中国文明起源新探［M］. 北京：生活·读书·新知三联书店，2001：34-100.

理论"①,都强调了中华文化的多元起源特征,从而否定了"中原文化中心论",并且,两种理论都从不同角度强调了在中华文明起源时期,由于人类生产力低下的原因,生存生境对文化特质有决定和制约作用;不仅如此,两位学者还进一步推演出不同的生存生境产生的异质文化之间的互动和碰撞的发展脉络②。总之,运用文化人类学的一些重要理论和民族文化区域的视角去解读民族发展的历史现象极具价值,这种研究方式通常能够触及民族历史的发展本质。

政区和城镇本是农业文化的构成因子。以农业文明为核心的中原文化从秦代开始就凭借农业文化较强的代偿力向中原周围扩张,以文化圈层的方式与周围的各类异质文化接触、碰撞、融合、冲突。这种文化互动的结果往往把农业文化社会特有的各种社会实践带到各个异质文化圈当中。今天中国的西南地区在先秦时期本不属于中原文化圈的范畴,是一个较为独立且内部分散的多重复合文化圈共同体。在中原文化向西南不断辐射、扩张的过程中,文化的互动异常频繁和激烈,文化的涵化也充实着整个互动的过程。今天的云南省是中国西南地区的一个重要组成部分,由于云南历史上存在着不同于中原汉族的异质文化民族群体,不仅群体众多,而且各自的社会发展极不平衡,因此,历史上,中原文化与西南民族文化的互动和文化的融合时常发生在云南。

作为农业文化的产物,政区的划分是为了实现政治权力的集中统一和中央政权对地方的分层、管理,"分而治之"的政治权力实施形式实质上还是为了维护农业文化的有效运行和延续。城镇的设置也是为了有效保证农业文化的文化能量实现增长和延续而集经济、政治以及军事为一体的社会财富之管理形式和管理设施。筑城堡而镇守之,本质上还是一种保障农业文化有效运行和延续的方式。云南的各个民族群体在秦王朝所代表的中原文化对云南

---

① 童恩正在《试论我国从东北至西南的边地半月形文化传播带》认为:大致于东起大兴安岭南段,北以长城为界,西抵河湟地区再西折南方,沿青藏高原东部直达云南西北部,从两面围绕黄河中游的黄土高原形成了一个边地半月形的文化传播地带,地带内的生态环境存在着许多相似之处,导致了文化趋同性。参见童恩正. 南方文明 [C]. 重庆:重庆出版社,2004:362-385.

② 苏秉琦. 中国文明起源新探 [M]. 北京:生活·读书·新知三联书店,2001:119-127;童恩正. 南方文明 [C]. 重庆:重庆出版社,2004:383-385.

地区经略以前并没有发展出自己已较为成形的政区和城镇，只有作为雏形的民族文化圈和原始聚落，云南正式的政区规划和城镇设置，根本动力源于中原文化向西南的扩展和辐射，规划的标准和设置的依据则部分来自云南本土民族文化圈的形成格局和土著部族原始聚落的发展状况。所以，从文化人类学的角度来看，云南历史上的政区和城镇发展恰恰是中原文化圈与云南本土民族文化圈融合、涵化的外化表现，本质是异质民族文化的融合、涵化，产生的结果是文化内容上的丰富、体量上的升维、民族文化层级的跃迁，等等。这种以族际间文化的结构性互动①带动着各民族的历史发展和社会进步是云南各少数民族发展历史的特点之一。

云南本土民族文化圈，原本并不在中原文化圈层当中，而是相对较为独立地起源、较为封闭地发展着，但是同西南地区的其他民族文化圈一样，自先秦时期就开始与中原文化保持着密切的联系，汉晋以来才逐渐被纳入中原文化圈层当中，随着两个异质文化圈的涵化程度加深，西南地区逐渐政治内地化，最终，成为不断扩展和丰富的中国多民族文化圈层当中的一个文化单元，这种文化融合发展的动力正是源于统一多民族国家的发展与形成之历史规律。因此，对于汉晋时期，云南民族文化圈如何与中原文化圈互动、涵化，并更进一步被纳入华夏文化圈层这一文化运动过程的研究，具有文化溯源的研究价值和异质文化互动的历史学术意义。云南政区的发展和城镇的设置是这种文化互动过程中最为突出的现实表现，云南政区和城镇的全面确立和整体发展，其成形是南诏政权对云南的全面统治时期，而对此前先秦至汉晋时期，云南政区和城镇的发展、演进过程之梳理，恰恰最能够体现出这种文化互动的内涵和本质。

对中国历史上大多数王朝的边疆而言，无论行政区域的划分还是政治区域的形成其背后都有民族群体实际地理分布的深层原因，民族文化圈层的客观地域存在通常提供了行政区划的存在依据。

---

① 所谓民族的文化结构性互动或联系就是指族际联系不是平行化地放射状展开，地理位置不相邻的民族群体之间的联系和交往总是通过位于二者之间的中介民族来完成，反映到文化互动理论上即为两个文化特质差异较大的民族之间总存在与两种民族文化都有融合的第三方民族存在，从而民族与民族之间的联系和互动就形成了像链条一样的环环相扣的状态。王明珂. 异文化书写中的华夏边缘建构与再建［M］//羌在汉藏之间. 杭州：浙江人民出版社，2013.

　　社会的组织方式是文化的表现之一，城镇（城市）的出现是人类不同民族社会发展到一定阶段的产物，以往的云南城镇史研究，大都只停留在云南历史上政区设置和沿革的梳理层面，缺少将其与城镇发展史结合的综合研究视角。事实上，城镇与政区二者的发展联系极为密切，探讨二者中的任何一个都不可能避开另一个，而将先秦至汉晋时期，云南城镇与政区两者的发展综合在一起研究恰能反映出中原文化圈层与云南民族文化圈之间的文化互动与融合规律。以文化人类学的三个理论——（民族文化）双重进化论、文化相对论、结构功能论为基础，对汉晋云南的城镇及政区发展做出系统的梳理和解读，不仅能再现这一时期的云南城镇格局及对后世的影响，而且还可以追溯造成这一格局的先秦以来的民族文化渊源，从而对云南地区历史上文化边疆的形成、边疆政区内地化的进程以及民族文化多元一体的构建、形成做出归纳和总结。

　　对于云南来说，汉晋时期既是今天云南的局部区域以行政区划的形式被纳入中原王朝行政体系，并且以政区治所的方式实现了城镇的出现、发展的时期，同时，也是云南的民族文化圈形成、发展并开始整合的时期。在汉晋时期，云南的民族文化圈从分散、较为被动地受中原文化影响、辐射，进而发生文化融合、涵化，最终到晋末隋初时，古代云南的文化发展开始转向以（夷化了的）南中本土民族为民族文化圈发展的主体，并且开始了向古代云南全境的文化整合过渡，这种文化发展主体的转变及文化的地方性整合一直到了南诏王朝的建立才得以实现。

　　借用年鉴学派的时段研究方法，以汉晋时期云南的政区和城镇记述为材料，结合文献研究法、历史考证法、比较研究法、考古实证法，用文化人类学的相关概念，通过交叉学科的研究方式，从民族文化圈层的角度研究、解读汉晋时期云南民族地区的政区和城镇发展，突出异质民族文化圈在相互接触、影响条件下的融合、涵化对于中国统一多民族国家形成的重要性。探寻先秦至汉晋时期云南城镇发展的史实表象背后民族文化圈层辐射运动的深层原因。用民族文化圈层的概念梳理、解读云南汉晋时期的发展史料，从而以云南为例，探寻、总结出边疆民族地区从多元民族文化圈层及多元区域政治格局被纳入统一多民族国家一体化的历史过程和规律，而且对云南民族文化的局部整合与国家整合、民族文化融合背景下的云南城镇发展历史研究方面有新视角的尝试和新研究领域的拓展。

二、相关的理论概说

（一）民族文化圈层的概念

虽然，已有学者认为"无论是中原的汉族，还是西南地区的任何一个民族，他们特有的文化都是一个个独立完整的体系"①，这些体系构成了一个个文化属性相异的民族文化圈。然而，这些看似独立完整、稳固不变的民族文化体系显然并不能解释历史上那些丰富、活跃的民族文化之间的互动与融合史实②。所以，我们认为民族文化圈应该是一个相对独立，并非静止的动态的、摇摆的同时又总趋向平衡的体系，民族文化发展的动力来源以民族本身的社会发展为主导，以民族间的文化互动为辅助，并且受互动影响十分强烈，所谓"文化的变迁一方面是文化自身的发展，一方面是文化接触的结果"③，说的就是民族文化发展二元动力的规律。正是由于后者强调的那种

---

① 杨庭硕，罗康隆. 西南与中原 [M]. 昆明：云南教育出版社，1992：218.
② 民族文化之间的互动影响是异常强烈、紧密的。例如，研究"楚文化"，就应该突破"楚民族"的概念，而从与"楚民族"相邻或相近的全部南方民族文化史的角度来认识，而对于整个南方民族群体的概念，凌纯声先生认为，古代亚洲太平洋区域南岛语族（Austronesian—family）或马来·波利尼娅安语族（Malayo—polynesian）系统之民族，"古代居于中国长江流域，尤其在中游，左洞庭而右彭蠡为中心区域，最早见于中国古史者名九黎，其后在西南者曰百濮，在东南者称百越"（凌纯声. 中国与东南亚之崖葬文化 [M] //历史语言研究所集刊：第23辑下册. 台北：历史语言研究所，1952：661.）；童恩正先生也基本认可这种观点，并且认为："楚文化作为一个总体而言，最终汇入了全国统一的秦汉文化（中华多元文化）的巨流；但是它本身的形成，却又吸收了长江南北众多的土著文化的营养。正是这种文化形成的多源性，才使楚文化在先秦时代成为南方文化发展的顶峰。……《史记·西南夷列传》太史公曰：'楚之先岂有天禄哉？在周为文王师，封楚。及周之衰，地称五千里。秦灭诸侯，唯楚苗裔尚有滇王。汉诛西南夷，国多灭矣，唯滇复为宠王.'如果我们从文化的角度来看这段评语，它还是有一定的道理的。不过楚的遗泽所及，并不仅仅只有滇，而是包括了南方多种少数民族。实际上，今汉藏语族、苗瑶语族、壮侗语族、孟—高棉语系某些民族的先民，可以说或多或少都受到过楚文化的熏陶，而同时也为楚文化的发展做出过贡献。……从考古学的材料来看，古代中南半岛及整个亚洲太平洋区域的文化与中国南方的濮僚系统民族及百越系统民族有较密切的联系，因而均直接或间接受到过楚文化的影响，这似乎可以肯定。"（童恩正. 从出土文物看楚文化与南方诸民族的关系 [C] //南方文明. 重庆：重庆出版社，2004：355.）
③ 周振鹤. 中人白话 [M]. 修订本. 北京：人民东方出版传媒有限公司，2018：前言.

动态的文化体系之间的发展和互动，相邻的文化区域彼此才有可能逐渐形成链接式的民族文化单元的相互联系。

现代中国的西南地区自远古时就是一个相对完整而独特的文化区域实体，今天的云南省归属于西南地区。我们要对云南地区的民族和文化历史进行研究，就必然要对"西南"这一地区的自然、政治、经济、文化、军事进行系统的考察。因此，单一的学科视角和研究手段是难以全面地反映这个系统复杂的历史全貌的。"在当今众多的学科中，文化人类学是以广义的'文化'作为研究对象，这里的'文化'，几乎涵盖了我们研究西南与中原关系中所涉及的各个方面。"① 选用文化人类学的大文化概念可以有效地解读中原与西南乃至于与云南的多元文明一体化形成和发展的历史进程。

文化是研究民族②和民族历史最基本的概念之一。文化对于民族具有单一对应的归属性，没有民族属性的文化和没有文化特质的民族都是不存在的；文化是所属民族开发、改造、利用其生存生境的工具和手段；大多数民族的文化都具有完整自洽性和平衡延续性。从文化人类学大文化的概念来看待"中原"与"西南"这两个概念，不可避免要关联两个区域内的民族和与之相对应的文化，需要关注二者的发展历史和发展规律。"中原"作为一个地理的表述词汇，在中华民族发展的进程中有其丰富的历史内涵和外延流变。中原的核心内涵是指现代汉民族的先民——华夏民族群体（或称古汉族、汉族的先民）的实际历史分布区，但随着华夏民族群体的迁徙和扩散，更重要的是华夏民族群体不断吸纳其他民族群体的历史融合，其分布区不断改变。伴随着华夏民族群体分布区的几次较大变动，其民族群体文化的中心和文化圈层也在不断变化，"中原"的概念也随之不断更新。粗略的情形大致是：先秦时期，华夏民族群体主要分布在黄河中游地区，此后逐步扩大到黄河下游及淮河中上游，中原汉文化圈层以黄河中游为中心向四周辐射延散；秦汉以降，其分布区进一步扩大到整个黄河流域，并开始向长江中下游

---

① 杨庭硕，罗康隆. 西南与中原 [M]. 昆明：云南教育出版社，1992：导言4.

② 民族是指长期生活在同一生境中的人群，为了有效开发和利用其生境的需要，创造了相应的特有文化并世代延续，将之作为人群维系，成为独特的人们共同体。参见《民族研究》1986年第四期《关于民族理论专题学术讨论会发言摘要》之杨堃、熊锡元、李毅夫等学者的文章。

及岭南局部地区扩张，这一时期的汉文化中心依然在黄河流域，只是文化圈层进一步扩大到长江流域；唐末宋初以后，现代意义上的汉民族基本形成，自两晋时期开始的汉文化中心向南转移基本完成定型，而整个汉文化的流播区也扩大到了整个黄河流域、淮河流域、长江中下游及岭南等地区。"中原"的概念也随汉文化流播区的变动而改变，"中原"这个词汇也从地域的单一概念演进为集地域、民族群体、文化类型及文化圈层辐射范围等多重含义的概念集合。

同理，在民族文化史的研究过程中，"西南"一词，不单指涉今天的川、滇、黔、闽、藏等几个省区的地域范围，而需要按照民族文化的历史差异去界定古代百越、氐羌、苗瑶及孟—高棉三大系统民族群体分布范围和这些民族群体文化的流播区域。

就上述古代民族群体的分布历史和其文化流播范围情况来看，中原与西南并无稳定、固定的地域划分，我们只能在某个特定的历史时段，从文化人类学的角度入手大致将其文化的流播区边缘描摹清楚，原因就在于每一种文化都总是与特定的民族之生存生境相适应，且二者存在较为稳定的对应关系。由于古代民族群体的生境与文化之变迁总体上较为缓慢，因此，从民族群体文化的角度去界定中原与西南的概念，相对于其他研究视角更为稳定、准确和客观①，更有利于对比研究，而且还能满足其交叉学科研究方式的需要。

中华文明虽起于多源，却在文明历史的发展过程中，逐渐向着一体的方向演进，这主要取决于中国历史上几次主要的文化变革——殷周之变、周秦之变、唐宋之变、古今之变。今天，之所以可以把"中原"与"西南"放在一个对等的文化区域概念层级上来讨论，是以中国历史上民族文化和政治体

---

① 如果离开民族群体和文化圈层的历史分布格局，仅从行政疆域和政权方位的角度来界定"中原"和"西南"，会造成范围的模糊不确定，而且不同王朝政权的行政疆域还往往越出既定的方位和指向。例如，西汉以长安为中原的中心，西南就是今天四川的西南部、云南全部和贵州西部；若南宋以临安为中原的中心，西南的范围除上述范围外还包括两广和湖南。因此，出于古代民族文化固有的较高稳定性和持续性的原因，用文化圈层来界定中原与西南，有较高的准确性和客观性。

系的"殷周剧变"① 为前提的,因为"殷周剧变"发展出了具有普世主义理想价值的"天下体系"。作为一个弱势的胜利者,周人把商人系天命所降改为周王为天命所降,周王系天下共主,所谓"有德者居之"负责主持正义,以分封、礼乐、德治为原则,依靠制度的吸引力构建出一个"天下"的统治体系。所谓"溥天之下,莫非王土;率土之滨,莫非王臣"并没有多少武力威慑的霸道意味,相反是天下所有人共享文明、共享制度的温情表述——文明作为天下所有人共同的财富,并不专属于中原人群,可以向中原周边传播,周边的各个民族群体只要接受了中原文化,便成了中原文化圈当中的一个单元,而中原王朝只是幸运地恰好位于这个文化圈当中文化水准最高的中心位置②。所谓"天下观"就是天下各个种族文化、制度同一的观念。因此,在这种普世原则的制度构想框架下,"中原"与"西南"才可以成为天下的、共享文明的、所有人群框架之内的两个异质文化单元,并成为探讨二者相互关系的对象。把"中原"与"西南"两个异质文化圈并举,不仅是对两个区域生存生境差异的客观呈现,还是把中原华夏民族群体和西南各民族群体对等地放在一起作比对研究,更是对两大民族群体的异质文化关系作系统考量③。两大文化圈的边缘界线即成为两大民族群体依据各自迥然有别的生存生境而创造的异彩纷呈的异质文化的自然分野。

作为现代汉民族的先民,华夏民族群体早在先秦时期就发祥于黄河中游,即今天的黄土高原一带。这一地带土质肥厚,流域广阔,四季分明,先秦的华夏民族很早就开始驯化一定种类的作物和牲畜,发展进入了农业文

---

① 详见王国维经典论著《殷周制度论》开篇语:"中国政治与文化之变革,莫剧于殷、周之际。"

② 1963 年陕西宝鸡发掘出土一件青铜器"何尊",在其 122 个铭文当中,转引了周武王的言论"宅兹中国",说的就是周王朝居于世界文明的中心,即"天下的中央",古人便管这个中央之地叫作"中国",可见所谓中央之地从来就是个相对的概念。(葛兆光. 宅兹中国:重建有关"中国"的历史论述 [M]. 北京:中华书局,2011.)

③ 文化人类学是把异质文化对等地放在一起研究的学科,其中的异质文化关系自然是研究的重点。因为"人类对生存环境的开发,得凭借人类的创造物——文化,去组织开发。……文化是开发中的关键环节,自然也成了分析中原与西南关系的关键环节,要确切地认识西南与中原的关系,显然也得以正确评估具体文化为出发点"。杨庭硕,罗康隆. 西南与中原 [M]. 昆明:云南教育出版社,1992:101.

化，取得了较高的驭能①水平。因此华夏民族自认为其生息之地即天下之中央，陶陶然、欣欣然，自诩所建之国都为中国②。由于对农业文化的驭能水平进而对文化的生境适应程度的高度认可，华夏民族对自己的文化有高度的自信。《礼记·中庸》曰：

> 　　唯天下至圣，为能聪明睿知，足以有临也；宽裕温柔，足以有容也；发强刚毅，足以有执也；齐庄中正，足以有敬也；文理密察，足以有别也。溥博渊泉，而时出之。溥博如天，渊泉如渊。见而民莫不敬，言而民莫不信，行而民莫不说。是以声名洋溢乎中国，施及蛮貊，舟车所至，人力所通，天之所覆，地之所载，日月所照，霜露所坠，凡有血气者，莫不尊亲，故曰配天。

　　一方面华夏民族视自己的文化为天下文明的中心，文明水平最高，通彻天道，持一副君临天下的姿态，其文化优越感溢于言表。另一方面从文中也能看出：早在先秦时，自称为"中国"的中原地区已经是一个既定的地域概念，即今天的黄河中游黄土高原；有明确的居民族属界定，即华夏民族群体；形成较为完整的文化体系，即华夏民族的思想、语言、伦理、社会制度和经济类型；等等。"中原"这个地域名称从上古时起，就与民族、文化如

---

① 以美国人类学家莱斯利·A. 怀特（Leslie A. White）为代表的一般（文化）进化论学派认为人类的文化（文明）发展是单维性跃迁式地纵向前进，按文化驾驭、支配、利用自然能量由低到高的水平划分，必然经历狩猎—采集、斯威顿耕作、畜牧、农业、工业五个文化发展类型，这就是所谓的文化驭能数量极差划分的五种文化类型。而怀特的学生萨林斯（Marshall Sahlins）在一般进化论的基础上进一步提出了文化的双重进化论：人类文化（文明）的发展进程除了一般进化论提出的纵向发展外，还有横向的特殊进化，即同一阶段内各民族文化与其生存生境的适应程度的提高。文化在一般进化中所处的发展阶段不同，呈现出文化的类型差异；不同文化所处生境不同又要经历不同的特殊进化以提高各自的生境适应度，相互又演化出不同的文化样式。因此，不同的文化类型和不同的文化样式并存，从而孕育出各个民族千姿百态的异质文化。（美）托马斯·哈定（Thomas G. Harding），等. 文化与进化 [M]. 商令戈，译. 杭州：浙江人民出版社，1987；（苏）托卡列夫 C A. 国外民族学史 [M]. 汤正方，译. 北京：中国社会科学出版社，1983.

② 凡华夏民族群体生息之地都被自称中国。《诗经·民劳》言："民亦劳止，汔可小康，惠此中国，以绥四方。"《毛诗》注："中国，京师也。"这都是古代以中原指狭义的中国概念。

此紧密地结合在一起，逐渐统一、发展成为一个特定的民族文化圈的代名词。至此，文化已由一个人类社会的构成因子扩大成涵盖任何一个民族社会全貌的概念，某一文化圈层已经可以解读为某个民族群体特有的文明类型，以及这种文明类型的发源核心地和流播外延区，它是对处在这种文明类型当中的民族种类和社会形态的高度概括，自然囊括了这种社会当中人们的生产生活方式、思想心理、语言情感和价值取向，是一个完整的社会体系范畴。英国现代人类学家拉德克里夫-布朗（A. R. Radcliffe-Brown）在马林诺夫斯基（Malinowski, Bronislaw Kaspar）文化结构功能主义的基础上，进一步用"社会结构"或者"社会体系"来解释文化，并提出"文化科学是不存在的，只能把文化作为社会体系（社会结构）的特征来研究。所以，如果我们想要有科学，就应当是社会体系科学"①。

西南则由于不同于中原的特殊自然地理条件（主要是海拔和地形的差异）而孕育了既不同于中原文化又丰富多样、自成体系的多民族文化类型和文化样式。虽然东亚的稻作文化起源于西南，但由于文化生存生境的差异，西南的民族群体并不全都从事农业生产，除去今天的成都平原和滇中数个坝区以外，其余大部分地区，特别是山区的西南各民族先民都采用非农业的生产生活方式，因此被中原文化诬为"不毛之地"，建立在这些非农业经济基础之上的各民族文化和社会体系也相应地被看作"化外之邦"。然而，不可否认的是自先秦始，西南已有较为发达的文化形态，如三星堆文化、古滇国文化，它们自成体系，又在与外界其他文化的联系中不断发展，共同构成了不同于中原文化的西南文化圈。

历史上，一种民族及其文化的存在都体现为对能量或资源的汇聚和控驭。在族际关系的演进过程中，一个民族，总是倾向于在保持自身文化完整

---

① （苏）托卡列夫 C A. 国外民族学史 [M]. 汤正方，译. 北京：中国社会科学出版社，1983：254.

的前提下，凭借自己文化的扩张能力——代偿力①去影响临近的民族，推广自己的本民族文化，使之向有利于自己文化趋同的方向演化，我们可将之称为文化的同化冲动；同时，一个民族在受到外族文化的影响情况下，都会力图维护自己本民族文化的完整性和对文化阐释的权威性而产生一种排抗同化力（后文简称排抗力），正是由于文化排抗力的存在，才使得各种民族文化始终保持相对的完整性。正是文化发展过程中产生的同化冲动和排抗力，使得族际间的文化互动演化成一个复杂而持续的长期过程。

　　一方面，每一种文化一旦形成，它总是对产生这种文化的核心生境以外的外缘生境（其他非适应生境）有一种自觉的文化能量延伸和扩展的冲动，因此，"一个民族的实际分布范围和该民族的核心分布区，总存在着一定的差距"②。处于古典进化论中的不同阶段民族，这种差异也呈现出阶段性的差别。农业文化在一般进化中处于较高的发展阶段，形成富余能量的绝对值较大，代偿力的积累就相对较容易和数量较大。历史上，掌握农业文化的民族往往可以凭借巨大的代偿力积累将其文化展拓到其他非适应的生存环境中，从而造成了中原农业文化的向外拓展、辐射的强大势能，也因此形成了中原农业文化外延广大的文化辐射区和相对狭小的文化核心流播区。这种外延的文化辐射效能又随文化生境的变化而逐渐衰减，像水波逐层消散一样，呈现出文化辐射区的分层递减结构。一种文化只有在产生这种文化的生存生境当中才能有效按照本文化的运行规律推行实施，并显示出强大的文化效能，当这种文化被放置到新的环境当中，文化的生存生境发生改变，文化的驭能水平就会被极大削弱，从而大大降低了这种文化的效能。不仅如此，在族际文化交往的过程中，一种民族文化在接收到外族文化的影响作用力后，往往仍然试图维护自身固有的文化属性、文化独立性、文化阐释的完整性而产生文化的排抗力，排抗力的来源正是外来的文化因子进入陌生且相异的生

----

① 代偿力是个用以表述不同文化运作中抽象化的富积能量的单位，它代表一种文化运作中可以积累的各种物质形式、能量形式及精神形式，是族际发生互动关系时作用能量的最终来源，即族际互动作用力。以文化人类学的三个理论——双重进化论、文化相对论、结构功能论为基础，在研究族际的互动关系时使用代偿力具有综合表述、跨族际中立、可通用换算的优点。详见杨庭硕、罗康隆《西南与中原》"冲突中的作用力估算"一节。

② 杨庭硕，罗康隆. 西南与中原 ［M］. 昆明：云南教育出版社，1992：285.

境当中的不适应性，当这种不适应性达到最大值时，外来的文化无论在一般进化当中的类型等级有多高都难以存活。这就是历史上，中原文化向西南拓展，同时又被机械地复制照搬而屡屡造成事倍功半，甚至功亏一篑后果的深层文化原因。因此，当汉文化圈层辐射区域超出了与汉文化相适应的文化生境时，汉文化推广和施行的方式方法就成了一个重大的课题和难题，如何跨越民族本位的偏见去看待汉文化对应之生境以外的其他生境之异质文化也成为民族史研究的重点。

另一方面，民族文化均具有培养自我成活能力的体系，都具有自我调适与顺应外部生境条件变化的能力，族际间文化的相互作用，只以代偿力的支付能力而生效，而并不会依据一般进化中的所谓文化"高"或"低"来引导转移，也不凭借文化形态上的所谓"先进"或"落后"来指明方向，因此，族际间的文化互动不会必然地由"弱"向"强"一方靠拢，也不一定造成文化向任何一方趋同，而只能是双向性的相互吸引。因而有节制地投入代偿力，有步骤地降低异质文化的排抗力，使得有关各民族享有自我文化调适的时间和条件，可以避免激烈的族际文化冲突。

以农业为代表的中原文化自先秦时期开始向中原四周扩展，向西南先后开拓了原为"蛮夷"文化的楚国故地和巴蜀地区，这些地区所特有的异质文化先后与中原文化发生了文化间的互动联系，由于文化实力的悬殊，更重要的是由于中原文化巨大的代偿能力，处于从属地位的楚国文化和巴蜀文化与处于主导地位的中原文化先后发生了涵化，最终成为后世中华多民族文化圈当中的一个文化单元。然而，中原文化向西南的扩张并未停止，随着巴蜀并入秦地，西南各族的异质文化圈相对独处一隅、不通中原的局面宣告结束，中原诸侯各姓的长期战乱分裂也随着秦朝的建立而统一，中原文化开始以大一统的面貌与西南各族文化圈直接发生全面接触。实际上，早在战国时期，代表局部中原文化的楚国就与西南的古滇王国有过正式的官方接触，这是建立在此前两个归属不同文化的区域，民间日益密切交往基础上的结果，然而，中原与西南，整体上的文化接触还是以秦惠王伐蜀为肇始，此后中原文化向西南腹地的进一步扩展和不断的经略都只是这种文化接触的延续。

前面已提及一个民族的实际分布范围和该民族的核心分布区，存在着一定的差距。那么，一个民族之文化分布也必然存在核心区和辐射区，两者也存在差距。对于一个具有较为强大的文化代偿力的民族文化圈而言，其文化的核心流播区与文化辐射区差异异常明显，而且往往呈现出文化主要流播圈与文化辐射递减层并存的格局。中原文化凭借自己较高的族际文化代偿能力，不断向四周扩展延伸，至秦代时先后辐射、融合了本不属中原文化范畴的楚、巴蜀文化，继而向西南腹地持续推进。在此过程中，中原文化自身也在逐渐成形，日益强化并强调着自己的文化流播圈和文化辐射层的分野，界限日益明显，以至于从西汉开始，中原王朝不得不开始从政治的角度界定边陲与内地、正郡与边郡的行政层级。于是，从文化人类学的视角来看，最晚从秦代开始，处于文化互动活动中主导地位的中原文化逐渐形成了圈层式的对外扩张态势，就像水波一样向外散延，在面对不同于中原文化生境的其他生境时，中原文化的代偿力的效能减弱。更为重要的是，如果说原楚地的江河沼泽、湿地滩涂对于中原文化的流播还有较高适应度，如果说巴蜀四塞之地围构的成都平原、盐铁商会能有效补偿中原文化代偿力的损耗，那么，当中原文化拓展进入崇山峻岭、沟壑峡谷众多的云贵高原生境时，文化的适应度就大为降低，代偿力的效能也逐步减弱。同样，当中原文化拓展进入满是沙漠戈壁的西北，进入气候恶劣、土质贫瘠的北方草原，整个中原文化向四周的辐射条件随着文化的生存生境逐步"恶化"，文化辐射的效能就呈现出递减的态势。因此，中原文化在向四周扩张的过程就构成了文化能量由中心向外延逐渐递减的格局，我们可以把这一格局称为中原文化的流播"圈层"。

在某个特定的历史时期，相对于"高能"的中原文化圈，西南文化圈的效能就显得相对弱势而且分散。通过现有的考古发现，早在人类文明萌芽的旧石器时期，由于自然条件的独特性和地区文化发展的多样性及不平衡性，西南就已经分布着大小不一、类型各异的文化系统，即最早的民族群体①。根据凌纯声先生的研究，我国西南地区的民族进入原始社会时期就可以明确划分为氐羌、百越、苗瑶三大族系，之后的研究者又在此基础上添加了囊括

———————————

① 童恩正先生根据西南地区旧石器时代的砾石工具传统，认为西南古代民族的文化具有独立的起源，又根据旧石器时代晚期文化的分类，大致勾勒出西南地区性文化四个分区的轮廓：云贵高原区文化、黔南低山区文化、四川盆地区文化、川西高原区文化。（详见《中国西南的旧石器时代文化》《略论我国西南地区的史前考古》，参见：南方文明［C］. 重庆：重庆出版社，2004：21-52，126-127）于是，这些生存于不同文化分区内的人类群体形成了最早的民族群体划分。

布朗、德昂、佤族在内的孟—高棉族系，同时，西南民族起源"土著说"也越来越受到学界的认可。李昆声教授将云南的民族文化起源概括为氐羌、百越、百濮三大体系及其相互结合的文化融合体系："滇西北地区的新石器文化系氐羌先民创造的原始文化；洱海地区和金沙江中游地区的新石器文化是氐羌文化和百越文化结合的产物，其中氐羌文化因素占主导地位；滇池地区、滇东北、滇东南及西双版纳地区新石器文化的主人主要是百越族系的先民。同时，在新石器时代，滇池、滇东北地区也有氐羌先民居住；澜沧江中游地区新石器文化的主人是百濮先民。"① 于是我们可以把西南远古时期的几个民族群体分别归为后世族系的先民。这些先民由于各自的生存生境不同，导致各自拥有相互异质的文化体系。例如，氐羌族系的先民以山地畜牧文化为主，百越、百濮族系的先民则以稻作农业文化为主。随着对生境适应度的提高，至晚到先秦时期，西南地区有些古代的先民群体发展出了自己的王国，例如滇池地区的古滇王国、滇西地区的哀牢王国；有些民族群体虽然因为文化的特殊属性没有发展出固定的政权组织形态，但也已经有自己明确的民族属性和文化边界，比如"随畜迁徙，毋常处，毋君长，地方可数千里"（《史记·西南夷列传》）的嶲、昆明、冉駹、白马等。我们今天从现代文化人类学的观点出发，当然不能以古代中原文化的标准去衡量西南这些不同文化类型的民族，孰高孰低抑或谁优谁劣，只能在特定的历史时期内评价民族文化的相对强弱差别，那些发展、形成较为成熟的文化由于自身文化系统的自洽性较强，文化的影响力也会较为强大。古代的西南民族群体为了适应各自的生存生境，也发展出了一套自洽的民族文化体系，每一个民族群体都依据各自不同的生境创造出自己独特而灿烂的文化样式。但是，任何一种文化体系本身都不是永恒不变的，都面临着在与其他的文化体系接触过程中表现出的摇摆和互动，都面临着彼此之间产生文化的接触甚至冲突，而文化发展的动力恰恰来自与其文化样式相对应的生境发生了改变；文化进入了新的生存生境，发展出新的文化样式，或者受到来自外部强大的异质文化冲击，在激烈的文化互动和冲突中，每一种民族文化才有可能向着强大的"发达文明"阶段发展。就先秦时期的西南民族文化圈而言，各个民族的文化发

---

① 李昆声. 云南原始文化族系试探 [J]. 云南社会科学, 1983 (4).

展并不平衡，而且相互之间总体上还较为封闭，虽然局部存在一些不同程度的相互文化交往，但是始终没有发生激烈的文化冲突而实现文化的跃迁，也还没有融合、涵化出一个更大的文化统一体，各自都较为松散地分布在西南广袤的不同区域，相对保持着自身的文化独立性，因此"文化势力"较为弱小。当整个西南的所有民族群体都不得不面对中原强大而统一的文化实体——秦、汉王朝时，并不能表现出经过文化整合、统一后才会具有的强大的文化排抗能力。而且，由于松散、互异的文化分布格局，西南各民族之间经过历史长期的发展已经形成了不平衡的多元文化格局，它们并不排斥接受外来的其他异质文化（比如中原汉文化）融入其中，这就决定了西南文化圈尚不能以文化整合后的统一面貌与中原文化爆发激烈的文化对抗。论述到此，我们可以说，相对于统一而强大的中原文化圈层，西南的各个民族文化圈显得松散而弱小，依然是多元的文化并存格局，并没有在整体上形成统一的西南文化圈，更没有构成一个整体而向外发生文化辐射和扩张，因此，西南民族的多元文化并存格局，整体上有圈无层，只能称为西南民族文化圈。

至此，对于"民族文化圈层"的概念可以被定义如下："文化"是人类学层面的广义概念，它是囊括了相对于社会学中政治、经济的狭义文化范畴的人类文明类型总称；任何古代的民族群体都能根据自己的生存生境发展出独特的民族文化圈，文化圈一旦形成就表现出独立自洽性、对外扩展及排他性，因此，中国历史当中的文化圈呈现多元格局；在中国历史上出现过的多元民族文化圈当中，中原的汉民族文化圈相对于其他民族文化圈而言，有较高的文化代偿能力，所以表现出较强的对外辐射、影响力，从而实现了对本文化产生区域之外的边疆地域的扩展、延伸，并呈现出文化影响力分层递减的格局，因此，相对于其他类型的民族文化圈，中原文化圈的历史发展独具文化圈层的对外辐射、影响结构——有文化流播圈，又有文化辐射层，其他的民族文化圈则相对较为弱小，没有表现出强大的文化对外辐射力而表现出有圈无层的文化发展格局；不仅如此，中原文化圈层的发展历史还表现出较高的稳定、延续、融合、吸纳的特性，所以，在中国多元民族文化圈的发展历史中，始终以中原文化圈为发展的核心，融合涵纳着其他的民族文化，逐渐趋于文化一体的历史发展趋势①；在以中原文化圈层为主导，其他民族文化圈为补充的中国多元一体文化发展的历史进程中，文化的辐射影响及涵化的能力投射到现实的生存生境里就形成了文化的疆域及其边疆，它虽不同于中国历史上任何王朝政权的政治版图及边界，但影响、决定着政权疆域所能达到并稳定存续的地理空间范围。

无论先秦《禹贡》的"五服制"理论，还是《中国行政区划通史》所述之"边疆区与内地的圈层型关系"都主要拘囿于政治效能的考量，简单地强调政治能量的辐射力度，而且主要局限于中原王朝的政治辐射范围。若以此为视角，在对中国边疆民族文化与中原文化的互动发展展开整体性的历史研究时，只强调政权的整合进程，难免片面和肤浅，须知不同民族群体的社会组织之形成和发展都源于其特有的民族文化及其所处的特殊的生存生境，因此，政权的圈层关系还是文化圈层关系的外化表现，舍本逐末的视角审视，不免使人有隔靴搔痒之感。文化乃民族区别的本质，且囊括了任何一个民族的经济、政治、风俗习惯，它是对整个人类文明的分类表述。只有在民族文化圈层的视角上来研究边疆与中原的联系发展局面才能有效节度和剖析二者的整体互动历史进程。由于民族的文明（文化）发展具有延续性和融合性，政区和城镇并非云南本土民族独立发展出的文化形式，而是与中原文化融合的产物，汉晋时期的云南政区是以本土民族文化圈的地理分布为依据的，城镇则是这个时期的政区治所，这样的格局成了后世云南政区和城镇的发展基础。正是基于上述"民族文化圈层"的概念定义，本书以云南汉晋时期的政区与城镇为例，试图探讨、解读中国历史上某些民族文明发展的格局和某些民族政治发展的进程，有了某种现实的指涉意义和规律总结的价值。

（二）民族文化圈层的历史发展：多元民族文化圈层的形成和发展以及融合造成政权的渐进统一

"中国"在不同的历史时期有不同的内涵特质和疆域范围。今天现代意义上的中国不等同于古代的中国，中国古代的历史不等同于古代中国的任何

---

① 马戎说："几千年来，中原文化始终是中华文明体系的主脉，它不仅包括发源于中原地区的华夏文明，也包括中原周边曾被称为'夷狄'的各群体的传统文明，呈现出动态交融和周期扩展态势的'多元一体'结构性特征。"参见马戎. 中华文明的基本特质［J］. 学术月刊，2018（1）.

一个王朝史，即既不等同于古代中原的王朝史，也不等同于古代中国的边疆
王朝史，而是由某个特定历史时期内存在于今天中国版图内的所有古代政权
的历史组成。对此我们认为：第一，在中国古代的某一段历史中，出现的所
有政权不全都延续、更迭至后世，他们中的许多政权伴随着历史的演进已经
消失在时间的长河中，其政权所辖的地域也不尽留存于后世的中国领土内。
第二，历史上出现的这些中原王朝和边疆王朝在不同的历史时期，可能归为
统一，即边疆政权奉中原政权为正朔，成为"中央政权"管辖下的"羁縻"
州郡，这些"羁縻"州郡作为区别于内地"正州""正郡"的边疆"边州"
"边郡"，其境内的民族群体经过一次又一次、一波又一波的中原文化"洗
礼"，其地域逐渐被文化经略，其社会逐渐被同化，其民族属性逐渐被涵化，
最终被纳入内地正式的州郡管辖当中；或者在相当长的历史时期，边疆政权
与中原政权分庭抗礼，摆脱"天朝上国"的管辖而较为"独立"地存在，后
一种情况也恰符合羁縻州郡或边郡的属性特点——所谓"附则受而不逆，叛
则弃而不追"①。然而，无论"归附"或者"叛逆"，历史上大小不一、强弱
不等、存在时长不同的边疆政权，只要在中国历史中出现过，无论它们后来
直至今天是否还在中国的版图内，它们的历史都和占据主流的中原王朝历史
一道，统统进了中国历史的长河之中，全都统摄在中国历史的研究范畴之
内。古代中国的某一段历史应该囊括所有在这段历史当中出现的中原王朝和

---

① "羁縻政策"是自秦朝建立郡县制起到宋、元交替时期前，中央王朝笼络少数民族
使之不生异心而实行的一种地方统治政策。通过这种政策，处理中央与地方少数民
族聚居的关系，以维系中央集权制度的统治。所谓羁縻，"羁"就是用军事和政治
的压力加以控制，"縻"就是以经济和物质利益给以抚慰，即在少数民族地区设立
特殊的行政单位，保持或基本保持少数民族原有的社会组织形式和管理机构，承认
其酋长、首领在本民族和本地区中的政治统治地位，任用少数民族地方首领为地方
官吏，除在政治上隶属于中央王朝、经济上有朝贡的义务外，其余一切事务均由少
数民族首领自己管理。《史记·司马相如传·索隐》曰"羁，马络头也；縻，牛蚓
也"，《汉官仪》云"马云羁、牛云縻，言制四夷如牛马之受羁縻也"，是"羁縻"
概念之滥觞；《后汉书》卷八十六《南蛮·西南夷列传》曰"是故羁縻而绥抚之，
附则受而不逆，叛则弃而不追"，说明了"羁縻制度"之原则；《册府元龟》卷一
百七十四云"是以昔王御宇，怀柔远人，义在羁縻"，说明"羁縻制度"之目的；
《宋史》列传第二百五十二"西南溪峒诸蛮上"曰"树其酋长，使自镇抚"，则是
讲"以夷治夷"的手段。所谓"羁縻制度"是历代封建王朝在多民族国家里对社
会发展不平衡的少数民族地区所采取的一种民族政策。唐对西南少数民族采用羁縻
政策，乃随后的宋、元、明、清几个中原王朝土官制度之窠臼。

边疆王朝在内的全部政权历史，在这些政权之间，可能彼此存在依附或对立的关系，也可能相互较为独立地存在，不相统属，又或兼而有之，但它们之间却从未停止过经济、政治、文化的联系和接触，从而共同构成了在特定历史时段当中的"中华文化疆域版图"。

中华文化以华夏汉族的农业文化为核心，同时包含了位于中原周围"四夷"的所有文化，形成由中原核心向四周扩散的文化圈层格局，它是由多元文化构成的文化统一体。基于自然地理条件的变化，在这个圈层中，由中心到四周，中原农业文化的影响力逐渐弱化，"四夷"文化的特质逐渐凸显。在中原文化与"四夷"文化的接触中，相互学习，彼此包容、认同逐渐形成极具生命力的"中华文化圈层"，这个共同的文化圈层就为统一的政治建构提供了基础和可能，在文化圈层所辐射的地域范围内，不同的民族群体逐渐形成了一种由文化融合带来的心理认同，彼此产生了愈来愈强烈的凝聚力和向心力。对此，中国人很早就认识到认同的重要性，《论语·颜渊》曰："四海之内，皆兄弟也。"司马迁《史记》的诸民族列传也反复强调华夏与四夷诸族同源共祖，不同民族群体相互间具有心理认同，所谓："黄帝二十五子，其得姓者十四人。"① 认为在共祖的前提下，因"得姓"而分化、发展成为不同的民族群体，在民族多元的条件下强调民族统一性。

中国国家历史的整体性发展理论是由中国历史上的各个民族由多元逐步向一统演进而总结得出的历史规律，政治的多元一统是以民族文化的多元一体为前提的，民族文化多元一体格局的形成过程直接表现为民族（或民族群体）的多元一体发展进程，民族多元一体的发展趋势和进程是民族文化多元一体发展规律的历史实践。

文化功能学派认为政治制度亦是一种文化的表现形式和组织形式，政权作为文化的政治表现之最高形态，天然具有促进、服务、捍卫、传播本文化的功能。② 从这个角度来看，文化更像是执行社会生产的组织方式，它又远

① 司马迁. 史记·五帝本纪 [M]. 北京：中华书局，1982：9.

② 马林诺夫斯基认为：文化的内涵包括物质设备、语言、精神价值和社会组织（形式）几个方面，其中，社会组织的最高级表现形式——社会制度是文化的真正（核心）要素。建立在任何一种文化基础上的社会制度都决定了如何有规律地组织人群合作，有技术地团结人群生产，从而服务促进着本文化的存续和发展。马林诺夫斯基. 文化论 [M]. 费孝通，译. 北京：中国民间文艺出版社，1987：1-21.

远高于社会生产的层面，决定着社会的意识形态和人的价值取向。秦汉以降，迄止唐宋，建立在农业生产基础上的中原王朝在对待西南民族地区的问题上一直存在着"纳"和"弃"两种态度，表现为在西南民族地区的政区"置""废"反复，多次出现，究其根本原因就在于中原王朝（或中央政权，此处特指汉、晋、南朝、隋、唐、两宋几个朝代）都站在中原农业文明的角度上看待处于中原四周的少数民族文明，用农业文化来判定"四夷"的文化。农业生产是上述中原政权的社会基础，为此各个中原王朝向四周的扩张首先要考虑的就是"四夷"地区的自然地理环境是否适宜农耕，而且要适宜"不同于农奴制粗放型耕作的精细农耕型态"①，是否能够生产出足以养活当地居民和维持政权机构运行的物质产品，判断最终是否能够达到"编户齐名"，把行政统治区域内的所有居民都纳入王朝大一统的管辖目的，这就是上述几个王朝的扩张标准。对符合这一条件的地区可以理直气壮地占领，所谓"开边拓土，功业千秋"，而如果对不符合这一条件的地方采取军事行动，就被指责为穷兵黩武、得不偿失。除去儒家的仁义理论和"夷夏之辨"的外衣，实质问题还是对农业生产的依赖②。因此，上述几个王朝的统治集团常常"由于'了解'而放弃了西南夷，又由于'了解'而在西南夷地区开拓"③。对边疆的农业文明所依存的生存生境的考察、了解程度常常左右着中原王朝的拓边态度，譬如：汉武帝先闻张骞、唐蒙谏言，遂开西南夷；后又纳公孙弘谏言，罢西南夷；王莽罢免冯英官职，继续用兵句町，都是基于对西南地区农业发展的生存生境之考察情况及战略构想不同而做出的相反的拓边策略。因为某种文化一旦形成，就具有较为稳定的延续性，"每个特定地区因应它的特定环境可以做许多选择，等选定了以后就变成文化的基本调子。这个调子就等于生物的基因，人的群体里面也有基因留下的约定消息，不断地传递下去，形成特定的应付方法，在没有其他新的条件、新的情况发生以前，就会不断用老的方法应付下去"。④　文化一旦形成就具有超强的稳

---

① 许倬云. 中国古代文化的特质 [M]. 台北：联经出版事业公司，1988：23-33.

② 葛剑雄. 论秦汉统一的地理基础——兼评魏特夫的《东方专制主义》[J]. 中国史研究，1994（2）.

③ 王文光，朱映占，等. 中国西南民族通史 [M]. 昆明：云南大学出版社，2015：156.

④ 许倬云. 中国古代文化的特质 [M]. 台北：联经出版事业公司，1988：6.

定性和排他性。中原王朝正是基于自己的文化特质去看待和改变、容纳它周边不同自然环境条件下产生的不同文化。自秦汉至唐宋，中原王朝用农业文明的单一价值标准，站在大民族主义的立场对西南少数民族地区，特别是今天的云南地区不断进行着文化价值的审视、评估和判断，不断调整着对那段历史时期的云南境内的少数民族部落、政权的态度，积极经略与消极弃废常交织在一起，彼此沿替，这都是基于上述文化（文明）属性差异的原因。

中国的农业文化并非只单单起源于黄河中游的"中原地区"，至少到了新石器时代的早期，中国农业多元起源的中心也包括华南地区——稻作文化区，但是由于铁器应用的滞后，南方农业文化的发展"表现出极强的保守性和停滞性"①。中原的农业文化则发展较为强劲，它和"四夷"地区的一些多元文化都是人类根据当地特定的自然地理环境而发展、建立起来的一种"人为的环境"，即人类的物质资源和社会组织环境，所谓"人为"就是包括了生产活动（Extraction）和生活活动（Maintenance）的一切人类活动，而这种"人为的环境"本身自然就蕴含、酝酿着特定的文化类型。文化功能学派认为：一种文化不仅包括社会物质和精神的财富，也包括社会组织类型以及伦理、道德、语言、情感等高层次的价值取向。从这个意义上讲，文化的内涵就会极大地丰富，外延也异常广泛，几乎可以等同于人类的"文明"。处在人类历史当中的任何一个特定时期的任何一个特定民族群体为适应当地的特定自然地理环境都会创造出一种独特的"文明"类型，这种文明类型一经形成，它就具有智慧的延续性和价值取向的稳定性，"这种延续性即造成智慧的延续，延续本身是一种制约，制约使得文化对那些问题（对待不同文化的态度）的处理具有特定的方式"②，不同文化造成了特定的智慧，特定的智慧在面对不同文化的时候通常表现出独立性和排他性，而极力推崇自身的智慧判断和价值取向。不仅如此，文化相对主义还认为"不同文化之间不应做价值比较和排序"③。每一种文化都建立在它们特定的自然地理环境之中，都是当地民族群体为了更好地生存和发展做出的智慧选择，每一种文化都有

---

① 童恩正. 中国南方农业的起源及其特征·南方文明 [M]. 重庆：重庆出版社，2004：88-104.

② 许倬云. 中国古代文化的特质 [M]. 台北：联经出版事业公司，1988：6.

③ 杨须爱. 文化相对主义的起源及早期理念 [J]. 民族研究，2015（4）.

它因地制宜的现实合理性以及独立延续性。不同类型的文化之间不应该比较孰优孰劣,所谓"落后"与"先进"只是对同一种文化在不同地区的发展程度而言,我们不能把不同地区产生的不同文化类型在同一个时间范围内做出优劣的比较。在中原农业文化看来,"四夷"地区乃"别种殊域"(《汉书·地理志》),是文化落后的徼外之邦,但是,这些地区的异质或异形文化同样具有无可争辩的合理性和独立性,我们并不能把这些异质或异形文化同中原农业文化的表象做比较,而得出边疆"文化落后"的论调。"所谓民族之间的'开化'与'蒙昧','文明'和'野蛮',不过是量的区别,而非质的不同。"① 不同类型的文明没有可比较的价值判断,同一种类型的文明只在文明起步的时间先后以及发展过程中的程度上有"量"的区别,而无核心"质"的高下之分。任何一种文明及与之相符的文化都不应该站在自身的文化角度,在推崇自己文化的同时,任意贬低、歧视其他属性的文化特质。这样的民族主义,甚至大民族主义是不能被我们认可的。既然不同类型的文化不能相互比较优劣,那么,所谓的边疆地区"文化落后"只能就历史上某一个特定时期,同一种文化在不同地区的发展程度而言。就农业文化产生的社会基础——农业生产生活方式而言,南方的稻作农业文化历史悠久,丝毫不亚于中原的农业历史。早在 20 世纪 70 年代,国际遗传学家张德慈先生(T. T. Chang)就把亚洲栽培稻的起源定在北纬 20°至 23°之间②。李昆声教授又于 1984 年指出现代南方人工栽培稻的祖先就是云南普通的野生稻③。然而,南方地区稻作农业的发展程度在历史上确实长期滞后于"中原"农业。先秦时期,南方的农业文明尚处于"原始群(Band)"阶段,这种滞后主要是由于边疆地区不同于中原的自然地理条件而决定的。至少到了中石器时代,南方农业文明从"原始群"中分野出了部落社会(Tribal Society),这种农业文明进入了高级形态,它形成了以农业为基础定居的村落,稻作技术和家畜蓄养已有一定基础,建筑和艺术都有了一定的水平。只不过就农业文化而言,

---

① 杨须爱. 文化相对主义的起源及早期理念 [J]. 民族研究, 2015 (4).

② Chang T T. The rice cultures [J]. The early history of agriculture, Phil, Trans. R. Soc. London, Ser. B, 1984:143-155.

③ 李昆声. 亚洲稻作文化的起源 [J]. 云南文物, 1984 (15).

汉晋以前，南方稻作农业的发展明显滞后于中原农业。① 因此从《战国策·秦策》到《史记·西南夷列传》再到《汉书·地理志》都把西南地区称为"西南夷"，归入文化落后地区的类别。但是，如果从文化多样性的视角出发，通过对西南地区的史前考古材料的研究，当代学者已经证明：史前时期的西南文化不但不是落后的，而且可能是东亚文明的中心之一；它不但可能是人类文明的发源地之一，而且，即使到了新石器时代，其发展水平也并不低。② 文化发展的不平衡必然导致发展与停滞、先进与落后，这是相对的概念，二者经常是互相交替的——如果只从某一种文化角度来看，在某个特定时期曾经发达的文化到了下一个历史时期可能因为种种客观原因变得落后；而在特定历史时期被认为落后的地区，可能在遥远的过去曾焕发过灿烂的光辉。

我们通常所说的"中原"地区，是一个文化内涵在不断扩大，文明中心发生过转移的概念。"中原"最早（先秦至汉）只限于黄河中下游地区，即今天西安、洛阳、郑州一线的两侧地区，到了唐宋时已经包括了长江中下游地区，而且从宋代开始农业的经济中心已由之前的黄河中下游地区转移到了长江中下游地区。而随着"中原地区"的变化，"边疆"的概念内涵也是不断变化的。从先秦时期开始，东至吴越，南至楚，西至秦，北至秦长城以北已经算作当时"中原文化圈"的徼外之地，就连东周之秦、楚两个大国也被

---

① 据童恩正《中国南方农业的起源及其特征》分析：我国南方主要属于红壤区，这种土壤的特点是腐殖质含量很少，植物养分缺乏；在石器时代和青铜时代，当人们缺乏施肥以及其他改良土壤的技术时，这种土壤是贫瘠而不适宜于农耕的；华南气候湿热，在几千年前，广大地面都为森林所覆盖，改林为田，光靠石器和铜器无法实现，而铁器在江南农业中的普及，是到了西汉以后的事，因此，南方农业起源较早，但发展受到了限制；水稻对水量和光周期的条件较为苛刻，需要的人工灌溉系统出现较晚；南方动植物、食物资源丰富，人对稻作物的依赖较低。（参见童恩正. 南方文明［C］. 重庆：重庆出版社，2004：89-103.）

② 童恩正. 略论我国西南地区的史前考古［C］//童恩正. 南方文明. 重庆：重庆出版社，2004：133.

中原诸侯视为"中原文化圈"外的蛮夷之邦①，甚至自视为"蛮夷"②。到
了秦汉时期，"中原"的西境已推进到了今兰州以西，东南方向则把整个长
江中下游、珠江中下游都纳入了"中原的文化圈"之内。往后的朝代，"华
夏中原"的边疆则不断向四周推进扩展。由于不同的自然条件，越来越广阔
的边疆地区出现了越来越多的非农业的生产生活方式和非农业的文化形态，
处在边疆的非农业民族与中原地区的农业民族，构成了中国历史上多元的民
族文化圈层格局。这些多元的文化不仅包括中原农业区的农耕文化形态，也
有四周的畜牧、游牧、游耕、渔猎甚至采集的文化形态。每一个文化圈都有
自己的文化中心地区，每一种文化都有推崇自身的文化及价值，向外有着扩
展的势能，每一种文化外扩的势能都因圈层外部生境的改变而呈现递减的趋
势。在漫长的中国文明发展历史当中，中原地区的农业文化常常处于强势文
化的地位，这是由农业生产方式的相对富足性和稳定性决定的。与其他生产
方式相比较，农业能获得更多的植物蛋白和食物养分，而且收获的量和收获
的周期更为稳定。因此在社会生产力较为不发达的古代，建立在农业生产基
础上的社会较其他生产方式建立的社会发展得更加稳定，更容易增加、累积
社会的财富，农业文化就更容易建构出对"国家"的概念并不断强化对其的
认同，更倾向于强化和推崇自身的文化。

---

① 《史记·秦本纪》载："（秦祖大费）佐舜调驯鸟兽，鸟兽多驯服……（大费）子孙
或在中国（中原），或在夷狄。……（周）孝王欲以为（秦）大骆适嗣。申侯之女
为大骆妻，生子成为适。申侯乃言孝王曰：'……今我复与大骆妻，生适子成。申
骆重婚，西戎皆服，所以为王。'……周避犬戎难，东徙洛邑，（秦）襄公以兵送周
平王。平王封襄公为诸侯，赐之岐以西之地。曰：'戎无道，侵夺我岐、丰之地，
秦能攻逐戎，即有其地。'……襄公于是始国。"到了秦穆公时，欲进击中原，却为
晋文公、晋襄公父子所阻，崤之战中秦军主力全军阵亡，秦穆公染指中原的计划破
产。穆公果断地调整国策，将战略目标定在西戎的游牧部族。王官之役后，秦穆公
将矛头指向西戎，《秦本纪》又载："益国十二，开地千里，遂霸西戎。"秦穆公稳
定了自己的大后方，奠定了秦国作为春秋四大强国的基础。以上材料可以看出秦之
先祖起于微末，并非出身公卿贵族，凭着驯畜勤王才逐渐位列公爵，且长期立国于
西戎之域，与"中原诸侯"的文化差异明显且交流较少，因此，秦国长期不被"华
夏文化圈"认同，甚至秦穆公被中原诸侯蔑称为"秦谬公"，秦国被认为是"蛮夷"
之邦。（参见司马迁. 史记［M］. 北京：中华书局，2009：173-179.）

② 《史记·楚世家》载："（楚）熊渠曰：'我蛮夷也，不与中国之号谥。'乃立其长子
康为句亶王，中子红为鄂王，少子执疵为越章王，皆在江上楚蛮之地。"（司马迁.
史记［M］. 北京：中华书局，2009：1692.）

然而，虽然不同民族群体根据自己的自然生存环境创造出的不同文化不能比较优劣，但是，从客观上看，不同的文化之间却有强弱的差别。就中国历史上不同民族群体在不同地区创造的不同文化而言，中原文化基于农业文化，与四周的非农业文化相比，就具有较高的稳定性。由于农业生产的周期性和技术进步带来的农业生产增量（由粗放耕种向精耕发展），农业文明能积聚越来越多的文明财富和社会能量（包括物质能量、精神能量以及在此基础上形成的社会制度和价值取向），这些多余的能量又会自觉（政治行为）或不自觉（民间行为）地向周边拓展以寻求更多的创造农业财富的基础——适合耕种的土地和人力；而相对于农业文化，那些周边的非农业文化，或渔猎或游牧，都受自然地理条件的限制较大，往往制约了自身文明财富的积聚和增长，阻碍了自身文化的延续和扩展。因此，我们就不难理解，中华文化的形成过程即中原文化不断与四周"蛮夷"文化涵化的过程，最后形成了以中原文化为核心，融合周边众多民族文化的多元合流文化。

从以上论述可以看出，在古代中国——人类文明的发轫时期，文化具有鲜明的地域特性，由于不同地区自然地理条件不同，人们选择不同的生产生活方式，形成了各具特色的协作方式，酝酿出不同的文化，各个地区的人们稳定地延续着自己的文化观念，结成了不同的民族群体，所谓"夷狄之于华夏，所生异地。其地异，其气异矣。气异而习异。习异而所知所行蔑不异焉"（《读通鉴论》卷四十），就是强调了因地域——生产生活方式——文化的差异而造成了民族群体的不同。民族群体形成之初，民族群体内部有着强烈的血缘关系，后经由与其他民族群体融混或融合后，或形成新的民族群体，或一些旧的民族群体消亡在历史长河当中。然而，不同的民族群体在各自天然的地理分布中，有着自己的文化中心，像电波一样向外扩散着自己的文化观念，推崇着自己的文化价值，巩固着各自的族属认同，在广阔的东亚大陆上形成了星罗棋布的拥有自己的文化中心和民族群体属性的文化圈层（也可以看作文明圈层）。某个地域的民族群体属性由其文化中心向外呈波纹辐射状态扩散，而民族群体的文化属性逐渐减弱，直到这个地域的自然地理属性特征消失，民族群体的文化属性随之削弱、淡化，开始混合其他民族群体的文化属性，从而规划、界定了此民族群体与彼民族群体相互之间的文化边界和文化疆域。①

文化圈层的客观存在既是自然地理环境的人文投射，也是民族群体自然形成、分布的特质表述。因此，文化圈层的覆盖范围和文化驭能的程度就通过分布于不同地区的民族群体社会发展程度的强弱来表达。

自先秦时期开始，黄河中下游地区广袤的平原、肥厚的土壤为农业文明的形成提供了天然的有利条件，为这一地区的民族群体选择农业生产生活方式提供了最充分的自然依据，因此，相对于周边地区，农业文明在黄河中下游地区发展最早，成熟度最高，分布范围得到最广阔的拓展，处于强势文明的地位。与之相匹配的农业文化也得到了巨大的发展和拓展。农业文化中守时诚信、尊老敬贤、注重礼乐、安土重迁、追求稳定和延续等价值观逐渐凸显，最终纳入以儒家为核心的农业文化当中。

以农业经济为基础、以中央集权为表释、以儒家文化为核心的汉文化逐渐形成两种文化态度或心理倾向。

第一，在中原文化当中，存在着盲目自大、歧视"四夷"的一面，表现为极力推崇自身的所谓"正统"文化价值，以"华夏"农业文明为唯一标准，审视、评判周边的非农业文明，认为中原周边的文明落后野蛮，其民族群体"非我族类"。《国语·周语中》记载周定王语："夫戎狄，冒没轻儳，贪而不让，其血气不治，若禽兽焉。"不是将戎狄骂作"豺狼"，就是诬称他们为"禽兽"。东汉和帝时，侍御史鲁恭称："夫戎狄者，四方之异气也。蹲夷踞肆，与鸟兽无别。若杂居中国，则错乱天气，污辱善人，是以圣王之制，羁縻不绝而已。"② 这种文化偏见的实质是文化冲突和"民族本位偏见"③。文化的差异而导致中原"文明人"用不平等的民族观念看待周边民族群体，所谓："戎狄豺狼，不可厌也；诸夏亲昵，不可弃也。"（《左传·闵

---

① 王明珂认为："民族群体由民族群体边界来维持；造成民族群体边界的是一群人主观上对他者的异己感（the sense of otherness）以及对内部成员的根基性情感（primordial attachment）"，强调"民族群体边界的形成与维持，是在特定的资源竞争关系中人们为了维护共同资源而产生的"，因此，"客观资源环境的改变经常造成民族群体边界的变迁"。参见王明珂. 华夏边缘［M］. 杭州：浙江人民出版社，2013：4-5.

② 范晔. 后汉书［M］. 北京：中华书局，2011：876.

③ 基辛. 当代文化人类学［M］. 于嘉云，等译. 台北：台湾巨流图书公司，1980：204.

公元年》）就是把周边的民族群体视为"别种"，而且"非我族类，其心必异，戎狄志态，不与华同"，不能被华夏以"文明"等同视之或接纳，进而主张民族隔绝。"夫夷蛮戎狄，谓之四夷，九服之制，地在要荒。《春秋》之义，内诸夏而外夷狄。"主张"华夏"和"四夷"内外有别。然而，就在这个民族隔阂较为严重的时期，民族文化的融合也未曾停滞过，较有代表性的例子：战国时赵武灵王胡服骑射，可以证明中原文化对"夷狄"文化的借鉴和容纳。后世即便有周边民族内迁的举动，也要求其"各附本种，反其旧土，使属国、抚夷就安集之。戎晋不杂，并得其所……纵有猾夏之心，风尘之警，则绝远中国，隔阂山河，虽为寇暴，所害不广"①，企图杜绝民族的融合发展。"坚夷夏之防"的思想反映到政治上就表现为建立中央集权的帝制国家，执行所谓"尊王攘夷"政策，以雄厚的农业经济为后盾，以儒家伦理和军事控制为手段，不断向周边推进，恩威并施，力图征服、同化其他不同文明的大国沙文主义或大民族主义。比如，王莽建立新朝后就抛弃了西汉时期较为柔抚的民族政策，而采取了一系列民族歧视、压迫的刚猛政策，重金收买、贬四夷诸王为侯、挑拨各族之间的矛盾以达到以夷制夷的目的，采取武力征伐等。

在西南，西汉置益州、越巂、牂牁、犍为等郡，把西南诸族纳入自己的统治之下。这一时期，中央王朝虽然确立了同周围各族的统属关系，但这种关系并非十分牢固，各族统治者拥兵一方，对西汉王朝时即时离，经常发生反叛或武装冲突。如昭帝时，"益州廉头、姑缯民反，杀长吏。牂牁、谈指、同并等二十四邑，凡三万余人皆反"②。北方匈奴和西域诸羌情况也差不多，如乌孙乌就屠叛乱、匈奴郅支单于的反叛等，因本重点关注西南，此处不赘。面对西汉中原周边不太稳固的部族政权，王莽建立新朝，应审时度势，采用抚慰团结的民族政策，加强对"四夷"地区的经略，促进周边部族社会的发展，缩小其与中原社会的差距，逐渐把这些地区纳入新王朝的整体社会发展中，这才是古代"圣明英主"的做法。然而，王莽"内华夏而外夷狄"

① 房玄龄. 晋书·江统传［M］. 北京：中华书局，2011：1530.
② 班固. 汉书·西南夷传［M］. 北京：中华书局，2011：3843.

思想十分严重，时时以华夏正统自居①，而任意贬低周围其他民族，用以表明自己乃黄帝之后，是华夏正统。在这种思想主导下，王莽贬低歧视"四夷"民族群体，如称匈奴曰"恭奴"，将匈奴单于更名为"降奴服于"，高句丽为"下句丽"等②，于西南"贬句町王为侯；西出者，至西域，尽改其王为侯"③；他还胁迫羌人献出青海湖一带的土地，设立西海郡，以便与国内已有的北海郡（国）、南海郡、东海郡合起来凑全四海，试图实现儒家"圣人一统四海"的理想。王莽不能以开放的心态，款纳四方之族，而是肆意贬毁"四夷"，破坏民族平等和民族团结，遂引发了严重的民族矛盾。以西南地区为例：建国元年（公元 9 年），王莽派遣五威将，"贬句町王以为侯，王邯怨恨。牂牁大尹周钦诈杀邯。邯弟承攻杀欲，州郡击之，不能服"。天凤元年（公元 14 年），益州蛮夷"愁扰尽反，复杀益州大尹程隆"。王莽

---

① 《汉书·元后传》载：王莽曾杜撰过一个王氏家谱。"黄帝姓姚氏，八世生虞舜。舜起妫汭，以妫为姓。至周武王封舜后妫满于陈，是为胡公，十三世生完。完字敬仲，奔齐，齐桓公以为卿，姓田氏。十一世田和有齐国，（二）世称王，至王建为秦所灭。项羽起，封建孙安为济北王。至汉兴，安失国，齐人谓之'王家'，因以为氏。"（班固. 汉书［M］. 北京：中华书局，2011：4013.）意图把自己归为"华夏正统"，理应得到"四夷"的拥戴和支持，换取一个"四夷皆服"的局面。

② 据《汉书·王莽传中》记载，王莽认为："'汉氏诸侯或称王，至于四夷亦如之，违于古典，缪于一统。其定诸侯王之号皆称公，及四夷僭号称王者皆更为侯。'……更名匈奴单于曰降奴服于。莽曰：'降奴服于知威侮五行，背畔四条，侵犯西域，延及边垂，为元元害，罪当夷灭。'……莽策命曰：'普天之下，迄于四表，靡所不至。'其东出者，至玄菟、乐浪、高勾骊、夫余；南出者，逾徼外，历益州，贬句町王为侯；西出者，至西域，尽改其王为侯；北出者，至匈奴庭，授单于印，改汉印文，去'玺'曰'章'。单于欲求故印，陈饶椎破之，语在《匈奴传》。单于大怒，而句町、西域后卒以此皆畔（叛）。……初，五威将帅出，改勾町王以为侯，王邯怨怒不附。莽讽牂牁大尹周歆诈杀邯。邯弟承起兵攻杀歆。……'其更名高勾骊为下勾骊，布告天下，令咸知焉。'于是貉人愈犯边，东北与西南夷皆乱云。"（班固.《汉书》，中华书局，2011：4099-4130.）对此已有学者如孟祥才（《王莽传》）、木芹（《两汉民族关系史》）指出王莽的民族新政是破坏民族团结发展，逆民族融合之历史潮流，但李大龙教授（《试论王莽的民族政策》）又提出不同意见："王莽所采取的上述政策，如前述，也无一例外的是为了加强中央政权对周围各族的统治，保证中央政令的推行和实施。"笔者认为不管王莽的民族新政目的为何，其人，主观上有严重的大民族主义思想；其政，客观上挑起民族矛盾、造成民族大融合发展进程的倒退是显而易见的。

③ 班固. 汉书·王莽传［M］. 北京：中华书局，2011：4115.

于是派遣平蛮将军冯茂"发巴、蜀、犍为吏士，赋敛取足于民，以击益州"①。冯茂率军南征句町，历时三年，仍久攻不克，"士卒疾疫，死者什六七，赋敛民财什取五，益州虚耗而不克，（冯茂）征还下狱死"②。天凤三年（公元 16 年），王莽对句町复讨，但进攻受挫，战争一直持续到新朝灭亡，王莽被诛也未果。王莽作为西汉外戚和末世权臣，不知民族政策的利弊，加上有严重的"内华夏而外夷狄"的思想，当其登上权力顶端后，"莽一朝有之，其心意未满，狭小汉家制度，以为疏阔"③，致使其新朝迅速败亡。

第二，在中原文化当中，以"仁德"为核心的儒家思想，对待"四夷"及其文化体现出"柔抚"的一面，主张"四海之内，皆兄弟也"的文化共享普世主义。具体表现为接受中原周边的非农业民族群体，尊重他们的非农业文明，思想主张"华夷有别"与"四海之内皆兄弟"兼用，用农业文明去拓展、改变周边的"蛮荒之地"，即承认民族群体之间的文化差异，同时又认为农业文化可以吸纳、涵化其他文化，从而使其他"蛮夷"民族群体与"华夏"民族群体融合进新的文化圈当中。比如《汉书》继承了《史记》的体例，将西南民族辟为列传，将西南各族与闽粤、朝鲜等同列记述，这既显示了汉族先民以中原为中心，自诩为中央之民的古代汉族先民的中心主义意识，也表达了对待四周"异族"同样将之视为"人"的平等思想。这种文化思想观念"吸收了其他各系文化的积极因素，而且更多地给了其他各系文化以影响和推进作用"④。在看待"华夷之辨"的问题时，虽强调周边民族群体同华夏的区别（认为他们落后），以及深刻的防蛮夷、卫华夏的思想，然而，这种歧视只表现为文化上的优越感，在政治军事上，除正义性的保卫华夏时的武装外征外，整个中国古代很少有无故征伐周边"四夷"的历史行为。否则，在儒家的思想文化中，这要被看成"不仁"和"无德"。所以中国历史上绝大部分的中原王朝都只是在中原周边的民族地区建立自治性较高的边州、边郡，通过移民和戍垦增进汉族与其他民族的相互了解和民族融合，并没有出现过对周边"落后"民族野蛮残忍的种族灭绝现象。《孟子·

---

① 班固. 汉书·西南夷两粤朝鲜传 [M]. 北京：中华书局，2011：3846.

② 班固. 汉书·王莽传 [M]. 北京：中华书局，2011：4145.

③ 班固. 汉书·食货志上 [M]. 北京：中华书局，2011：1143.

④ 吕振羽. 从远古文化遗存看我国各民族的历史关系 [N]. 人民日报，1961-04-23.

梁惠王》曰"莅中国而抚四夷也",用"抚"而非征伐、剿灭正说明了通过文化交流,加强异质文化圈之间的联系而涵化融合,最终结为一体的思想愿望。《诗经·民劳》也云"惠此中国,以绥四方",既保证中原文化的主体核心地位,又强调通过"非战"的方式与四方结成一个整体,共同发展。

　　在这一种思想当中,"华夷"的区别只是停留在文化的层面,而在政治层面没有太多的隔阂或排斥,特别是南北朝以后,"中原"地区经历了若干个北方少数民族政权的统治之后,华夏民族群体与西北方的"戎狄"民族群体获得了空前的民族融合,"血统纯正"不再那么被计较,相互间的文化认同得到极大加强,促进了各民族社会的巨大发展,"中华文化圈"获得极大的充实和拓展,最终,为唐代的民族、文化繁荣奠定了基础。由于李唐王朝的皇族具有一些北方少数民族的血统,王朝的最高统治者在"民族文化圈层"的问题上表现出前所未有的胸襟和气魄,表现出去华夷之防,兼容并包的执政理念①。唐王朝的建立者李氏有着鲜卑人的血统,而且长期生活在北方胡人地区,是"胡化"了的汉人。整个唐代都广泛接受着外来文化的影响,中原与外来文化的融合从未衰微,外来的"胡人"文化影响着整个唐朝的上下各级人等,涉及唐朝的国家政权和社会生活,甚至一直被视为"华夏文化"核心之一的婚俗都受鲜卑文化的影响②。至少到唐代时,"华夷之辨"已经由之前的民族群体人种、经济类型、社会发展程度以及由此延伸出的政治制度等深层次的多个方面转移到了单一的文化层面,唐人程晏云:"四夷之民长有重译而至,慕中华之仁义忠信,虽身出异域,能驰心于华,吾不谓之夷矣。中国之民长有倔强王化,忘弃仁义忠信,虽身出于华,反窜心于夷,吾不谓之华矣。岂止华其名谓之华,夷其名谓之夷邪?华其名有夷其心者,夷其名有华其心者,是知弃仁义忠信于中国者,即为中国之夷矣,不待四夷之侵我也,有悖命中国,专倨不王,弃彼仁义忠信,则不可与人伦齿,

---

①　唐太宗曰:"自古皆贵中华,贱夷狄,朕独爱之如一。"(《资治通鉴》贞观二十一年"五月条")唐太宗这种华夷一视同仁的思想,为他的后继者所秉承,直到玄宗朝,李华也说:"国朝一家天下,华夷如一。"(见于寿州刺史厅壁记 [M] //全唐文:第四部.上海:上海古籍出版社,1990:卷三百一十六"李华条".)

②　敦煌写本《书仪》残卷记载唐代民间婚俗的主要仪式在女方家举行,且唐代妇女有较高的社会地位,男女较为平等。详见李树桐.唐史研究·唐代妇女的婚姻 [C].台北:中华书局,1979.

岂不为中国之夷乎？四夷内向，乐我仁义忠信，愿为人伦齿者，岂不为四夷之华乎？记吾言者，夷其名尚不为夷矣，华其名反不如夷其名者也。"（《全唐文·内夷檄》）这里明确地用文化属性和心理认同来决定华夷归属。也即凡是愿意接受中华文化礼仪道德，"能驰心于华"的人，虽然"身出异域"，"吾不谓之夷矣"；相反如果是中国之民，"反窜心于夷"，那么就算"身出于华"，"吾不谓之华矣"，表明决定民族特性和民族归属的关键因素是民族文化特质和心理认同。至晚于唐代，文化特质和心理认同已经开始成为区别民族（民族群体）的核心因素，正是"中外"各族经济文化的频繁交流，"华、夷"文化圈层的相互借鉴吸纳，各个民族（民族群体）之间的不断接触融合、了解认同才促成了盛唐的到来。

对比中原文化思想的两个方面，我们可以发现：前一种大民族主义思想傲慢自大、狭隘消极，常导致民族矛盾的激化及政局的危机，增加民族（民族群体）之间的隔阂，不利于各个民族（民族群体）社会的整体发展，有悖于各民族（民族群体）多元一统发展的历史潮流。它主要存在于先秦时期，因为当时的"华夏文化"主要存在于中原（黄河中下游）地区的狭小格局里面，对周边广大的"四夷"地区接触不多而不甚了解，也因为自己"国力"有限，无法向周边这些地区推广自己的文化传统。但是，随着"华夏文化圈"的不断扩展，后来的汉、唐、两宋就不断遇到了不同于自己的"外族"文化，虽然这些"外族"文化强弱不同，但在与之的相互接触、碰撞中，"华夏文化"一再获得了升维自己文化内涵的机会。在这些王朝的历史上，"中原"与"四夷"之间的关系，无论是战争还是和平、"中原"王朝是主导还是被动，华夷关系的维持或变化都增加了民族之间相互接触的机会，都增强了各民族之间经济文化的交流，都促进了民族融合，于是，上述的后一种民族文化思想在整个中国多民族发展的历史当中成了主流。同时，中国多元民族文化的发展历史是具体而丰富的，不是用一个简单的、普遍的社会发展一般规律就全面地展现、表达出来的。随着中华文明圈的扩大，兼容并包的文化思想日益巩固，随着与中华文化接触的多元文化越来越多，中华文化的包容性越来越强，文化内涵也越来越丰富，开放兼容遂成为这个文化类型的主流心态，就像滚雪球一样，以汉文化为核心，兼取了周边的其他民族文化，越滚越大，民族认同的维度也随之不断提升，人们主观建构的、想象当中的王朝（国家）共同体也越来越大，这又反过来要求文化的发展趋势不能以狭隘的思想、偏见眼光看待不同的文化。对内有向心力，汉文化是核心，是主导；对外有极强的包容能力和借鉴能力，包括认同少数民族（或民族群体）入主中原，建立的政权，都被认为是华夏文化的延续和分支。因此，自元朝以后，这种文化包容的价值取向在中原的文化思想当中，取得了绝对的主导地位，而在此之前的汉唐，这种思想还处在上升阶段——众多类型的文化圈，在相互文化博弈中互相渗透，朝着融为一体的方向发展，但也偶有文化偏激、民族歧视的时期。

源于文化的区别，不同民族群体具有不同的价值取向和心理特质。民族群体的文化会随着民族群体的发展和迁徙而发生变迁。不同民族群体之间有着不同文化类型的区别，同一民族群体的不同分支也有自己独特的文化属性。不同的文化类型通过文化圈层的接触、融合而可能造成文化的涵化，文化的涵化往往促成本民族群体文化的巨大繁荣，促进社会的巨大发展，从而使各民族群体之间增进了相互之间的文化认同，孕育了共同的文化向心力。

具体就中国先秦时期的民族群体文化圈而言，中原的黄帝民族群体、夏民族群体、周民族群体本是羌人的分支，另一分支则"仍然居住在西南"①。这里所说的西南是指四川西昌地区、云南大理地区以及滇东北和黔西一带，而不是今天的西南全部。当黄帝民族群体、夏民族群体、周民族群体的大多数人口已先后在中原地区融合为华夏族（汉族的前身）的时候，另一些羌族人口，却聚居在西北的甘、青高原地带，依旧过着迁徙不定的游牧生活，到了公元前 7 世纪中叶，秦国发动大规模征服兼并其邻近的羌部落的活动，于是，居住在甘、青一带的羌部落，由于"畏秦之威"，有一部分向西南地区流徙，有些迁至今青海以西乃至西藏，有些则迁至今川西南的西昌地带。由于族属源流相同或相近，上古三代时，华夏民族群体的文化影响已波及今川西南和滇东北金沙江一带。尤中教授根据《史记·五帝本纪》《后汉书·西羌传》等史料，认为这部分较晚进入西南的氐羌人群与早先进入、居住在西

---

① 尤中. 尤中诗文选集·先秦时期的西南民族 [M]. 昆明：云南人民出版社，2004：226.

南地区的氐羌人群汇合了①。但需要注意的是，由于较早进入中原边境的氐羌民族群体经过与华夏民族群体的融合，发生了文明的转型和文化的变迁，这部分氐羌人群的社会进程急剧加速，生产生活方式也随之改变，融入中原农业文化圈层当中。因此，虽然从氐羌民族群体的迁徙历史来看，西南地区的原始居民与中原内地的原始居民在族属源流上有相同的部分，但先进入中原的氐羌分支成为民族群体中较为"发达"（农业文明的标准）部分，已经发生民族群体文化特质的变异，从此和留居在甘、青高原和西南地区的"落后"氐羌民族群体分支同源异流为不同的民族群体，形成不同特质的文化圈层。

早在 20 世纪 70 年代发掘的云南元谋大墩子遗址、宾川白羊村遗址就已经表明：新石器时期的元谋一带文化与居住在金沙江以南的濮族有相近的联系，白羊村遗址则完全属于洱海地区的濮系部落②。据吕思勉先生考证：越、濮错居于南方。一般说来，越居今长江以南钱塘江起至越南北部的沿海地带；而濮的居住地域在今豫、鄂、湘、川、滇、黔之间。③ 因其部落分散而冠以"百"字，分布甚广，不相统属。百越与中原华夏民族群体的关系，周以前记载较少，秦朝以后，逐渐增多。《史记·越王勾践世家》把越附会为禹之苗裔，《索隐》则附会为少康之后，但云越"春秋之初，未通上国"却为可信。由于秦以前的百越民族群体，散布各地，各部落的社会发展并不平衡，不能建立一个统一强大的部落联盟与中原华夏民族群体广泛接触，因此，还没有形成强大的民族群体文化圈层和文化中心。只有百越诸部中的于越部落，地处今江浙的局部地区，距中原较近，在与华夏民族群体的接触中，社会发展较为快速，才统一了周围较近的百越部落，建立了越国。公元前 473 年，越灭吴。公元前 323 年，越为楚所灭。至此，部分百越民族群体已为不同族属的楚国所统治，其余部分形成几个部落集团——瓯越、闽越、杨越等。

---

① 尤中. 尤中诗文选集·先秦时期的西南民族 [M]. 昆明：云南人民出版社，2004：227.

② 童恩正. 略论我国西南地区的史前考古 [M] //南方文明. 重庆：重庆出版社，2004：132-133.

③ 吕思勉. 中华民族源流史 [M]. 中国民族史. 北京：九州出版社，2009：233-259.

秦帝国建立后，原先臣服于楚的越国民族群体被吸收、融合到中原民族群体当中，其余的百越部落则继续被秦以战争的形式征服、吸纳和驱逐，其中较为"先进"（以中原农业文明为标准）的一些百越部落逐渐融合到中原华夏民族群体当中，较为"落后"的部落则在战乱中继续向西南流徙。《淮南子·人间训》曰："秦皇……使尉屠睢发卒五十万，为五军……以与越人战，杀西呕君译吁宋，而越人皆入薄丛中，与禽兽处，莫肯为秦虏，伏尸流血数十万，乃发适戍以备之。"《史记·平津侯主父列传》亦云："（始皇）南攻百越……深入越，越人遁逃，旷日持久，粮食绝乏，越人击之，秦兵大败，秦乃使尉佗将卒以戍越。"秦末，在农民起义的战乱中，秦之戍越将领尉佗与其士卒与南海郡之越人民族群体相融合，被"夷化"进当地的部落，据守一方，建立南越国。而其余分散的"落后"（以中原农业文明为标准）越人部族则流徙进入今越南北部、广西、贵州东南及云南南部的地区，与当地的土著渐相融合。

由于某些相同或相似的文化因素（如纹面），尤中先生认为居近于今湘、黔、滇南，与百越居地相连接的百濮分支应属于百越的近亲集团，居于长江下游南部，百越中经济文化水平较高的部分，在秦帝国建立后逐渐融合华夏民族群体当中，而余下分散"落后"的部分，仍然定居或流徙于今天的广西、越北、云、贵之间，与百濮一起成为秦以后的西南各个民族群体的部分。① 从现有的历史文献来分析，百濮在周代以前还未与华夏诸族发生联系，究其原因可能是因其远居南境，中有江淮"三苗""九黎"等部族阻隔。西周立国，百濮与华夏的联系才见于史料，《逸周书·王会解》云："伊尹为四方令曰：'正南瓯邓、桂国、损子、产里、百濮、九菌诸（族），以珠、瑇瑁、象齿、文犀、翠羽、菌鹤、短狗为献。'"尤中教授从上述贡献之物品——犀象、珠、瑇瑁、翠羽等推测这部分百濮民族群体应居于今滇、黔、桂、湘的连接地带。②

就中国西南地区的原始民族群体来看，主要存在着三大民族群体文化

① 尤中. 尤中诗文选集·对秦以前西南各族历史源流的窥探［M］. 昆明：云南人民出版社，2004：209、214.

② 尤中. 尤中诗文选集·对秦以前西南各族历史源流的窥探［M］. 昆明：云南人民出版社，2004：212.

圈。《华阳国志·南中志》曰:"南中在昔盖夷、越之地。滇、濮、句町、夜郎、叶榆、桐师、巂唐候王国以什数。"对此,尤中教授联系其他材料进行分析,认为《华阳国志·南中志》所说的族系名称实际仅有"夷""越""濮"三种,其余皆为分属这三个族系的部落①。而且"在秦以前,除了云南、贵州和广西的中心地带的情况少见于记录外,在四川和云南、贵州、广西与其周围各省接界的地方,都分别居住着氐羌(后来形成藏缅语族)、盘瓠(后来形成苗瑶语族)和百越(后来形成侗傣语族)的人们",尤教授根据盘瓠集团迁入西南较晚的文献资料记述,推断西南原始的土著民族群体主要为氐羌和百越民族群体及百越的近亲集团——百濮民族群体融合②。"夷"即氐羌民族群体,是近代藏缅语族的先民之一;"越"即百越民族群体,是近代侗傣语族的先民之一;"濮"即百濮民族群体,是近代孟—高棉语族的先民之一,汉晋时期,百濮主要分布于永昌郡内,方国瑜先生就曾说:"哀牢地居民之族别较多,而以濮人为主要,《后汉书·西南夷哀牢传》《华阳国志·南中志·永昌郡》所载如此。"③ 而且,云南是濮人的"本国",方国瑜先生引何秋涛、江永的诸多学者所言:"濮之本国,实在云南,而其境土之广,则东至曲靖,西逾永昌,北极会理,凡数千里。……商末周初之时,云南之濮,盖尝会合于一,为强盛之国。"④ 因此,羌、越、濮遂成为云南先秦以来的三个本土民族群体,"远在旧石器时代……西南地区的原始居民与祖国内地的原始居民在种族来源上是相同的。……到了新石器时代,中国境内的西北、东南沿海地带和中南地区,分别出现了三个不同的部落集团……西南地区原始部落群的活动,分别与西北、东南沿海地区和中南地区的部落集团的活动有着密切的关系"⑤。本来,三个本土民族群体有较为清晰的地理分布区划,"从元谋盆地往楚雄偏北至云县,再连接保山,画一条弧线,其

---

① 尤中. 尤中诗文选集·先秦时期的西南民族 [M]. 昆明:云南人民出版社,2004:226.
② 尤中. 尤中诗文选集·对秦以前西南各族历史源流的窥探 [M]. 昆明:云南人民出版社,2004:204.
③ 方国瑜. 中国西南历史地理考释 [M]. 北京:中华书局,2012:22.
④ 方国瑜. 中国西南历史地理考释 [M]. 北京:中华书局,2012:25-26.
⑤ 尤中. 尤中诗文选集·先秦时期的西南民族 [M]. 昆明:云南人民出版社,2004:228.

西部北部主要为氐羌原始文化分布区，其东部南部主要为濮越原始文化分布区"①。但是三大民族群体在相互接触和碰撞后，会融合产生新的民族群体，如大理洱海附近的白族先民"洱滨人"②。总之，要研究古代西南地区的族属源流主要需从这三个民族群体入手，西南地区的民族文化圈主要由这三个民族群体奠定，它们在中原文化圈的不断辐射、影响下，朝着文化涵化与融合的大方向缓慢发展，促成了民族和文化维度更大的统一政权的形成。

三、云南的政区设置与城镇形成、发展概说

（一）政区

行政区划有别于政治区划，政治区域是相对于政治影响力来讲的，而行政区域则是相对于政权行使、管理而言。对于二者的关系，《中国行政区划概论》认为："从广义上说一个国家也是一个行政区"，而且"中国从夏代起就已出现行政区划"。③ 但历史地理学者周振鹤先生则认为此两种观点为误。首先从定义来看，"所谓行政区划，是与中央集权制的国家相联系的。只有国君将自己所直接掌握的领土进行分层次的区划，采用集权的统治方式，派遣定期撤换的官员，这样的区划才属行政区划的范畴。行政区划的实质就是分民而不分土。《诗经》里所歌颂的"溥天之下，莫非王土"（《小雅·北山》）的景象只能是集权国家的写照"④，从政区的定义出发，进而找出发生误解的原因："这两种认识都是混同了行政与政治这两种不同概念的结果。一个国家只能是一个政治区域而绝不是一个行政区域，因为行政的基本内涵

---

① 李昆声. 云南原始文化族系试探［J］. 云南社会科学，1983（4）.

② 马曜先生就曾指出："白族是以'洱滨人'为主体，不断同化或融合西迁的僰人、蜀（叟）人、楚人、秦人——汉人以及周围的一些民族的民族共同体。……僰人在王莽的残酷镇压之下，为了生存下来，被迫隐瞒'僰'这个族称。在《汉书》上记载当时称呼'僰虏''僰蛮'等带'僰'字的称呼，在《后汉书·西南夷传》中都被称为'郡夷'了，这是张旭所说'南北朝到唐宋很少听到他们的声音'的一个原因。……从古代白羊村新石器文化到海门口、大波那青铜器文化时期，活跃于洱海周围的白族先民，通过同化或融合附近各族，形成一个以洱海为中心的民族共同体，我们姑名之为先秦时期的'洱滨人'。"（参见马曜. 白族异源同流说［J］. 云南社会科学，2000（3）.）

③ 浦善新. 中国行政区划概论［M］. 北京：知识出版社，1995：8.

④ 周振鹤. 中国历代行政区划的变迁［M］. 北京：商务印书馆，1998：7.

是管理，如果两者之间不存在管理与被管理的关系，也就不存在行政关系。而政治关系则不同，两者之间虽然可以是平等的政治关系，也可以是不平等的政治关系，但不必存在行政管理关系。"① 由此我们可以推断：原始部落形成的"国家"缺少上传下达的"中间"的管理机构，缺少行使政权的层级设置，因此，原始的部落政权——早期国家从概念上来讲并不能算作政区。但是，本书要讲的不是政治区域和行政区划的关系，也不是要追溯政区的原始形态，而是试图从原始部落形成的"国家"那里寻找后世政区划分的依据，其中，地理位置、文明起源的类型、部族血缘、宗教文化等几个因素对后世的政区划分起着决定因素，当这几个因素趋同时，政区的划分便有归同的趋势。所谓"部族"，是指由原始时代的部落组织衍变而来的、以血缘（族姓）联系为基础的社会集团，它是原始聚落的最高形式。而"行政区域是国家为推行政务而划分的有确定界线的区域"②。行政区域的划分就是国家在自己的政治区域内按政治执行的强弱程度来管理的一种划分方式，这种划分方式是可人为建构、设置的。"行政区划不但有可变性的一面，还有稳定性的一面。任何朝代的行政区划都是由前朝承袭而来再加以改造，而不可能有凭空的创造，承袭的部分叫'沿'，改造的部分叫'革'。"③ 如果人为地否定上述的那些依据，生硬地打破这种地缘、族缘的趋同性而单纯地建构出符合统治阶层意图的政区，那么，这样的政区设置将极不稳定而注定是失败的。在云南政区史上这样的例子并不少，如汉之王莽改置云南的郡县和封号，两晋时期只从统治者的意愿出发，不顾云南各个民族群体自然客观的分布格局，任意改动政区划分，无视民族区域自治的发展阶段，激进地企图将之纳入统一的政区管辖。统治者的这些做法都是违背了客观规律的。

周振鹤教授进一步强调："两个主权国家之间是相互独立的，只存在政治关系而不存在行政关系，一个国家不能对另一个国家有行政管理权力。所以无论从什么意义上说来，一个国家都不可能是一个行政区，而只能是一个政治区域。如果这一点不搞清楚，就有可能为一国干涉另一国的内政事务留

① 周振鹤. 行政区划史研究的基本概念与学术用语刍议 [J]. 复旦学报（社会科学版），2001（3）.

② 田穗生，罗辉，曾伟. 中国行政区划概论 [M]. 北京：北京大学出版社，2005：8.

③ 周振鹤. 中国历代行政区划的变迁 [M]. 北京：商务印书馆，1998：8.

下口实。"① 显然周教授在此指的"国家"是现代意义上的主权国家，用政治关系来与行政管理关系区别开，对开展国与国之间的平等、友好关系铺设理论和概念上的依据，无疑是可取的。但是，回到中国行政区划的历史当中，情况就不仅仅这么简单。

首先，中国历史上的"国家"概念不同于今天的国家概念，史籍中的"国家"称谓通常指某个王朝，而且由于历史上"贵华贱夷"思想的长期主导，历史上的"国家"常常特指中原王朝政权又或中央王朝政权，他们中的大部分即在官修《二十五史》中所指的那些王朝政权，他们被古代绝大多数的史家奉为"正统"。

其次，历史上与这些"正统"中原王朝并行存在的还有许多地方政权，特别是边疆民族政权，他们与中央"正统"的政治关系或附或叛，并不能一概而论为"正统"王朝的附庸藩属或地方割据，他们也时常因其自身的政治、经济、文化宗教、军事、种族等社会发展特性独立于"中原正统王朝"的管辖之外，被历代史家视为"化外之邦"。比如南诏、大理两个地方政权，相对于中原独尊的"正统"（称皇帝），他们被放置在了"闰位"的位置（称王，少数情况下也称皇帝）。如果我们今天从民族平等的观点出发，借用古代史家把中原王朝定性为"国家"的标准，那么，这些处于"闰位"的蛮夷酋邦也应该被视为与中原王朝平等、对举的"国家"政权。周振鹤教授曾经认为："从传说中的夏代到商代一直到西周的大约一千多年时间里，中国根本不存在任何行政区划，因为这一漫长的历史时期里，中央与地方关系只体现在政治方面，而且即使是中央与地方这两个概念本身也是逐步形成的，并不是从国家一出现就随之产生的。换言之，在中国历史中所谓上古三代（此处春秋战国时代不包括在其中），中央与地方之间只存在政治关系，而未发生行政关系。因而行政区划是国家发展到一定阶段的产物，而不是与国家同步出现的。"② 这里所说的中国古代"国家"应该视同于王朝、政权，而不是现代意义的国家。既如此，我们可以大胆地推论：政治区划也相应地早

① 周振鹤. 行政区划史研究的基本概念与学术用语刍议［J］. 复旦学报（社会科学版），2001（3）.
② 周振鹤. 行政区划史研究的基本概念与学术用语刍议［J］. 复旦学报（社会科学版），2001（3）.

于行政区划出现，行政区划是政治区划发展到一定阶段的产物或变形，一定阶段指的就是出现了较大的中央集权王朝，中央王朝为了有效地行政统治其较大的版图，才可能需要依据一定的政治区划格局划分行政区域。而中国历史上的中央王朝也并不单指中原王朝。

南诏、大理作为中国历史上与中原王朝对举的两个地方政权长期存在，它们与中原王朝的关系有时是中原王朝的藩属政治区划，有时又是独立于中原王朝之外的"王朝国家"，而且，南诏、大理王朝的政治历史自然也包括自己管理"国家"的行政区划历史，即南诏、大理国的行政区划史。通过对南诏、大理"国家史"和行政区划史的历史文献解读，才能客观地梳理中国历史上的王朝史、疆域史以及政区史，进而才能全面地认知现代中国形成的历史。

事实上，以尤中、王文光教授为代表的一批当代学者已经认识到在中国统一多民族国家形成的历史进程当中，无论是从民族文化圈的整体来看，还是从民族政治、经济的局部入手，都体现出在中国历史上，局部的统一与整体的统一都是双线多维度发展的特点：局部的统一发展为整体的统一发展做出准备，整体的发展强大又带动着局部的整合与统一。[①] 我们既不能否认中华文化圈的最终形成是历史上多元民族文化融合与统一的历史必然，又不能无视局部民族文化圈相对独立的历史存在及其自身内部的发展与完善——多元是前提，否认多元的历史存在，一体就无从谈起；一体是归宿，多元并存的历史进程是以一体化为目的的。历史上，诸多异质的民族文化圈本不在中原文化圈的覆盖范围内，但是中原文化凭借自己强大的文化代偿力不断向四周辐射、扩展，既与周边许多异质的文化发生互动，其中就包含着多重文化的涵化甚至同化，更为重要的是，有些民族的文化通过多元文化的接触和叠加后，往往造成文化的冲突和社会的震荡，孕育着文化的跃迁，实现了文化形态的升维，从而造成更大文化范围上的融合与统一。这种文化圈层的运动历史规律，既是云南汉晋时期政区和城镇发展的动力来源，也是整个西南地区内地化的本质原因。

从整个中国国家历史的角度对政区的内涵做出新的阐释和丰富是极有必

---

① 王文光，翟国强. 西南民族的历史发展与中华民族多元一体格局关系述论 [J]. 思想战线，2005 (2).

要和价值的：对于中央集权王朝而言，无论中原内地而或徼外之邦，凡是按行政层级的高低对行政区域进行划定、设置，从而达到有效行使行政管理之目的的都应该纳入政区的范畴，它也是我国古代极其普遍的政权管理"国家"的方式。在中国古代各个中央皇权集权时期，正州、正郡的置废是较为普遍的政治现象。然而拨开"正统"与"闰位"的迷雾，也有一些正州、正郡之外的边疆政区存在，它们的置废、演进始终闪烁着异于中原政区的独特光芒，我们在对其进行解读、探究时就不能完全窠臼于已有的、通行的现代政区概念。

第一，如果按照周先生的理解，既然行政区划的实质是"分民而治"，目的是有效管理，政区治理机构的办公场地——衙门治所，这个处在国家权力中间的行政部门就要做到上传下达的政令执行，完成中央和地方权力的对接与平衡。那么，以何种标准为"分民"的参照，又以哪种思想态度、治略方针来"治民"，特别是边疆族民，就是我国政治史、边疆政区史、边疆民族史等方面的重大课题。因为历来中央和地方权力的服务对象、权力多少是不同的，这就要求政区的治理机构在中央权力和地方权力的博弈中协调好二者的关系。从更深层的文化人类学角度来看，权力起源于文化，权力也是一种制度文化的表现形式。在中国任何历史时段，中央权力代表的文化与地方权力代表的文化都存在巨大的差异性，当中央文化的能量强大到完全可以压制住地方文化时，中央有效控制住地方，反之，当地方文化的能量能够遏制住中央文化的扩张、影响时，地方就可能摆脱中央权力的控制。这一规律在少数民族众多的云南历史上表现得极其突出，特别是南诏、大理国时期。以中原农业文明为核心的中原文化凭借强大的文化代偿力进入云南与本地土著文明形成的多种地方文化相遇时，两类文明样式、多种民族文化常常表现出冲突与合作、对抗与妥协，并且频繁交替、拉锯激烈的历史格局，在这种历史格局当中，相互的接触融合、借鉴吸收是文明历史发展的总趋势。文明的接触、文化的融合也会外化为权力的博弈过程，在这样的过程中，中央权力对地方的管理常常需要借助地方本土的权力或者说势力才能够得以实现，地方权力对中央权力有着强化或者制约的作用。讨论到此，我们似乎可以得出一个推论：面对强势、发达的中央文明（中原农耕文明）形成的中央政权，地方政权的内涵、形式以及这些权力形成的历史渊源，特别是民族群体的构成和分布，都对中央权力在当地的渗透、扩张、运行效果产生着巨大的影响，具有强烈的回应和反作用，在某些历史条件下甚至是决定性的作用。进一步就政区而言，中央在地方的政区设置、划分以及对政区的管理都要求中央政权对地方权力以及权力形成背后的地方文化有着深刻的认识和了解，并付之尊重和妥协，否则，就不利于地方乃至整个政权的稳定，也不利于地方社会的发展进步。文化人类学的这一理论在云南的政区发展的历史上具体表现为：中原王朝对云南的治理通常要借助地方势力，特别是要借助当地土著民族自然形成的势力才能有效稳定地施行。比如，汉之边郡、唐之羁縻、元之土官。所以，进一步探讨云南先秦时期的聚落格局就显得非常之必要。因为这些由原始聚落发展形成的部落方国，其势力所达到之地理范围，就是秦汉以降各个中央和地方政权（南诏和大理）划分政区、设置治所最重要的依据之一。在这些大大小小、文明发展程度不同的部落方国内部，各自的民族群体人种、宗教文化、社会发展程度等方面都具有高度的趋同性。在这种情况下，地方势力的政治影响范围常常与这一片新置的政区重合，或者说正因为有较为强大、边远的地方势力存在，中央政权的最高统治者才会有在此设置别于内地正式政区的边疆政区意图。因为社会发展程度的差距是一道巨大的鸿沟，不能单纯靠武力征服来填平，就只能先纳入版图再徐徐开发、同化，用渐进式的行政管理、社会文明交流替代突变式的权力征服，这种附纳的方式对一个相对落后的地方社会组织是积极的。历代封建统治者如果能充分考虑这样的社会历史背景，从外部把这一政治区域的行政区域划分别于其他政区，能真正做到"分民而治"，区别对待，政区的划分就有可能稳定而持久；从政区内部来看，能够充分体现政区社会的同一性、整体性，整齐而划一，这样的区划设置使得中央政令有可能畅通，管理可能行之有效，从而促进当地社会的进步发展，缩小边疆与中央的社会发展差距。

第二，中央和地方、中原和边疆是相对的概念。在一定的政治区域内，我们所界定的中央政权是代表相对强大文化的一方，在权力上处于统治地位；地方本土势力则代表文化相对较弱一方，在国家权力分配上处于被统治的地位。然而，就云南历史上出现的南诏、大理两个政权而言，情况就复杂得多。南诏、大理既是两个独立于中原王朝之外的地方政权，他们长期与中原王朝建立的"中央政权"平行存在，以自己统治的云南区域为中心，政治势力一度扩展到中南半岛和印度半岛，拥有自己的政区设置和领土疆界。这种情况下，两个前后更迭的地方政权之中心所在地——洱海区域就是中央，而其所辖的大小不等、远近不一的政区就是地方；同时，在南诏、大理政权近五百年的地方统治时期内，曾有相当长的时间归附于中原，所辖区域也成为中原王朝的准政区之一。从开元二十六年（公元738年）开始，皮罗阁接受唐朝册封云南王，经过贞元十年（公元794年）异牟寻复归唐朝，最后到公元859年世隆称帝，建大礼国为终期，除去中间阁罗凤不得已叛唐的43年，大部分时间南诏都奉唐为正朔，接受唐朝的册封。作为唐朝的藩属，"云南王"的辖区就作为唐王朝的一个高度自治政区被纳入全国的行政管理之中，不仅南诏的国王册封的人事任免方面（名义上）也须接受唐廷管辖，而且军事、赋贡也要向唐廷呈报。对此，许多学者基于南诏受中原文化影响深远，就认为唐与南诏，甚至宋与大理之间形成的政治格局只是宗主与藩属、中央王朝与地方割据政权的关系，这是有悖于史实的，我们应该看到，不仅南诏政权的建立、版图的扩大，有着云南地区本土各民族社会自先秦以来的独立发展、文化圈完整演进的性质，而且，用文化人类学的观点来看，南诏的崛起应属于不同于中原文化的西南异质文化的跃迁与觉醒，而不应该被简单看作中原王朝所代表之中原文化的附庸和局部；中原文化圈对云南的影响经由汉晋以来的外来客体影响，到南诏、大理时期变为内在主体影响，即云南的政区与城镇发展，南诏以前的汉晋时期主要凭借中原王朝的外来文化推动，南诏、大理时期则变为本土文化推动，发展动力源和发展的实施主体都发生了改变。把这个文化圈层的关系捋清，恰好能够说明统一多元文化的中华文明由多个相互异质的文化圈（或文化单元）融合而成的历史进程，而中华文明到唐、宋时，依然还远未成形。大理政权的独立性更高一些，虽然大理段氏屡次求归宋朝，"累年以来，遣使乞修朝贡"（李焘：《续〈资治通鉴〉长编》卷十引《锦里耆旧传》），宋朝则册封过大理国八国都王、云南节度。然而，表面上政权的独立自治并不能抹杀文化上的融合进程和趋势，政治上的独立、分裂不能阻碍文化圈的融合与统一，文化上的涵化与趋同才是历史发展的大势所趋。所以，对于南诏、大理两个地方政权而言，与中原王朝平行或者上下的政治关系，在历史上交替出现，错综复杂，因此不能用周氏的现代政区定义一概而论，否则，如果只将南诏、大理归附中央的时期算作中原王朝内部的政区管辖关系，那么，它们叛离中央的时期就会相应地归入政权之间的政治关系，这样一来，就明显割裂了自先秦以来云南本土文明就开始逐渐与中原文明融合，逐渐向农业文明政权的倾附、过渡的历史进程，更割裂了先秦至汉晋以来云南各族先民与内地先民日益密切的历史联系，以及相互融合的历史主流。这既不符合史实，也不是唯物史观。其实，对于这个问题，方国瑜先生在中国历史整体性发展理论中已经做出过概括："王朝不等于中国，王朝的疆域不等于中国的版图，王朝的历史不等于中国的历史。……而云南各族人民自秦汉以来，就是这个整体中不可分割的一部分。"① 既然同一历史时期的不同政权都是古代中国的一部分，都为现代统一多民族的国家形成奠定了基础，那么，历史上出现的"中央"和"地方"当然就是一对相对的概念，政区的划分也就自然存在地方政权从外到内的多个层次。这在南诏、大理两个地方政权及与之对应的唐、宋两朝的政治格局中可以找到例证。

此外，在南诏未统一云南全境以前，滇西北之永昌（哀牢）、滇中之西爨、滇东北之东爨几个民族区域也都自汉以降接受中原王朝（包括西蜀和两晋）的管治，设置政区，或委派官员或由当地土长共同经营，政区建置大体有如西汉之益州都尉，东汉之永昌，西蜀之庲降，西晋之宁州（除去越嶲和牂牁二郡），东晋和隋之南宁州，唐之南宁、糜州、戎州（部分）、姚州四个都督府，等等。在这样的情形下，云南境内不同时期的政治区域，对于唐朝的中央政权而言，又都属于地方政区的概念。"政区"从一开始出现就是一个划分不断变动、体现政权意志的概念。

行政区划是国家发展到一定阶段的产物，而不是与国家同步出现的。而且更为关键的是"行政区划往往不是一次性的行为，而是一再进行的根据需要不断调整的常时性的工作"②。因此，在某些特定的历史情况下，行政区划的设置、政区边界的划分、政区幅员的伸缩调整受政治区域的影响、变化是异常强烈的，甚至政区划分与自然形成的民族政治区域相互重合、自然转

---

① 方国瑜主编. 云南郡县两千年 [M]. 昆明：云南广播电视大学出版社，1983：5.
② 周振鹤. 行政区划史研究的基本概念与学术用语刍议 [J]. 复旦学报（社会科学版），2001（3）.

化。例如，秦汉之僰人聚居区域被划分为益州，南诏"即其部落列置州县"①，大理国改县为部，等等。关注云南汉晋时期民族群体的自然分布状况可以找到政区设置的根本客观依据。

边疆政区的历史牵涉的历史门类相当广泛，边疆政区的置划通常离不开疆域的发展理论和边疆的地缘政治理论，边疆的开发史又离不开边疆民族的文化史。表面上，郡县的划分是个地域的概念，但它却由居住在这片地域的"部族"种类决定，或者可以说，在同一片区域里，由于"部族"种类的改变往往导致政区划分的变动。那么，到底是什么决定了"部族"的特性，又是什么导致了处在"部族"之中的"居民"性质不以生存生境的改变而改变呢？"'民族'是人类种族最自然的、最神圣的分野。"② 由不同的民族群体在不同的地域创造的不同文化圈具有强烈的自我认同和"对他而自觉为我"③ 的排他性，文化相对主义学者就常常强调这种民族之间的文化差异性和自身文化的独立性。并且认为：民族是一个文化的实体，文化决定了民族的属性。"这些民族，起初因地理与气候上的特质而封闭起来；后来各有其特殊的历史传统——一种适当的语言、文学、教育、习尚、风俗；因此他们便各成为一个完备的民族，具有一种'民间性格'、一种'民族魂魄'和一种真实的民族文化后，个人便以他们民族的'性格'为特征，而这种'性格'对于民族的成员而言，即使迁居它国（或其他区域）数代后，仍然不能抹灭。"④ 民族群体所处的自然地理环境造就了民族群体的文化特性，民族群体的文化性质又涵养了民族群体个体的民族性格，具有了某种特定性格的民族就相异于其他民族而表现出稳定、持续、相对独立的文化传统。它不以其他强势的政治、经济势力的介入或控制而改变，而只会在文化的层面，在与其他异质民族群体的文化圈层之接触中，慢慢发生文化的变迁而至民族的融合，最终，导致政区划分的逐渐稳定。因此，我们可以说，中国历史上的王朝国家在边疆民族地区的行政区域划分必须符合当地民族文化圈的实际分

① 欧阳修. 新唐书·地理志［M］. 北京：中华书局，2011：1119 七下"羁縻州"条.
② 杨须爱. 文化相对主义的起源及早期理念［J］. 民族研究，2015（4）.
③ 梁启超.《饮冰室文集》点校［M］. 吴松，卢云昆，王文光，等点校. 昆明：云南教育出版社，2001：3211.
④ 海斯. 现代民族主义演进史［M］. 帕米尔，等译. 上海：华东师范大学出版社，2011：23-24.

布格局，任何企图用政权强制力来改变民族文化圈自然存在、分布的实际的做法都是徒劳的，而且极易造成边疆的动荡。由此，用边疆与中原双重的民族文化圈层视角来研究国家行政区域及城镇的建设历史显得非常重要。

（二）城镇

"城市是人类文明时代的产物。"① "城市是人类社会发展到一定阶段的产物，城市的产生是人类从野蛮时代演进到文明时代的重要标志之一。"② "城市的产生是同社会大分工、阶级分化相联系。原始社会后期，我国出现了村庄、聚落和城市的雏形——城堡。进入阶级社会后出现早期城市。早期城市是在生产力水平极低和物质财富、精神财富很不丰裕的条件下产生的，因而很不完善。但随着奴隶制向封建制过渡，封建经济兴起，中国城市出现较大的发展，为秦以后城市的发展奠定基础。"③ 何一民教授所讲的"早期城市"就应该是城市的初始阶段——城镇。因为财富的基础不够充分，早期城市的功能并不完善，而社会贫富阶层的划分又造成对财富保卫的需求，以及与财富相对应的特权运行客观需要，城镇才应运而生。城与市的出现和发展并不同步，城镇因突出满足城市的政治、军事功能往往先于"市"出现，经济贸易特别是区别于"官市"的民间贸易的发展较为滞后。因此，研究云南的城市史，要以城镇为研究初始阶段。

恩格斯在他著名的《家庭、私有制、国家的起源》一书中对于人类原始社会到阶级社会的发展过程做了逻辑严密的论述，阐释了氏族聚落—部落联盟—国家产生的社会发展规律，相类似的还有塞维斯的游群—部落—酋邦—国家的发展过程理论和福里德的平等社会—分层社会—阶级社会的发展过程理论等，这些都是从人类学的角度来探讨人类文明起源过程中的一些演变规律，这些理论也是我们探讨早期人类文明起源的主要依据。"而早期人类活动的文献记载大多阙如，有记载的也以传说为多，神话色彩较浓，不足以作为我们探讨文明起源的依据，因此考古学在其中扮演着极其重要的作用。"④因此，运用人类学，特别是文化人类学中的一些理论，结合考古学中的一些

---

① 何一民. 中国城市史 [M]. 武汉：武汉大学出版社，2012：44.

② 何一民. 中国城市史 [M]. 武汉：武汉大学出版社，2012：1.

③ 何一民. 中国城市史 [M]. 武汉：武汉大学出版社，2012：44.

④ 彭长林. 云贵高原的青铜时代 [M]. 南宁：广西科学技术出版社，2008：259.

实物佐证及推论，是研究古代文明起源及城镇发展的必要方法和有效手段。

中国考古学权威专家苏秉琦先生从中国历史和考古研究的实际出发，在他的《中国文明起源新探》中提出了中国文明演进的古文化—古城—古国—方国—帝国的演进模式，这一模式也成为研究中国文明起源的理论依据，并且对"古城"的概念作出有益的探讨——"古城"是在"城乡最初分化意义上的城和镇"时产生的①。另外，还有李学勤主编的《中国古代文明与国家形成研究》提出了以聚落形态的演进将原生形态的文明起源和国家形成划分为三大阶段：由大体平等的农耕聚落形态发展为含有初步分化和不平等的中心聚落形态，再发展为都邑国家形态。这种以聚落考古为基础而建立的演进框架由于考古材料的丰富，操作性很强，大致相当于苏氏理论的前三个阶段，即古文化—古城—古国阶段。

我们对政区的研究通常离不开对城镇的关注。如果说政区的划分是主观的设置，那么城镇的客观存在就是政区划分的重要内容。而且，政区的管理需要治所的设立，而治所通常都要设置在城镇，因为城镇的特性之一就是资源的集聚。城镇是对交通地理、经济政治、军事防御、文化宗教等许多优质的资源的集聚，"城市作为一个集物质与精神的统一综合体，城市的特性在于集聚，生产力发展的集聚就表现在将单个、分散的个人生产力汇集于城市，形成统一管理下的协作与分工，密集与分散的社会生产力。城市的起源正是在社会分工作用下形成的，而社会分工又是由生产力的发展决定的。城市不断发展的动力有政治、经济、文化、军事等多方面影响因素，而这些进步均源自生产力水平的提高"②。城镇发展的背后是社会文明的进步，人类文明起源于原始社会，对城镇的研究也要相应地追溯到原始聚落时代。"城市最初出现在中国古代聚落形态史的过程中，是由一系列相互联系的标志构成，包括：夯土城墙、战车、兵器；宫殿、宗庙与陵寝；祭祀法器（包括青铜器）与祭祀遗迹；手工业作坊；聚落布局在定向与规划上的规整性。"③

---

① "像西亚耶利哥那种已有石围墙的新石器时代早期聚落，西方学者有时用'镇'（town）来表示，后来他（苏秉琦）在规定'古城'这一概念时，就说这是指'城乡最初分化意义上的城和镇'。"（苏秉琦. 中国文明起源新探 [M]. 北京：生活·读书·新知三联书店，2001：7.）

② 何一民. 中国城市史 [M]. 武汉：武汉大学出版社，2012：8.

③ 张光直. 关于中国初期"城市"这个概念 [J]. 文物，1985（2）.

而云南的聚落考古没有像中原聚落考古那样有丰富的材料可以参考，至今没有聚落城墙、宫殿、宗庙这样"规整"的遗址发掘，但是社会分工的出现，聚落建筑的疏密分布，不同生产资料和剩余产品的堆积也完全能够表现出原始的固定居民点——原始城邦的雏形已经出现。以剑川海门口遗址为例，经1957年、1978年、2008年、2016年、2017年五次发掘，一个云南大型的原始聚落逐渐全面地出现在人们的视野中：建筑的桩柱不规则分布，说明不同规模的建筑的支架承受力均衡；谷物分布的地段不均衡，骨器非常稀少，但废弃的兽骨堆积如山，表明农业生产有了较详细的分工，畜牧养殖业初具规模；有简单的青铜器物发现，经检测处于由红铜向青铜转变的过程，从合金成分来看，较晚的楚雄万家坝遗址文明受海门口遗址文明的影响较大。特别是后两次重点对海门口的建筑群做了进一步发掘："发掘共清理墓葬27座、房址8座、灰坑122个、灰沟30条、灶2个、垃圾堆4个、火堆2个、路1条。……第一活动面上1座（1号房址），保存较差，为地面开挖基槽，基槽内有小柱洞，可能是木骨泥墙的建筑形式；第三活动面5座，2座为半地穴式（2、5号房址），3座为平地起建形式（3、4、6号房址），2号房址保存较好，系先在地面开挖椭圆形坑，然后用火烧烤坑面，再于其上铺垫一层黄土，筑造考究。第四活动面上有数量极多的柱洞。"① "发掘表明这一区域新石器时期遗存非常丰富，文化堆积并不厚但层位多、遗迹现象复杂，这充分反映出该区域是这一时期人类居住、活动的核心区。……青铜时代这一区域有墓葬出现，而同期的居址类遗存则发现于台地与河滨间的缓坡地带，结合以往发掘的情况，可以大致认为，遗址新石器时期人群主要居住于一级台地区域，其后主要生活区逐步向河滨区发展。"② 这些考古材料都证明了像海门口文明一样的众多原始聚落已经发展出了明确的社会分工，掌握了较为高超的青铜冶炼技术，产生了较大差别的阶层分化，私有财产集聚到了一定规模，"向河滨区发展"正是农业发展到一定水平的需要，因此才有了保存、护卫物质财富的建筑产生，进而孕育出了保护私有产权的设施和建筑群——原始聚落，即城镇的雏形。

由于城镇的发展比政区的发展有更高的稳定性，从城镇的产生源头看，

---

① 剑川海门口遗址（2017）[EB/OL].云南省文物考古研究所官网，2018-02-09.
② 剑川海门口遗址（2016）[EB/OL].云南省文物考古研究所官网，2018-01-17.

根据考古发掘，原始聚落所辐射的区域正是云南文明出现的区域，云南城镇中，那些随着社会的发展自然形成、兴盛的城镇大多都在原始聚落的分布区域内，这里说的"自然形成"是从民族群体起源、文明诞生的角度，强调因人类社会的进步，聚落由规模和功能等方面向现代意义上的"城市"缓慢发展的过程，在这个过程中，社会经济的发展进步成为主导的力量。与之相对的是后世政权统治者为了军事、政治、交通等目的，在"空白之地"有意地"造城"，在极短的历史时间内，根据自身的利益需要，就"山川行便"的原则筑造的关隘、馆驿。这种人为建造的建筑群产生得突然、快速，目标明确，目的性极强，这也是产生城镇的因素之一。从城镇的功能角度来看，以上两种不同类型产生的城镇都在云南的历史上发展着、扮演着不同的角色。对于社会经济发展一般规律来讲，经济基础决定上层建筑，因此以美国学者施坚雅为代表的一派中国史学者认为中国的城市是到了封建社会晚期才出现的，而且是出现于江南经济繁荣的地区，即所谓"施坚雅模式"① 的城市起源理论产生于对欧洲威尼斯等商埠行会型城市的研究，显然是不符合中国历史全貌的。中国城市的"城"与"市"并没有同步产生和发展，出于军事安全和行政管理的需要，中国城市首先是以城镇的形态登上历史舞台，在随后长时期的统一繁荣条件下，"市"的经济功能才在城镇当中逐渐发育出来。

研究云南政区历史的历代学者大多都把秦汉在云南设置郡县作为研究云南政区的起点，而在先秦时期，在今天云南区域内的聚落文明格局对后世历代政区建置的巨大影响却极少进入研究者的视野，将后世政区建置的历史依据追溯到原始聚落的文明格局，这一方面的研究付之阙如。因此，笔者希图先通过对先秦云南聚落文明的描述，从文化人类学、民族史学的角度切入，试图对汉晋时期的云南政区设置在云南远古的人类文明史当中找到一些依据。因此，我们讨论云南历史上的城镇和政区，首先应该溯源至先秦时代的云南聚落考察，把城镇的雏形——原始聚落进行大概的探究。对于城镇的历史而言，城镇的兴起和发展不都是以人的自然集聚为起点，后世有意而为之的城镇产生背后总有极强的政治或军事目的性；对于政区的历史而言，人为的政区界定最终都要追溯到自然形成的民族群体的基础上，民族群体的趋同

---

① 施坚雅. 中国封建社会晚期城市研究：施坚雅模式 [M]. 王旭，等译. 长春：吉林教育出版社，1991.

性对政区的划分及稳定至关重要，云南民族群体的发展经历了所谓"乡土起源—地方传统—国家公民"的历史进程，最终"实现了民族认同与国家认同的对接"，云南区划的发展正是这种认同进程的外化表现形式之一。以洱海银梭岛古文化遗址和剑川海门口遗址作为对比，李东红教授认为："云南青铜文化并不是从域外传来，而是起源于当地的新石器文化。"① 也就是说，云南的方国源自本土原始聚落，作为云贵高原最早的青铜时代遗址，剑川海门口的考古发现足以证实这一观点，这也印证了苏秉琦等老一辈考古学者关于中华文明多元起源，呈现"满天星斗"状的理论构想②。

下面我们就从云南地区的原始聚落开始，讨论汉晋时期云南城镇分布、发展的来源情况。

云南地处中国西南边陲，境内历史上的各个民族都对统一多民族国家的形成做过巨大贡献。自庄蹻王滇始，云南就逐步成为中国版图不可分割的一部分，是中国整体中的局部，这就注定了云南历史上（特别是南诏、大理国时期）发生的一些历史事件常常影响着当时中原王朝的统治，也因此对中国社会的整体发展产生着深远的影响。在这些事件中，政区设置、城镇形成和发展的历史以及那些蕴含在二者因革嬗变背后的历史规律都对今天云南的建设、发展有着重大的影响。

一方面，城市形成和发展的历史研究对我们当今社会的发展极为重要。美国学者芒福德·刘易斯曾说："要想更深刻地理解城市的现状，我们必须经过历史的天际去考察那些依稀可辨的踪迹，去了解城市更远古的结构和更原始的功能，这应成为我们城市研究的首要任务。但这还不够，我们还要循这些遗迹继续追寻，沿着城市经历的种种曲折和所留下的印痕，通考有 5000 年文明可考的历史，直到今天正在展现的未来。"③ 正因为不仅城镇的出现和发展本身具有丰富的内涵，城镇发展的背后更蕴含着深刻的社会因素和丰富的人文色彩，内涵宏大深刻，视角广博多样，历来受人文地理研究者的重

---

① 李东红. 从地方一族到国家公民——"白族模式"在中国民族建构中的意义［J］. 思想战线，2014（1）.

② 苏秉琦在《中国文明起源新探》第五章《满天星斗》说道："中华大地文明火花，真如满天星斗，星星之火已成燎原之势。"

③ 刘易斯. 城市发展史——起源、演变与背景［M］. 北京：中国建筑工业出版社，1989：1.

视，成为一个被长期关注的"显学"课题。"人类用了 5000 多年的时间，才对城市的本质和演变过程获得了一个局部的认识，也许要用更长的时间才能完全弄清它那些尚未被认识的潜在特性。"① 因此，古代城镇的雏形——聚落的研究范围异常广阔，研究价值极高，对其的研究工作显得迫切非常。

另一方面，对于中国政区历史的研究，如果我们能把视阈放到全国范围内，从先秦至隋唐以前的政区设置来看，无论州郡一级还是县城一级的政区都是在不断巩固、发展中增加着数量，即便中间有"废县为部"的短暂时期，城镇、治所的资源也在不断集聚中壮大，完善着政区治所的功能。所谓"天下"的疆土从《禹贡》时的"九州方圆"到周代时的十三州，再到西晋时扩为十九州，显示了"华夏文化圈"凭借其优势不断向四周扩展的历史主流；而就地方政区历史而言，梳理南诏、大理的政区发展脉络，同样能够体现出全国的政区划分不断深化、发展的历史进程，特别是对于秦汉以来，云南的政区设置经历了由局部分散到整合统一，特别是在南诏、大理两个地方政权的统一背景下，云南政区的设置，历史上出现了中央和地方两套系统，由单一局部划分到整体重叠、交叉，最终发展至元代，形成与内地一体的稳定政区格局，从而更加趋向合理、更加稳固。同时，政区的设置和发展也伴随着城市的建立和扩大，而且二者间似乎存在着某些内在的联系，这些联系在古代云南的政区与城市发展过程中能够较为明显地凸现出来。

（三）政区设置与城镇（城市）形成、发展二者之间的内在关系

国家政区的设置和城市的形成、发展二者历来联系紧密，纵观人类的历史，政区的设置和城市的形成、发展都是人类社会文明进程中一个问题的两个方面：由于政区设置的需要而构筑一个个城市，"对于那些无城池的政区治所来说，它们的一个基本发展方向和目标就是营建城池"②。反过来，随着城市的发展、繁荣和数量增加又需要有新的政区划分、设置来制衡，为新的政区设置准备了人口、经济的条件。在这种进程中，我们可以把出于军事、政治或者经济贸易目的考虑的政区设置看作诱因，把城市的形成和发展

---

① 刘易斯. 城市发展史——起源、演变与背景 [M]. 北京：中国建筑工业出版社，1989：2.
② 陈庆江. 西南边疆民族研究·明代云南县级政区治所的城池 [M]. 昆明：云南大学出版社，2001：451.

看作结果，而这个结果又常常能促进诱因的进一步发展。

研究中国政区的历史，我们就会发现城市的问题往往并不简单，二者的关系在某些特定的历史时期并没有出现前面所述的那种必然联系，这种情况的发生，常常是由于在特定历史时期，特定区域内（特别是少数民族众多、分布较广的区域）的社会发展不平衡或者可称作社会发展程度多元性而造成的。

首先，中国历史上，绝大部分的政区设置都是为了满足政治一统的构想和军事掌控的需要，而城市则作为这种构想和需要的操作实体，通俗地讲，早期中国的城市就是作为政治的机构和军事的堡垒孕育而生，投入使用的。这与欧洲许多古代文明城市的产生原因大为不同（比如古代意大利威尼斯的构筑目的就是促进规模市场的建立和港口贸易的繁荣，从而获得巨大的经济利益）。于是，中国历史上政区的划分和城市的构筑一开始就是上层建筑的产物，而不是直接为其经济基础利益服务的——城市产生的社会经济基础是封建农业，而城市能别于农村独立出来的本质属性恰恰是非农业性，其国家意志的内涵、色彩异常丰富和浓重。而作为上层建筑的产物，它的出现又必须有与之相适应的经济基础为保障：政治、军事的需要只是政区设置和城市形成的契机，社会发展的程度才是根本的原动力。所以中国历史上许多看似因为某次具体的政治或军事需要而设置的政区和构筑的城市，它的背后是社会生产发展所储备的物质能量作为物质支撑和条件允许，看似一次偶然的政区设置和城市构筑的出现，"殊不知，在此之前，经济的发展已经等待了许久，历史的发展也早已做好了各种铺垫"①。

其次，当建立在较为先进或者说较为发达的社会生产基础上的上层建筑模式被人为地、强行地引入社会生产较为落后的地区时，作为上层建筑产物的政区设置和城市构筑的情况就会异于前述。政区的设置作为一种抽象的意识往往和作为具体行为的构筑城市发生矛盾，表面上二者的联系被割裂：已经设置了政区却没有治所，无法全面发挥城市（镇）的政治功能；没有城市（镇）又导致政区设置不固定，管理不畅通，统治不稳固。事实上，政区的设置只是一种政权组织形式，属于上层建筑的范畴，它与当地社会经济的发

---

① 吴晓亮. 洱海区域古代城市体系研究［M］. 昆明：云南大学出版社，2004：7.

展程度、政权的性质乃至于城市的发展水平是完全有可能存在发展不平衡的情况的，这就容易造成在特定的时期、特定的区域内，政区的设置和城市的发展，二者看似毫无关联地以各自不同的水平上并行发展，看似不在相同的时间维度上相互发生着因果的联系，但政区治所的设置最终又总是与城市滞后的形成合二为一。"实际上，城池发展的相对迟滞与政区境域的狭小及其社会发展的相对落后是有联系的"①，这样的情况在云南历史上，特别是南诏、大理国时期云南境内的政区设置和城市发展史上是普遍存在的。以南诏建国前期的郡县设置为例：第一，从先秦时期云南地理的状况考量，早期的云南人类文明集中在滇池和洱海两个区域，两个相对狭小的空间被周围的崇山峻岭、大江深壑所包围、阻隔，交通极为不便，与外界的联系艰难而有限，两个区域的人类以聚落的群体方式相对孤立地存在着，暂时还没有向外拓展、发展的空间条件。第二，一方面，中原王朝自战国以来已逐步向集权时代发展，上古三代时所实行的分封制已为秦汉创制的郡县制所替代，中原大地上已陆续林立起许多以地缘为纽带的郡县城邦，它们往往作为政区的治所，发挥、发展着城市的职能；另一方面，云南境内（主要为益州郡，辖二十四县）的社会还处于奴隶社会晚期，社会的发展特别是社会经济的发展还不足以支撑起众多的城市，由于当时中原与云南在社会发展之间的巨大差距，当相对强势、先进的中原文明进入云南后，云南郡县的设置常表现为形式上有郡县之置，但设置的实体既无形制完备的治所也无功能全面的城郭，政治管理不得不施行相对宽松空泛的羁縻统治，土流并设，纳土贡而无租税，形式上的"治所"大都还停留在部族聚落或村邑的阶段。

最后，就中国古代城市的形成发展来看，其本身也经历了一个"大概一千多年漫长的历史过程"②。对于城市的本质和特点，经过几代学者的努力探讨、研究，至今已经形成一个基本的认定：城市是一个人口集中、非农业的各类产业发达、居民以非农业人口为主的地区；通常是周围地区的政治、经济、交通与文化的中心；城市布局相对规整，有一套较为完备的防御体系和公共服务体系，在中国古代，传统的城市还以四周环绕有城墙为其基本的

---

①　陈庆江. 西南边疆民族研究·明代云南县级政区治所的城池 [M]. 昆明：云南大学出版社，2001：461.

②　杜瑜. 中国古代城市的起源与发展 [J]. 中国史研究，1983（1）.

标志。而且，就城市的起源看，"城"和"市"的分离整合也经历着漫长的历史过程。因为"'城'是适应统治集团的需要，统治者利用它行使国家职能，由于政治力量的作用自上而下形成的军事、政治的建筑实体；而'市'则是由于经济的发展需要，通过商品交换以及伴随出现的手工业的逐渐发展，剩余产品的不断增多，自下而上形成的（松散的约定俗成的市场贸易）"①。从这个角度看，"城市"本身一开始就是个矛盾的共同体：有时因政治、军事的纯粹需要，"城"的职能可以把"市"的功能完全排斥在外。这就与前面所述云南古代政区的设置与城市的兴起有很大的相似性：在社会经济落后或者说相对于中原而欠发达的云南地区，政区设置的初衷是政治统管或军事防御，又或二者兼有，从而剥离了"城"与"市"的统一，客观上并没有相应的经济基础与之相适应，主观上也没有筑城者为商业贸易利益的多少考虑。

论述到此，我们能够对云南古代城镇略做总结。

首先，治所的设置、军事关隘的构筑恰好满足了一个城市建立所需的诸要素中"城"的那一方面要素，由于政治、军事的需要，城镇常常能够在短期内有效地建立起来，短时期内发挥着"城"（行政治所）或"镇"（军事拱卫）的作用，从而加强、巩固着政区的治理，保障着政权的执行和统治，因此，我们也可以把早期功能单一（治所或堡垒）的城镇认为是后世健全型城市的雏形之一。然而，如果一个城镇要想发展成为真正的城市，一个城市要健全、协调、长期地存在和发展，它必须努力寻求与之对应的地理交通、人口经济、宗教文化、社会生产力水平等"市"的诸要素作为支撑，蜕变为城市，完成"城"与"市"的统一，城镇才能"成长"为真正意义上的城市，才有可能繁荣、扩大，长期存在于历史的长河之中；作为主观划分的政区的划分和治理同样也要优先考虑不同地区特别是不同民族聚居区的经济、交通、社会发展水平及宗教文化等因素，因为这些因素将是影响政区设置后稳固的主导力量。所以，要探究南诏、大理的政区、城镇的形成和发展，我们就不得不关注此前在特定的历史时段内不同民族群体的地理分布条件下的不同社会发展状况的多样性历史格局。

---

① 张全明. 论中国古代城市形成的三个阶段 [J]. 华中师范大学学报（人文社科版），1998（1）.

　　中国西南作为中国古代的一个区域，其文明演进模式也基本上与这一文明演进模式一致。但云南由于聚落遗址的发现较少而难以以聚落考古的方法展开研究。不过各区墓葬资料较为丰富，墓葬大体上反映了墓主生前的社会地位，从墓地规模、墓葬形制、随葬品大致可以看到当时社会的生产、分配、消费、结构、等级、权力关系以及宗教等方面的情况。当然，云南也和中国其他地区文明起源的发展进程一样不平衡，有些区域要快过其他区域，可能在同一时代存在着多种发展程度不同的社会形态，不能以时代为标准一刀切。此外，"云贵高原的部分区域并不以农耕为主而以畜牧业、游牧业为主要经济生产方式，在使用上述那些理论进行探讨时也应注意其与农耕文明不同的表现形式"①。

　　我们今天研究云南早期的城镇和政区形成发展，应该以原始聚落的考古发掘为源头去着手进行，这既有云南特殊的地理和早期的民族群体特殊分布的原因，也由于原始聚落的发展，特别是聚落中心的成型对后世城镇的形成和确立，或早或晚都起着基础性的作用，原始聚落的中心往往构建了后世城镇的雏形。聚落组成大大小小的古国，而古国的建立又常以民族群体而区别，在一个个民族群体较为闭塞、相互较为隔绝的自治范围（或者势力范围）内，容易形成民族群体内部的自我认同，这是一种早期的民族社会认同，它一旦形成就会日益牢固，将影响着这个民族群体社会的方方面面，比如相同的经济生产方式、相同的生活习惯、相似的文化宗教信仰、同一的政治理想和诉求等，而这些物质层面和精神层面的趋同性通常都是后世政区设置划分的根本依据。对云南城镇和政区的历史研究离不开对地区民族原始聚落的历史了解。

　　其次，云南城镇形成与政区发展存在互动关系。作为中原王朝的边疆地区，云南的城镇形成、发展与政区的划分、演进从来都关系密切。如果说云南城镇的雏形——聚落还主要依靠本土的民族群体自发地发展形成，那么，从聚落开始逐步向集政治、军事乃至于后期的经济商贸功能为一身的城镇群的发展过渡则与中原王朝在云南地区的政区设置、推进密不可分。

---

① 彭长林. 云贵高原的青铜时代 [M]. 南宁：广西科技出版社，2008：259-260.

（四）从先秦到汉晋时期，云南的政区设置与城镇的形成、发展的情况

研究政区的划分、城镇的设置应在注重自然地理环境差异的同时，更强调不同的民族群体分布格局及其不同的社会发展程度的背景因素。要研究云南的政区设置、城镇形成与发展的情况，特别是云南城市形成并开始迅速发展的时期（南诏、大理国时期）的情况，就必须要清楚云南境内历史上各个区域社会发展极不平衡的历史状况。这种状况主要是由三方面的因素造成的。

1. 生存生境的因素

在人类社会不同的群体之间，其发展的所有差异几乎都能在其所处的自然环境当中找到由地域造成的客观原因。因为"其（人类的）生存和发展与其生产一样，一刻也离不开自然环境。一方面，人类必须向自然界索取生产生活资料；另一方面，人类的活动必须以一定的地域环境为依托，受自然环境的制约"①。

在云南境内，北纬26°线被许多学者称为黄金纬度线，它对于云南区域特征的研究工作来说，是一条极其重要的分界线。26°线不仅划分出云南自然地貌的明显差别，而且还划分出云南社会人文的发展差异。

北纬26°线以北多高山深谷，海拔高度落差巨大，水土养分流失较大，自然条件相对恶劣，交通不便，不适合农业文明的发展，因此，自原始社会以来，人口、聚落发展迟缓，社会生产力低下，这就减少了此片区域内政区的设置与城市形成和发展。北纬26°线以南到25°之间则海拔高度大都在2000~3000米，属于高海拔低纬度地区，常年气候温和，适宜农业生产和人类居住；海拔落差减小，且山岭之间多有高原盆地——坝子形成，大小错落的高原湖泊较为平均地分布其间；坝子中水土蕴储状况良好，矿产资源储藏丰富，交通情况相对较好，自西向东依次形成了大小不等的保山、大理、楚雄、昆明、曲靖五个坝子，再加上更南边的临沧、思茅、建水、文山四个坝子，这九片大的区域都适合农业文明的生产和发展，成为孕育人类文明的摇篮，奠定了城市文明的物质基础。

---

① 王文光，田婉婷. 中国民族史研究散论［J］. 思想战线，2000（4）.

就东西两方来看，云岭是我国西南部的重要山脉，呈南北走向，属横断山脉，北段在四川和西藏境内，延伸入滇后，分为并列的西、中、东三支，西支主要山地为白马雪山、清水郎山和雪盘山；中支主要山地为甲午雪山、察里雪山和点苍山等；东支主要山地为哈巴雪山、玉龙雪山和绵绵山。点苍山雄峙滇西，是云岭山脉中支南端的主峰。以罗平山——点苍山为南北纵向的分界线，把云南分为东西两面，东面地势相对舒缓，分布着较多、较大的坝子，其间还有滇池、洱海、抚仙湖等高原湖泊，适合农业发展，古代的政区治所、城市、人口多集中于此；而西面山高谷深，地貌复杂，虽然矿藏、植被和水利资源丰富，但相对于东面而言人类生存和城市形成发展的条件都处于劣势，而更利于游牧文明的发展。

另外降水量的多少、气温的高低也对农业文明的发展起着重要的制约作用，加之地形地貌的差异，这些因素都会导致城市形成的早晚、城市的位置选址、城市行政层级和市场层级高低等诸多不同。

值得注意的是，对于秦汉时期的云南少数民族而言，大多数还处于奴隶社会晚期，部族聚落的经济还主要以游牧、畜牧甚至原始渔猎为主，这就造成了他们的人口主要集中在湖泊、河流、支流周围，所以中原王朝对他们羁縻管辖的政区设置也多设于这些区域。

正是由于上述自然地理的差异，使得云南的政区设置、城市的形成与发展从一开始就显现出南北、东西分布密度上的巨大差异。

2. 民族文化的因素

"城市、城邑或都市，虽说可以视为许多民族文明社会形成的充分条件，但它亦不是每个民族都具备的。……对于农业民族来说城邑固然是其政治、经济、军事、文化、宗教的中心，是社会结构的物化形式之一。"① 云南历史上的各个民族发展的特点是民族文明形态多样且各个文明的社会经济、政治、文化发展的极不平衡。就经济而言，"居住在平坝的民族发展快于山地的民族；处于交通沿线的民族发展快于交通不便的民族；与汉族接触较多的民族其生产水平高于与汉族接触较少的民族；较早纳入郡县统治的民族发展快于较晚纳入郡县统治的民族"②。最显著的例子就是历史上居住于洱海、

---

① 李学勤. 中国古代文明与国家形成研究 [M]. 昆明：云南人民出版社，1997：6.

② 王文光，李汹. 云南近现代民族史研究论纲 [J]. 思想战线，2007 (5).

滇池区域的农业民族。从秦汉到南诏、大理时居住于此的、社会生产较发达的农业民族，除汉族外，主要是僰族和西洱河蛮、弄栋蛮等。而云南古代政区的设置，城市治所的分布都集中在这两个区域而向四周发散。

僰族作为现代白族族源的一支，最早是从氐羌中分化出来的，原聚居于四川宜宾一带，随着汉族王朝对西南的开拓，从秦汉时开始，僰族逐渐南下，先后进入昭通、滇池、洱海地区。在滇池区域，僰族成为古滇国的主体民族，因此也是最先被纳入益州郡的少数民族；汉武帝开"西南夷"后，进入滇西的僰族与同样迁移到滇西不韦县一代的汉族融合，成为后世所称的"旧汉人"（万历《云南通志》卷二《永昌府·古迹》）。僰族因与汉族接触较早，较早从事农业生产，主要居住于滇池、洱海坝子区域，所以成为秦、汉之际"西南夷"各族中经济文化发展程度最高的民族，进而较早地被纳入国家的政区划分当中，设置郡县、建立城市治所。

作为僰族的历史分支——西洱河蛮至隋唐初年也已发展出较为发达的农业文明，从现有的"洱海坝区的城镇遗址"发掘材料来看，其从事农耕的生产生活实物资料已较为先进，如剑川海门口遗址同时出土稻、麦、粟，这在我国西南的考古发掘历史上尚属首次①。和西洱河蛮毗邻相连的云南蛮、弄栋蛮也都属百蛮族系，受汉族文化影响较深，都是云南汉晋时期较早发展出自己成形的社会组织及城镇的部族。

除农业民族群体外，云南汉晋时期的其他部族多为游牧民族，他们沿水草而居，"随畜迁徙，毋长处，毋君长"的生活方式与定居村邑城郭的农业文明差异极大，所以多有战争、冲突。另外还有一些民族尚处于原始社会末期，刀耕火种、采集渔猎的生活方式显然不能有效生产、集聚较多的社会财富，社会阶层分化不明显，没有形成统一的政治组织形式，也就没有形成显著的政治区域范围，因此，当中原经略云南境内的这两类民族群体地区时，只能采用羁縻统治的方式加以管理，且常常呈现出"叛乱"的局面。

3. 政治力量的因素

政权的更替不仅是政治势力（包括民族势力）的更迭，同时也会带来政治、经济中心的转移。云南历史上曾经建立过两个独立于中原王朝之外的政

---

① 何耀华. 云南通史·卷一 [M]. 北京：中国社会科学出版社，2011：266.

权——南诏和大理，共存在约 500 年的时间。无论是在两个政权建立之前、存在中间还是灭亡以后，在相同的区域内，伴随着政治势力的深入、政治中心的转移、经济开发的拓展，政区的设置也有较大的变化，城市的建设、开发重心也随之转移。

具体来讲：秦朝开筑五尺道时，云南的今昭通、曲靖地区局部虽已被纳入全国郡县的范围内，但云南的大部分区域，特别是古滇国的"滇池——晋宁"中心地带还未归入统治；到了西汉王朝时，汉王朝先后在今云南及附近地区开设了犍为、越巂、牂牁、益州四郡，中央的统治开始深入到滇中滇池、滇西洱海地区；东汉更置永昌郡，中原王朝的统治继续向滇西积极推进。但此时的中原政治力量在上述区域还较为薄弱，政权统治还不够稳固，而且更重要的原因是中原王朝政权更迭，对边疆非农业文化区的"开发"不能稳定地持续，文化影响的代偿力不足，导致云南政区的划分和设置在相当长的一段时间内经历了多次的整合重组——南北朝时期宁州郡县分裂，直到南诏统一全境，政区郡县才趋于一统。东汉初年在益州南部设置永昌郡，滇南的政区和郡县得到了发展和巩固；756 年，南诏攻陷姚州都督府，摆脱唐朝支配，独立成国，设十赕、七节度、二都督，政区设置以都城阳苴咩城为中心向四周辐射，城市分布也集中于滇西洱海地区、滇中、滇东及滇东北地区，而且中东部城市的发展程度也远高于南诏管辖的其他地区，成为南诏的政治核心区和城市分布集中区。至此，滇西的洱海地区才较为稳定地纳入政治力量的统辖和规划当中。因此，政治力量的介入甚至政权的更迭都会对政区的划分、设置和城镇的建设、分布产生巨大的影响。

上文从三方面分析了导致云南历史上社会发展不平衡的主要原因，正是这些原因导致了云南政区、城镇发展的不平衡。然而，云南政区和城镇的形成、布局现状背后还有其他较为复杂的原因，在历史中发展的云南社会是一个有机的整体，这个整体中的任何一个方面都会受其他诸多方面的影响，我们或许不能把政区和城市的复杂现状简单地归结为由地理、民族、政治三者造成的结果，就如同加拿大学者赛明思所说："人们认识到没有一个理想的结构模式足以解释中国城市的复杂而多样的历史。"认识到中国城市发展的复杂性和多样性也许是"更有意义的结果"①。

四、云南汉晋时期政区设置、城镇发展的研究评述

（一）古籍文献

关于古代云南政区、城市的记述大都散见于方志和少数民族传略当中，这些记载可能有一些舛误不实或者不够全面之处，但它们无疑是我们今天做专门史研究的基础性材料，只有运用比较学、考据学等学科的方法原理，才能抽丝剥茧地把相关问题研究清楚。主要依据的古籍有《史记》《华阳国志》《新唐书》《旧唐书》《宋史》《资治通鉴》《通典》《元混一方舆胜览》《元和郡县图志》《（万历）云南通志》《新纂云南通志》《云南志》（《蛮书》或称《樊志》）等。这些史著和方志毫无疑问是现代研究云南政区和城市发展的材料基础，离开这些材料，研究就无从谈起。而在这些史料当中，从现有研究的情况来看，云南地方史志，如《华阳国志》《云南志》《（万历）云南通志》《新纂云南通志》等，被研究、应用的频率要远低于其他的全国性史料。这就给我们对云南地方史特别是汉、晋历史的研究留了很大的空间。

以上都是官方的史志，也就是所谓"正史"，但对于地处边陲的云南来说，这些正史存在严重的不足，甚至有长时段的缺失，就已有的文献来看，其所记述的内容又往往不够全面和充实，所以还要参考大量的民间记述，因此许多所谓"野史"的记述恰能够补益正史的缺漏。这些民间文献主要包括《云南别录》《云南行记》《南诏录》《云南志略》《大理行记》《西洱河风土记》《记古滇说集》《滇史》《南诏野史》《云南备征志》《滇略》《滇考》《滇云历年传》《滇绎》《僰古通纪》（《滇载纪》）等。以上史料或有许多雷同重合的内容，但也许正是这些重叠的内容可以更贴近历史的真相，而那些记述存在差异甚至相互矛盾的地方也留有能够探究出新成果的学术空间。

（二）专著

对云南汉晋政区和城市的研究此前已有许多学者做过大量宝贵的研究，学术界已经取得一些重要的成果：谭其骧先生主编的《中国历史地图集》《长水集》，任乃强先生校注的《〈华阳国志〉校补图注》，刘琳的《〈华阳国

---

① 赛明思. 评《中国王朝时代晚期的城市》[J]. 历史地理，1981（创刊号）.

志〉校注》，方国瑜先生撰写的《云南史料丛刊》《中国西南历史地理考释》《云南地方史讲义》；尤中先生著述的《云南地方沿革史》《中国西南民族史》《中国西南边疆变迁史》，缪鸾和先生校注的《〈南中志〉校注稿》，木芹先生校注的《〈云南志〉补注》《〈南诏野史〉会证》，朱慧荣先生汇编的《中华人民共和国地名词典·云南省》，汪宁生教授著述的《云南考古》，林超民教授撰写的《云南郡县两千年》及其翻译的《南诏国与唐代的西南边疆》，方铁、方慧教授合著的《中国西南边疆开发史》，王文光教授撰写的《中国西南民族关系史》，周振鹤教授所著的《中国地方行政制度史》，木基元教授编写的《云南历史文化名城研究》等著作中都对西南地方变迁史、民族史、民族关系史有着基础性、针对性的专题论述，让我们今天的研究工作能得以继续展开。然而作为专门史的研究，上述专著的系统性、完整性都还有一定的探究空间可推进，论述篇幅也大可有扩展的余地，更重要的是随着近三十年来的学术发展，特别是后续考古实物的大量出土，老一辈学者对古代云南地方史研究得出的某些结论，已有了新的发现和认定。另外，苏秉琦先生《中国文明起源新探》提出的"文化区系理论"，还有童恩正先生《南方文明》提出的"边地半月形文化传播带理论"对本书"民族文化圈层"的理论视角具有极大的启发作用，汪宁生先生的云南考古学专著《云南考古》对地方史、民族文化起源的研究有着实物考证的重要作用。

　　具体来说，谭其骧先生主编的《中国历史地图集》是当时集中了全国的史学名家汇编而成的一部地图集，主要偏重于中国历史上各个时期疆域边界和政区设置划分，是集大成的一部完整著作，但是由于历史材料的缺乏和当时编撰条件的局限，这部历史地图集在一些局部问题的处理上有明显不足之处。比如，历史政区的建制常常与所标注的时间年代发生错位；历史政区设置的地理位置不够确切，甚至有误；政区的划定特别是郡县的政区范围、边界的划定模糊；等等。当然就如上述所言，由于历史材料的缺乏，这些问题中的许多至今也还无法解决。《长水集》则是谭其骧先生的一部论文合集，涉猎领域广泛，内容博杂，显示了老一辈历史学家深厚的学术功力和涵养。例如，其《〈两汉州制考〉跋》中辨永昌置郡，《志》作永平二年，《纪》《传》作永平十二年，考益州西部都尉置于永平十年，见《志》《传》所引《古今注》，郡既置在设都尉之后，则作十二年是也；顾颉刚据《汉志》之分上下卷、东汉及曹操时的制度，推定武都郡应属于凉州，谭先生据《汉中志》武都郡下曰"本广汉西部都尉治也，元鼎六年别为郡"，认为此郡本是广汉郡之辖地，属益州，元鼎前盖为白马所据，故置都尉以镇之，待削平后，因罢都尉，别为郡，仍属益州；谭其骧《评〈中国疆域沿革略〉》指出顾颉刚所叙"西汉疆域"脱去西昌道（越嶲郡），而仅余今云南之东北半省（益州郡）；东汉明帝永平中哀牢内附，增置永昌，蜀汉于永昌之南增置永寿县，其地去郡千里，殆即蜀汉所辟；梁简文帝大宝中爨人乘侯景之乱据宁州（今云南），附近蛮族所在响应，似不得以失地之责妄诿之陈氏；等等。此皆云南政治、政区之发展大事都被讹漏。足见谭先生尊师、崇师而不对之迷信、追求真知的严谨治学精神。

方国瑜先生的《云南史料丛刊》收集了历代史料中与云南有关的内容编撰而成，说它巨细无遗是不为过的，因此方氏的这部丛刊也就成为其后人们研究云南民族、历史必须查询、依据、不可逾略的一部"线索大全"；而《中国西南历史地理考释》是方国瑜先生研究历代云南疆域沿革的又一成果，这部著作分上下两册，较为详细地考释了云南从先秦至清代的地名、区域以及居住于这些区域的各个部族，然而"考释"的价值远不在于考证，更可贵之处在于"释"，正如其开篇的《弁言》所说："历史上的地名，是历史活动的空间符号，离开历史则地名没有意义，不从历史活动来考释地名，则未必能准确。……因此，解释地名的任务，不仅说明空间位置……而各时期的开发自然以及社会结构是要弄清楚的。"透过对云南历史地理名称的考证研究，进一步深入地阐释历史、地理二者交汇点上那些社会、民族发展脉络和概况才是方国瑜先生这部著作最具价值的成果。不仅如此，方国瑜先生在"释"的过程中对于缺乏历史文献依据或缺少考古实物印证的一些历史地理阐述留下空白，这恰恰反映出方国瑜先生治学严谨的态度和操守。同时，这些考释的空白也为后世学人的续究留下空间。

尤中先生的《云南地方沿革史》以翔实的史料（从第三章开始以附录的形式注录了大量云南地方沿革史料）对云南自先秦至清的政区郡县设置情况进行了系统的梳理，对地方沿革的历史做了详略有致的叙述，特别是第六章"两晋时期的宁州"、第七章"南北朝时期宁州郡县的分裂"对本课题的研究起到了纲领性的作用；再譬如其第九章的第四部分"余论"提出了对那些认为《元史·地理志》云南行省部分所载南诏、大理的建制沿革不可靠之观点的有力反驳，遂另辟蹊径，以《元史·地理志》为根据逆溯出南诏、大理的许多史实，由此提出了研究南诏、大理的政区建制不能仅依《云南志》（《蛮书》）、《新唐书》军事建制的记述的观点并对此做了较为合理的分析和推断，给予本文的写作极大的启发；最后，尤先生又用经济基础与上层建筑的关系原理来分析南诏与唐的联系，得出南诏与唐在行政建制上存在一定规模的趋同性这一重要命题，对今天的南诏及之前的云南政区研究有极大帮助。也许，由于当时的条件所限，尤先生这部重要著作的篇幅还有进一步拓展的空间，对南诏、大理行政区划的历史背景阐述不够详尽、系统，许多重要的命题、观点提出后没有作出充分的阐释、发挥；同时，这部著作中的一些结论经过至今近二十年的发展，已显得不够妥当，如第一章引《续汉书·郡国志·注》注释云南县之得名由来时说这个"与云气相连结"的"云山"是今大理点苍山，这在我们今天看来不确切，应为今大理鸡足山，"云山"之南得名于古代"彩云之南"的今祥云、宾川、弥渡一带。这些细节可能是这部论著的遗憾。但是，瑕不掩瑜，论著中提出的许多观点和假设对后来云南地方沿革的研究工作具有极大的启迪作用。尤先生的另外两部著作《中国西南民族史》《中国西南边疆变迁史》对西南的民族源流、地理分布的沿革变迁都有独到的建树。

（三）论文

1. 对古代民族文化、民族史以及政区城市整体研究的论文有：杨须爱《文化相对主义的起源及早期理念》（《民族研究》2015 年第 4 期）；张光直《关于中国初期"城市"这个概念》（《文物》1985 年第 2 期）；张晓松《唐朝羁縻府州制及与南诏政权政治行政关系探析》（《云南行政学院学报》2007 年第 1 期）；王文光、田婉婷《中国民族史研究散论》（《思想战线》，2000 年第 4 期）；邹逸麟教授的《我国古代经济区的划分原则及其意义》（《历史研究》2001 年第 4 期）、《中国多民族统一国家形成的历史背景和地域特征》（《历史教学问题》2000 年第 1 期）、《从我国历史上地方行政区划制度的演变看中央和地方权力的转化》（《历史教学问题》2001 年第 2 期）、《行政区划史研究的基本概念与学术用语刍议》（《复旦学报：社会科学版》2001 年第 3 期）；杜瑜教授《中国古代城市的起源与发展》（《中国史研究》1983 年第 1 期）；张全明教授《论中国古代城市形成的三个阶段》（《华中师范大学学报：人文社科版》1998 年第 1 期）；张鸿雁教授《春秋战国城市在社会发展中的地位和作用》（《文史哲》1984 年第 4 期）、《论中国初期"城市"和城市概念问题——与张光直先生商榷》（《华东师范大学学报》1987 年第 4 期）；吕振羽《从远古文化遗存看我国各民族的历史关系》（《人民日报》1961 年 4 月 23 日）；（加拿大）赛明思（Marwyn Samuels）《评〈中国王朝时代晚期的城市〉》（《历史地理》创刊号，1981 年）。

2. 云南地方史研究的论文有：方国瑜先生的《古滇国》《略说战国至汉初的西南部族社会》《两汉经略西南：郡县设置与行政统治》《汉晋时期西南地区的部族郡县及经济文化》《南北朝时期爨氏对南中诸郡的统治》《两爨六诏地理考释》《唐代前期洱海区域的部族》《唐封皮罗阁为云南郡王》（《方国瑜文集》卷一 1994 年版）；陈庆江教授《明代云南县级政区治所的城池》（《西南边疆民族研究》卷一，2001 年版）、《明代云南东西交通线上政区治所城镇的城池》（《中外关系史论丛》）、《元明清澄江政区设置及其治所迁徙》（《云南日报》2001 年 6 月 20 日）；林超民教授《蜀身毒道浅探》（《西南民族历史研究集刊》第 2 期）；王军《从〈帕萨坦〉看西双版纳茫乃政权》（《思想战线》1984 年第 1 期）；王文光、翟国强《西南民族的历史发展与中华民族多元一体格局关系述论》（《思想战线》2005 年第 2 期）；李东红《从地方一族到国家公民——"白族模式"在中国民族建构中的意义》（《思想战线》2014 年第 1 期）；王文光、李汌《云南近现代民族史研究论纲》（《思想战线》2007 年第 5 期）；段渝《略论古蜀与商文明的关系》（《史学月刊》2008 年第 5 期）；杜勇《说甲骨文中的蜀国地望》（《殷都学刊》2005 年第 1 期）、《论〈禹贡〉梁州相关诸问题》（《天津师范大学学报：社会科学版》2008 年第 2 期）；邵望平《禹贡九州风土考古学丛考》（《九州学刊》1988 年第 1 期）；傅奠基《华阳黑水惟梁州——昭通政区朔源》（《昭通师范高等专科学校学报》2011 年第 6 期）；姜亮夫《〈天问〉所传西南地名小辩》（《思想战线》1982 年第 1 期）；周宏伟《〈禹贡〉黑水新考》（《陕西师大学报：哲学社会科学版》1991 年第 8 期）。

3. 考古类论文有：张增祺《从古遗址、墓葬的分布看洱海区域地震和现代构造运动的关系》（《云南文物》1977 年第 7 期）；李昆生《云南文物考古四十五年·代序言》（《云南考古学论集》1998 年版）、《55 年来云南考古的主要成就（1949—2004 年）》（《四川文物》2004 年第 3 期）、《云南早期青铜时代研究》（《思想战线》2011 年 4 期）；杨益清《大理地区南诏以前的遗址与墓葬》（《南诏大理文物》1992 年版）、《大理荷花寺村西晋墓清理简报》（《考古》1989 年第 8 期）、《洱海区域汉晋墓族属探源》（《云南文物》1992 年总第 34 期）；田怀清《大理市一号汉墓清理简报》（《云南文物》1984 年第 15 期）；杨德文《云南大理大展屯二号汉墓》（《考古》1988 年第 5 期）、《大理市发现一座东汉纪年墓》（《云南文物》1996 年第 1 期）；蒋志龙《云南滇池盆地 2010 年聚落考古调查简报》（《考古》2014 年第 5 期）；汪宁生《晋宁石寨山青铜器图象所见古代民族考》（《考古学报》1979 年第 4 期）；云南省博物馆筹备处《剑川海门口古文化遗址清理简报》（《考古》1958 年第 6 期）；李永衡、王涵《昆明市西山区王家墩发现青铜器》（《考古》1983 年第 5 期）；蒋志龙、徐文德《云南昆明天子庙贝丘遗址发掘获重要收获》（《中国文物报》2005 年 9 月 16 号）；云南省博物馆考古发掘工作组《云南晋宁石寨山古遗址及墓葬》（《考古学报》1956 年第 1 期）；云南省博物馆《云南晋宁石寨山第三次发掘简报》（《考古》1959 年第 9 期）；阚勇《云南印纹陶文化初论》（《云南文物》总第 11 期）；丁长芬《昭通青铜文化初论》（《云南文物》总第 55 期）；欧阳春《剑川西湖出土新石器时代文物》（《云南文物》总第 6 期）；金正耀《广汉三星堆遗物坑青铜器的铅同位素比值研究》（《文物》1995 年第 2 期）；李晓岑《从铅同位素比值试析商周时期青铜器的矿料来源》（《考古与文物》2002 年第 2 期）；何金龙领队发掘整理的一系列南诏、大理古城遗址研究报告。

第一章

先秦及秦代时期云南的区域与聚落发展

"云南远古人类创造的旧石器、新石器时代文化，不仅以多样性著称，而且具有黄河中、下游同类石器文化的风格。这说明自湮远的古代开始，云南各族人民的祖先，就与祖国内地各族先民进行交流与融合，共同缔造中国的古代文明。"① 早在先秦时期，云南就分布着众多的民族群体和部落，他们与黄河中下游、长江流域的华夏民族，西北的氐羌民族，东南的百濮、百越接触、交融，在今天的云南区域逐渐形成了氐羌、百濮、百越为主的民族群体，与云南本土的"元谋人"的后裔一起，构成了几个较大的民族群体，并形成了由民族群体的生存空间而划分成的民族政治区域格局。

氐人与羌人是近亲，以此古代文献通常氐羌合称，他们是起源于黄河上游、湟水流域的游牧为主的民族群体。由于"随畜迁徙"（《史记·西南夷列传》）、"随草畜牧转移"（《汉书·匈奴传》）的生活生产方式，氐羌民族一直有从青藏高原沿河而下的趋势，"至少在距今三四千年的新石器时代，（氐羌）就因畜牧、狩猎、采集及发展农业的需要，开始不断向西南迁徙"②。从现有的考古材料推断，先秦时，云南的氐羌民族在与本土民族的融合过程中，至少已经在洱海流域、元谋地区、滇池地区建立过自己的聚落③。

---

① 何耀华. 云南通史：卷一 [M]. 北京：中国社会科学出版社，2011：20.
② 何耀华. 云南通史：卷一 [M]. 北京：中国社会科学出版社，2011：22.
③ 详见云南宾川白羊村出土的古村落，元谋大墩子出土的建筑、器物，滇池石寨山出土的饰物、陶器的相关考古报告。

濮人自古支系繁多，故称百濮①，生产生活方式以农业为主。先秦时百濮自江汉流域的分布区逐渐向西南的僰水（云南元江）和澜沧江流域迁徙，所以《左传·文公十六年》又有"百濮离居"的说法。离开了江汉一带的濮人，向西南逐渐进入云南。"濮在楚之西南"（《史记地名》，《注》曰"西南之蛮，盖濮人也。诸濮地俱与哀牢相接"）；"贪水首受青岭，南至邪龙入濮"（《汉书·地理志》），邪龙即今巍山；"蜻蛉县有盐官，僕水出"（《华阳国志·南中志》），蜻（青）蛉县即今大姚。进入云南的濮人群体向滇东、滇中、滇南以及滇西哀牢族区域一直延徙，分布格局急剧扩大，发展出自己的聚落和侯国，所以《华阳国志·南中志》曰："南中，在昔盖夷、越之地，滇、濮、句町……侯王国以十数。……句町县……置自濮王。"迁入云南的濮人又因生产生活方式和民族文化类型方面与百越民族相似而逐渐融入了百越民族群体。②

越人系中国南方的土著民族群体，《汉书·地理志》引臣瓒注曰："自交趾（今越南河内）至会稽（浙江绍兴）七八千里，百越杂处，各有种姓。"故史称"百越"。今天云南境内，从春秋到汉晋的越人有滇越、闽越、僄越等。具体来说，"（昆明族）西可千余里有乘象国，名曰滇越"（《史记·大宛列传》）；"南中，在昔盖夷越之地。……（永昌郡）有穿胸、儋耳种（瓯越）、闽越濮、鸠僚（骆越）。……僄越、裸濮、身毒之民"（《华阳国志·南中志》）。先秦时的百越民族就已经创造了灿烂的稻作农业文化，从现有的考古材料判断③，云南的越人自东南沿海西迁至云南后，逐渐与当地的土著融合，产生了"耕田、有邑聚"（《史记·西南夷列传》）的古滇文明，比聚落民族更向前一步，发展出大型的都邑文明。

另外，作为现代苗族的先民，先秦时的云、贵、川交界地带还分布着一定数量规模的髳人，系夏、商、周时期荆楚一带的"三苗"族类，向西南迁

① 杜预《春秋释例》卷七"土地名·文十六年百濮"条曰："建宁郡南有濮夷，濮夷无君长总统，各以邑落自聚，故称百濮也。"见于业书集成初编：卷3630［M］. 北京：中华书局，1985：277.
② 宋蜀华说："历史上凡分布在云南澜沧江以东广大地区的濮人，虽名为濮，实际属于百越族系。"宋蜀华. 论古代云南高原的濮、僚族和百越的关系［J］. 中央民族学院学报，1991（5）.
③ 晋宁石寨山出土了大量的有肩石斧、有段石奔、印文陶器。

徙、与当地土著融合形成的，但并非与"三苗"属同一支系。

羌人、髳人、濮人早在商周之际就已经参与了武王伐纣的军事行动，军事关系的背后应当有厚重的文化联系作为支撑，可以说明先秦时期的这些云南民族群体就已经与中原的华夏民族群体发展出密切的关系，文化开始产生接触和融合。而上述几大民族群体在今天的云南境内由于各自的文化属性和文化形态决定了各自的生境地理范围，在族系之间的区域政治势力博弈当中，各个民族群体逐渐形成各自的政治文化区域——政治区划。由于上述各民族群体的文化形态相异、社会发展程度差距也较大，所以各民族群体的聚落发展程度也不尽相同。

第一节　先秦及秦代时期中原文化圈层对云南的辐射影响

早在先秦时期，中原与西南就存在着文明的交往。《山海经·大荒西经》记载："其下有弱水之渊环之，其外有炎火之山，投物辄然。……有寿麻之国。……女虔生季格，季格生寿麻。寿麻正立无景，疾呼无响。爰有大暑，不可以往。""正立无景"是指正午太阳直射头顶，没有人影，这是只有在南北回归线之间的热带区域才有的天文现象。任乃强说："古羌语呼万年积雪之山峰为'昆'（今云贡嘎。贡与冈及昆为一音之转，古今译字不同）。中华初传此山不习用单音，语译作'昆仑'，以利于传其形象。"[1] 关于寿麻国的地望，张步天在其所著《山海经解》一书中，引证林鸿荣"上古寿麻国即周初尚存的州靡国，地在滇东北（昭通）车洪江（牛栏江）流域"的说法。[2]而扶永发根据《山海经》记载的三种地理现象：北面有"冬夏有雪"之山，西南有"炎火之山"，又有"正立无景"的寿麻国，可证古昆仑在云南

---

① 任乃强. 试论《山海经》的成书年代与其资料来源 [C] //《山海经》新探. 北京：金城出版社，2000：327.

② 张步天. 山海经解 [M]. 香港：天马图书有限公司，2004：511.

西部。①

古代民族群体之间相互了解的内容远不止于对方的生产生活、自然环境，相互间的了解、认知通常是伴随着物资、财产的双向流动的。据《逸周书》记载，滇西地区的卜人曾向商王进献"短（矩）狗"，向周王进贡丹砂。② 张增祺在其所著《滇文化》一书中从考古材料得出的结论是："从滇国出土中亚、西亚及南亚等地的文物看，从四川、云南经缅甸至印度等地的商道，至迟在战国后期即已开通，自西汉中期更加畅通了。"③ 赵殿增也写道："在三四千年前的三星堆文化阶段，就有不少东南亚、南亚的物产和文化因素通过这条古道传到四川，如南海的海贝、东南亚的象牙，乃至中亚、西亚地区对面具、神树、人像的崇拜习俗等，都与三星堆文化有一定关系。……可见三千年前蜀人早已开出了一条'蜀—身毒道'。……三星堆古城曾在与东亚、南亚、西亚、中原等的经济文化交往中处于枢纽地位。"④ 据从1931年至1986年考古发掘的大量三星堆文明实物，说明其与古蜀国存在相同的文化渊源，但又异于中原文化。

由中原而四川经云南至南亚缅甸、越南、印度诸国的"蜀身毒道"，在先秦时期已经开通，尽管这一时期，西南与中原官方的交往记载不多，但非官方的民间商旅、民族群体的相互联系不可能稀少。从考古材料上来看，事实也确实如此。

在川、滇两省的战国与秦汉墓葬中均出土过有人工蚀花的玻璃制品，这是古印度的特产。由此推知战国时期，玻璃已通过印度输入巴蜀（古蜀国）地区。金正耀采用同位素质谱技术对殷墟出土的青铜器进行示踪研究，发现有5件器物的铅同位素比值非常低，其特征与云南永善县金沙厂的铅矿一致，但和其他地区的铅矿差异较大。结论是这几件殷墟出土的青铜器，其矿料来自永善金沙厂。云南铅同位素比值较低的矿区还有巧家、昭阳区、新平、元谋等地，永善、巧家最低。金正耀还对商代时期三星堆的53件青铜器

---

① 扶永发. 神州的发现《山海经》地理考 [M]. 昆明：云南人民出版社，1992：35-36.

② 马曜. 云南简史 [M]. 昆明：云南人民出版社，1983：4.

③ 张增祺. 滇文化 [M]. 北京：文物出版社，2001：139.

④ 赵殿增. 三星堆文化与巴蜀文明 [M]. 南京：江苏教育出版社，2005：727.

做过测试，其中有 50 件含有低比值异常铅。① 李晓岑说："过去有人认为，滇东与中原相距太远，从而怀疑从云南运到中原地区青铜原料的可能性。现在，与滇东北相距很近的四川广汉三星堆再次发现更多的与殷墟来源相同的青铜器矿料，说明所谓'相距太远'不能作为原料无法输入中原的理由。另外，越靠近滇东北，有异常铅矿料的青铜器出现也越多，表明商代青铜器部分矿料来源于滇东北这一结论的合理性。"② 除了三星堆青铜原料多源于今云南境内外，中原与蜀地都发现过大量殷商时代的贝币。三星堆两个殷商时期的祭祀坑中，就曾出土近千枚产于印度洋沿岸的海贝。段渝认为从三星堆祭祀坑出土西南夷形象的青铜人头像，可知南中广大地区与蜀国有密切往来。推断商代甲骨文中有"至蜀""在蜀"的卜辞，也许和铜矿贸易有关。③ 李学勤指出："（古）蜀国及其文化并非隔绝孤立。……成都平原以其地理位置，实为西南交通的重要枢纽，且与近时许多学者艳称的'西南丝绸之路'极有关系。越南北部前些时出土的玉'牙璋'，便和广汉月亮湾、三星堆所出最为相近。我曾设想，中原商文化的影响从长江中游的'荆楚'进入四川，由之与'西南丝绸之路'连接。这样看来，蜀文化的发现和研究还有着更深远的意义。"④ 饶宗颐也说："我当年研究牙璋，就是为了揭示出古代中国通向东南亚之路的可能性，不是随便搞搞的。我在河内召开的远东学院成立 90 周年的会议上说，我知道越南发现有 4 个牙璋，但中国的广东、香港也发现了牙璋，牙璋的发现有 25 处，是商代的东西，则可以证明中国的文化早在商代就从四川这一条路南下传到越南。"⑤ 这些宝贵的考古材料都可以佐证：在先秦时期，中原与西南的物资流通、文化互动是真实存在的，这种文化互动的动力应是中原与西南两个地区生境与民族的巨大差异。

所以仅从先秦对于"九州"的记述的文献年代着手，我们就已经能断定：早在上古三代时期，至少在非官方的层面，今天云南的部分地区已经与

---

① 金正耀. 广汉三星堆遗物坑青铜器的铅同位素比值研究 [J]. 文物, 1995 (2).
② 李晓岑. 从铅同位素比值试析商周时期青铜器的矿料来源 [J]. 考古与文物, 2002 (2).
③ 段渝. 论古蜀与商文明的关系 [J]. 史学月刊, 2008 (5).
④ 李学勤. 中国古代文明十讲 [M]. 上海：复旦大学出版社, 2003：227-228.
⑤ 饶宗颐, 饶宗颐学述 [M]. 胡小明, 李瑞明, 整理. 杭州：浙江人民出版社, 2000：34.

中原、南亚有着密切的联系，民族群体之间的交往已具有一定的规模和层次，地区间的资源流通已有一定的规模。而官方的往来则往往要滞后一些。"我们当然不能认为一定要等到政治势力到达了这些地区，《山经》作者才能获得这些知识。边区地理知识不一定要通过军事征服、政治统辖到达该地才获得。往往在此前已经通过人民之间的往来，主要是为了通商，或由中原人亲历其境，或由接触到边区人民口传而获得。但这种人民之间的来往除个别特例外，一般是不见于记载的。"① 文化圈层的碰撞、融合实际上要比官方往来记述的时间早得多，文化圈层的接触往往能带来自然地理、民族概况的信息交流。

那么古蜀国与中原官方往来的时间应定位在什么时期呢？由于相关历史文献记述并不充分，所以从疑古学派到今天的许多学者对此都有自己的推论。顾颉刚先生说："至于蜀国，虽立国已久，但因山岭重叠险峻，和外面是隔绝的；直到战国初年，它才和秦国交通；到公元前316年秦惠文王灭蜀，那地开始成为秦的郡县，秦民大量移到那里，那里的实际情况才为外面所知道。《禹贡》里的梁州正是蜀境，显然是秦灭蜀后所得的地理知识。"② 如果说，近出《容成氏》成篇于燕王哙禅让事件之前，那么，称《禹贡》著作于秦灭巴蜀之后就并非全无道理。把《禹贡》文本的形成确定在秦灭巴蜀之后，顾先生进一步提出"当时的蜀国本和中原没有关系，直到春秋战国间才和秦国起了交涉"③ 的看法就较为合理，由此也较好地解释了《禹贡》独有梁州的由来。周振鹤在《中国行政区划通史·总论》中写道："《禹贡》九州的分划，思维极为明确，非有'普天之下，莫非王土'的王权思想，或'九合诸侯，一统天下'的霸权理念不能作。所以其早不能过西周，晚则不过春秋。按理说，将九州的分划置于战国时期最为合适，因为其时已渐有大一统的观念，划分天下的思想有其产生的政治背景。但《禹贡》作者不知黄河有改道的事实，亦不知吴王夫差有开凿邗沟以通江淮之事，故不能作于春

① 谭其骧. 长水粹编［M］. 石家庄：河北教育出版社，2002：343.
② 顾颉刚. 禹贡［M］//中国科学院地理研究所. 中国古代地理名著选读：第一辑. 北京：科学出版社，1959：4.
③ 顾颉刚. 论巴蜀与中原的关系［M］. 成都：四川人民出版社，1981：2.

秋之后。"① 从仅有文献上看,古蜀国在虞夏时期与中原部族的官方联系并不明朗。这里需要说明的是:商周时代甲骨金文中的蜀国地处中原,与今天所说的四川地区古蜀国并非一事。这说明顾先生关于古蜀国与中原发生关系是在春秋战国间的推断仍值得重视。如上文谭其骧所讲,这里需要再次强调的是,所谓发生关系主要是指政治上层的关系,至于其他层面上的关系,诸如一定范围内的非官方的文化交流或经济往来,应该是不能排除的。蜀国与中原较少联系,在蜀地的史志中也有反映。② 如稍晚于司马迁的蜀郡学者扬雄,所撰《蜀王本纪》记述了古蜀国与中原发生关系,即始于杜宇后的开明朝。一曰:"秦惠王时,蜀王不降秦,秦亦无道出于蜀。"再曰:"秦惠王遣张仪、司马错定蜀,因筑成都而县之。"开明朝从鳖灵建国到战国时为秦所灭,《华阳国志》说:"凡王蜀十二世。"若依《说文》:"三十年为一世",则十二世约当 360 年";若"按温代人类生理,普通四世当合百年",则十二世约当 300 年。这就是说开明朝大抵建国于公元前 676—前 616 年。开明朝之前是杜宇朝,《蜀王本纪》说"望帝积百余岁",则望帝杜宇朝约始于春秋初年。再往前追溯,即为《蜀王本纪》所记,"蜀王之先名蚕丛,后代名曰柏濩(灌),后者名鱼凫,此三代各数百岁",与中原三代王朝约略相当。然而,"蚕丛及鱼凫,开国何茫然",只有到了杜宇、开明统治时期,人们对蜀国的历史和地理才多了一些了解。③

从考古发现的文化特征来看,以三星堆文化为代表的古蜀文明,又一次揭示了中国古代文明起源于多元的发展进程。从考古材料看,三星堆文化是丰富多彩的,也是独具特色的。如三星堆遗址出土的青铜人像、头像、面具和青铜神树,以及纯金面罩、金杖、金箔饰等,金沙遗址出土的小型青铜立人像、青铜立鸟、青铜牛头,以及金面具、太阳神鸟金箔饰、金冠带、金箔蛙形器等,以其独特的文化个性和丰富的文化内涵,向世人昭示了古蜀文明有别于其他考古文化的历史面貌。当然,古蜀文明也不会因为盆地周围的高山环绕、道路艰险,就完全自我封闭。三星堆文化一、二期的陶盉包含着典

---

① 周振鹤. 中国行政区划通史 [M]. 上海:复旦大学出版社,2009:198.

② 杜勇. 说甲骨文中的蜀国地望 [J]. 殷都学刊,2005(1).

③ 雷海宗. 殷周年代考 [C] //武王克商之年研究. 北京:北京师范大学出版社,1997:581.

型的二里头文化因素，青铜尊、罍等礼器也受到中原殷商文化的影响，这说明古蜀文明存在着一定程度的对外文化交流，具有开放而不排他的品格。"但是，不管蜀地之外的王朝文化或方国文化有多大影响，也未能改变早期蜀国文化的主体因子和发展轨迹，否则三星堆文化就不会形成如此鲜明的地域文化特色。所谓古蜀文化的独立发展，并不意味着它就是一道无法逾越的铜墙铁壁，可以隔绝其他文化的影响。问题在于，只要在主体或主流上保持着自身的文化个性，就可以说这个文化所走的是一条独立发展的道路。有如今天我们社会的发展，虽然在物质层面、制度层面乃至思想意识层面都不免或多或少地受到西方文化的影响，但中华文化的主体特征和独立地位并未因此发生改变。顾先生说古蜀国融合中原文化是战国以来的事，只要不把这个命题绝对化，只要从事物的主流上去看问题，我以为这个见解还是有其可取之处的。"① 多元一统是统一多民族国家发展的历史规律，古代西南的古蜀国、滇东北、古滇国作为先秦多元文明当中的一元，其自身发展的独立性不能被忽视。其中的古蜀国、滇东北地区早在先秦时就已经与中原发生着文化的互动和文明的交往，至秦代时，进一步上升为政治层面的接触，两个地区的不同民族群体通过民间和官方往来，相互不断了解，彼此施加影响。文化的互动导致了涵化的产生，中原文化凭借自己较为强大的文化实力处于涵化的主导方，西南的巴蜀、滇东北的民族则处于文化从属的地位。从此，预示着中原文化圈层对西南乃至云南的文化扩展和融合，以政治、经济、军事的手段不断向西南腹地经略。

第二节　先秦及秦代时期云南的区域设想

　　早在秦惠王派司马错伐蜀之前，战国时期的中原上层统治集团就对西南地区做过纳入统一的设想，这种设想以《禹贡》划"天下"为九州的文本形式出现。"九州"作为一个有地域划分的名称，不仅见于《尚书·禹贡》《周礼·职方氏》《尔雅·释地》《吕氏春秋·有始》等早期传世文献，而且

---

① 杜勇. 论《禹贡》梁州相关诸问题［J］. 天津师范大学学报（社会科学版），2008（2）.

近出上海博物馆藏《战国楚竹书》(以下简称上博简)的《容成氏》亦有记载,总体上是州名各不同,州域间相异。为了调和分歧,汉代学者把《尚书·禹贡》"九州"释为夏九州,《尔雅·释地》"九州"为商九州,《周礼·职方》"九州"为周九州,合称"三代九州"。① 后世把"九州"变成"中国"的代称。

与九州制相应的还有"三服""五服""六服"和"九服"等多种畿服制(以王畿为中心,每500里为一服的正方形区域)。林超民教授认为:"九州制孕育着大一统下的郡县体制,而五服制者设计了一个处理民族关系的理想方案。"② 我们今天从文化人类学的角度对九州分野追溯,至少可以看出以下几个特点。

1."九州"区域的划分并不仅限于政治或行政的意图或意义,它是以农业文化对自然生境的衡量标准,综合了经济、政治、民族文化的诸多因素,模糊拟划出的一个区分模型,目的是以中原文化为主导流播于当时的已知世界,以权力分封的形式管理"天下"的国家组织方式。

2.以假托中原"圣王"——大禹的名义来规划天下的疆域政区,是为这一假设的法统地位树立了权威性,这恰恰能反映出中原文化那种囊括宇内的文化扩张心态和理想,即在高度认可自身文化的前提下,努力实现文化圈层辐射已知世界,最终达到"天下"同化的文化理想。

3.理想的客观根据是自先秦以来与周边各个民族群体的不断交往而获得的认知和了解,划分的标准是按农业生产的基础资料——地力来进行的,即先秦时,中原已经开始对周边的农业生境做出过较为系统的勘察。

4.既然划分九州是设想,而且是以圣君的名义出现,预示着后世的有为圣贤必须把这一设想作为政治理想去实现,由此,文化上的"普世"价值升格为政治上的实施纲领,有了更为明确、更具体的实践意义,逐渐成为后世中原王朝分民而治、划分行政区域的最古老蓝本。

要全面解读这一区划的设想,就需要从设想成文的时间、内容和地望几

---

① (清)孙星衍注疏曰:"《释地》无梁州,《吕氏春秋》有始览九州亦无梁,盖殷、周雍州兼有梁州之地,与夏时异也。"(孙星衍,撰. 尚书今古文注疏 [M]. 陈抗,盛冬铃,点校. 北京:中华书局,1986:172.

② 林超民. 林超民文集:第一卷 [M]. 昆明:云南人民出版社,2008:178.

个方面来把握，由于本书只研究云南的政区历史，所以对于九州的解读就只从关涉西南地区的"梁州"介入。

一、先秦"梁州""古蜀国"与云南区域

今天云南省的部分地区早在先秦时期就被想象、假定为中原政权在西南设置的部分政区。

《尚书·禹贡》载曰："华阳、黑水惟梁州。岷、嶓既艺，沱、潜既道。蔡、蒙旅平，和夷厎绩。厥土青黎，厥田惟下上，厥赋下中，三错。厥贡璆、铁、银、镂、砮磬、熊、罴、狐、狸、织皮，西倾因桓是来，浮于潜，逾于沔，入于渭，乱于河。"[①] 由此，梁州被纳入华夏九州的区划之中。

然而，除《禹贡》外，其余文献均不见梁州之名，同时《禹贡》梁州所在的山川河流，亦不为其他九州说所道及。

从实际内容上看，《尔雅》与《吕氏春秋》二书所言九州地域并无二致。若将二书九州说与《禹贡》比较，除无梁州以及所言幽州属《禹贡》冀州之北境外，余则无大异。《职方氏》九州不只州名与《禹贡》有异，就是州名相同者的实际地理背景也颇多差异。上博简《容成氏》九州说，虽然州名与《禹贡》多有不同，但其州域合起来仍不出《禹贡》九州（除梁州外）之范围。分列如下（表1-1）：

表1-1 古代文献九州对照表

文献	九						州		
《尚书·禹贡》	冀州	兖州	扬州	荆州	豫州	雍州	青州	徐州	梁州
《尔雅·释地》	冀、幽	兖州	扬州	荆州	豫州	雍州	营州	徐州	
《吕氏春秋·有始览》	冀、幽	兖州	扬州	荆州	豫州	雍州	青州	徐州	
《周礼·职方氏》	冀、并、幽	兖州	扬州	荆州	豫州	雍州	幽、兖	青州	
上博简《容成氏》	疏州	夹州	阳州	荆州	叙州	虘州	莒州	涂、竞	

---

① 孔安国，传. 孔颖达，疏. 十三经注疏·尚书正义 [M]. 廖名春，陈明，整理. 北京：北京大学出版社，2000：183-184.

从上表可以看出"九州"的划分乃至《禹贡》修撰是历经多个朝代、多次编纂的动态过程,它不同于后世一人一时完成的著述,其形成过程极其复杂而漫长,直至后世把"九州"作为中国的代称。

1. "九州"出现的时间

先从《禹贡》名称来看,体现了"禹别九州,随山浚川,任土作贡"(《禹贡·序言》)的精神,假托大禹所作。实际上,不仅大禹时代不可能有九州产生,就在国家出现之后,也没有立即产生行政区划。这里需要注意的是"州"字的本义和《诗经》"在河之洲"的"洲"字同义。"州"仅为地理学上的名词。班固对"十有二州"的解释正是"尧遭洪水,怀山襄陵,天下分绝为十二州,使禹治之"。即洪水上涨,将人们居住之地分割为不能相互连片的12处高地。所谓黄帝"画野分州",也许更多的是对当时地域分异状况的一种朴素认识。《禹贡》追述大禹时期的"九州",也应当属人们居住区域的统称,并非政区称谓。"州"成为有据可查的政区名称乃是汉时期的事情。

以"禹画九州"一事来说,最初没有文字记录时当然只能是口耳相传的传说,但这并不意味着这种传说就没有事实根据,就可以完全否定晚出文献相关内容的真实性。《左传·襄公四年》引《虞人之箴》云:"茫茫禹迹,画为九州。"《虞人之箴》据说是商末周初辛甲大夫所作,表明商周之际已有关于禹画九州的文字记录。近出西周中期的《遂公盨》云:"天命禹敷土,随山濬川,乃别方设征。"与《书序》所言"禹别九州,随山浚川,任土作贡"的含义相近。而春秋中期叔夷钟亦称"咸有九州,处禹之堵(土)"。特别是《容成氏》九州并不是一个虚浮的观念,而是有了具体的州名及地域。凡此说明禹画九州的说法是传承有序的,至少在上古三代时期,"九州"的观念、传说业已存在,这些传说、观念成为《禹贡》最终成书的材料初稿,这在总体上(并不是所有细节上)是可信的。民间的交往必然要早于官方的记述,"禹贡九州"概念的出现不可能晚于三代时期。但从杨雄所撰的《蜀王本纪》来看,当古蜀国被称作梁州而进入《禹贡》九州系统时,便成为战国中后期的事情了。

顾颉刚先生把《禹贡》的著作年代确定在战国后期,其中有一条重要理由就是蜀国作为梁州进入九州系统,必在秦灭巴蜀之后。顾先生说:"直到战国初年,它(蜀国)才和秦国交通;到公元前316年秦惠文王灭蜀,那地开始成为秦的郡县。"① 而对于上述五部文献对九州的记述，杜勇教授分析：
"《尔雅》《吕氏春秋》表述精准反映了对九州界域认识非常清晰；二书以周
代国名言其州域，更具后起的时代特征，应是九州说形成后并为人所熟知的
情况下使用的变通之语。这两个特点恰恰符合、证明了二书的成书时间，即
《吕氏春秋》为战国末年秦相吕不韦门下宾客所撰；《尔雅》作为训诂材料汇
编，初成于战国，至汉递相增益，始成定本。《容成氏》九州说虽有具体的
州名，但州名多异于《禹贡》，尤其是简文中三处双州并提，地理特征失其
主次，州域模糊，显然不是一个成熟的文本。与《容成氏》相比，《职方氏》
九州说的内容更为繁复，各州既有体现其地理范围的山川泽薮，又见其物产
民情，特别是叙述各地男女比例为其独有。与《容成氏》《职方氏》相比，
《禹贡》不仅独有梁州，而且分叙九州的内容更显丰富与精当。……从事物
发展由简趋繁、后出转精的通例看，这三种文本当以《容成氏》成篇最早，
其次是《职方氏》，再其次是《禹贡》。"② 从上博简为战国楚竹书来看，《容
成氏》也当是战国时代的作品。但是，杜教授从语言学的角度推断出《容成
氏》的文本有可能早在春秋时代就形成了。

　　实际上，无论三代（夏商周）时期的中原民族群体对西南的了解精准与
否，中原与西南的民族群体（民间）交往已经开始，对此前文已有略述。

　　中华文明，滥觞于多元，融结成一统。其中的中原文明以龙山文化为核
心，逐渐向四方拓展，遇到不同类型的文化碰撞然后融合，从文化发展的规
律来看也许是研究"九州"这一人文地理概念较好的方式。学者邵望平认
为："九州实为黄河长江流域公元前 3000 年间龙山时期即已形成，后历三代
变迁乃继续存在的一种人文地理区系。"……"龙山期是中国古代文明的奠
基期，龙山文化圈是中国古代文明的基地。而这一基地与《禹贡》九州的范
围虽不是完全吻合却大体相当。"接着邵先生列举《禹贡》九州相当这种人
文地理文化区系的某一龙山文化圈：冀州相当于陶寺类型的龙山文化，即以
华山为代表的中原文化与以燕山为代表的北方文化会合点形成的高度发达的
龙山期文化区（亦即华山与燕山之间的中介地带）。……梁州相当于与中原

① 顾颉刚. 禹贡［M］//中国科学院地理研究所. 中国古代地理名著选读：第一辑.
　　北京：科学出版社，1959：4.
② 杜勇. 论《禹贡》梁州相关诸问题［J］. 天津师范大学学报（社会科学版），2008
　　（2）.

龙山文化的一些地方类型、二里头文化等有不少类似之处的早期巴蜀文化区。因此，其结论是："公元前 2000 年前后黄河长江流域古代文化区系的划分与《禹贡》九州的划分基本相符。……《禹贡》成书至少有两个条件，一是文字的出现，一是王权的存在。《禹贡》只可能是三代时期的作品。""九州"的贡赋划分上似乎能有相同的结论："《禹贡》作者以冀州为九州之首，条条贡道通冀州，而冀州无贡品。这些内容使人不能断然否定九州概念源自夏代的可能，只不过考古学尚未完全证其为夏书。商王朝势力所及已达于《禹贡》所述之九州，而九州分野又大体与黄河常见流域由来已久的人文地理区系相合，故也不能排除《禹贡》九州蓝本出自商朝史官之手或是商朝史官对夏史口碑追记的可能；再者可能就是周初史官对夏、商史迹的追记。……再从九州所记的自然条件及物产属于一个较今日温暖的气候期来看，笔者认《禹贡》中之九州部分的蓝本当出于公元前 1000 年以前。其后必经多次加工、修订才成现今所看到的这个样子。《禹贡》中的'九州'与'五服'这两个部分内容不相呼应，且大相径庭，倒像是春秋时代被补缀、拼凑而成的。"① 由于考古材料尚不充分，我们还无法把"九州"乃至于《禹贡》的最初出现和最后定本考订在某个具体的年代，但这并不妨碍我们对其进行大致的历史推断。其实，"九州"观念的酝酿时期并不等同于成形时期，而且"九州"观念的成型时期也不等同于《禹贡》的成文时间，上文已经讲过，从观念的酝酿到成型，从撰写蓝本到最后的编订成书都经历了漫长的过程。我们不妨把"九州"观念的产生、演变认定在三代时期，而对文本的修订放在春秋战国，几经演进，最后才呈现给我们现在的模样。

综上所述，作为一种假想的政区划分，从"禹划九州"的事件发生到观念兴起经过传说流布，从传说流布到文本记录，从文本记录的多样性到文献文本的定型化，这中间有一个发展演变的复杂过程，绝非朝夕之间可以完成的。中央集权制国家是逐步形成的，从周初封建的诸侯国脱胎而来。与之相应，行政区划也经过萌芽、发展和全面推行的阶段，从春秋初年县的出现，到秦始皇分天下为 36 郡，大约经历了五个世纪的过渡时期。"春秋时期，诸侯国之间不断发生兼并战争，国君不断将权力集中在自己手里，从战争中夺得的土地不再分封给臣下，而是成为自己的直辖地，定名为县和郡。秦、

---

① 邵望平. 禹贡九州风土考古学从考 [J]. 九州学刊, 1988 (1).

楚、晋三国最先有县的建置。起初县和郡都设在诸侯国的边境地带，两者之间也没有统属关系。后来，失势的贵族封地也被改造为县（如晋国），出现了行政区划的意识。"① "九州"的规划是一个复杂的演进过程，并非一次成书，它秉承的是"禹别九州，随山浚川，任土作贡"传说的精神，践行的是"九合诸侯，一统天下"的观念，反映的是在先秦时期，以龙山文化为核心，四周分布着不同类型文化圈的人文地理区系。"九州"概念的提出和演化不仅体现了上古三代时期，中华文化圈层的多元起源与圈层间的相互作用，体现了这些文化圈层之间的"中心"与"边缘"的贡赋关系，也表达了在诸侯混战、方国林立的春秋战国时代，人们期盼停止纷争、多元一统的美好愿望，这无疑是符合历史发展潮流的先进思想。"九州"的观念形成于三代时期，成书不晚于春秋战国，并经多次写改，到了战国中后期，秦惠王伐蜀后，正式把"古蜀国"纳入中原王朝的边疆范围，变成一个观念上的"政区"——梁州，从此"梁州"所在的巴蜀地区开始成了华夏文化圈层的一部分，在"想象的共同体"层面，完成了从多元到一体的观念过渡。

2. 梁州的地望

《禹贡》分划九州地域，关于雍州与梁州的区界都说到黑水："黑水、西河惟雍州""华阳、黑水惟梁州"。仅从书面来看，记述显得过于简略，但这也符合先秦文献的写作特点。

"华阳"，《正义》曰："《周礼·职方氏》豫州其山镇曰华山，在豫州界内。此梁州之境东据华山之南，不得其山，故言'阳'也。此山之西，雍州之境也。"② 解释得已比较清楚了，顾颉刚的学生刘起釪进一步考释："华阳——华山之南。华山在今陕西华阴市南。《汇疏》引《九域图》所载疏云：'华山，四州之际，东北曰冀，东南曰豫，西南曰梁，西北曰雍。'是华山为此四州的分界点。东北隔河为冀州，东南为豫州，依《禹贡》文意，其南为梁州，北为雍州。汉宣帝时始定华山为西岳。"③ 因此，对于"华阳"就是华山南面的解释，后世没有多少争议。

"黑水"所指为何，历来聚讼不断。孔颖达《尚书正义》主黑水为张掖

① 周振鹤. 中国历代行政区划的变迁 [M]. 北京：商务印书馆，1998：14.
② 孔安国，传. 孔颖达，疏. 十三经注疏·尚书正义 [M]. 廖名春，陈明，整理. 北京：中华书局，1980：183.
③ 顾颉刚，刘起釪.《尚书》校释译论：第二册 [M]. 北京：中华书局，2005：680.

河；《括地志》主为大通河；《汉书·地理志》以党河为黑水；《蛮书》卷二云："《禹贡》导黑水至于三危，盖此（丽水）是也。"认为黑水乃丽水，即今金沙江。薛士龙《书古文训》以泸水当黑水，胡渭以为泸水即金沙江，汉时名泸水，唐以后名金沙江；李元阳《黑水辨》主黑水为澜沧江；程大昌《禹贡论》认为黑水应为西洱河；更有陈澧《水经注西南诸水考》及《禹贡图》据水之颜色推断黑水为怒江上源之哈拉乌苏河（按：哈拉乌苏为蒙文音译，意为黑色的河流）；顾颉刚先生与其弟子则认为《禹贡》之黑水与弱水、南海一样，皆是古代传说中假想的地名。"黑水"一词似乎虚指，以河水色彩指代河流，指涉未免太过宽泛。①

由于《禹贡》记载的内容距今年代太久远，两千多年以来的地名变更以及地貌的改变使黑水最终失去了确切位置，无法证实。《禹贡》全文中，提到黑水之名的共有三处：

（1）华阳、黑水惟梁州。（《九州·梁州章》）

（2）黑水、西河惟雍州。（《九州·雍州章》）

（3）导黑水，至于三危，入于南海。（《导水章》）

"黑水"见于先秦古籍，除了《尚书》外，还有《山海经》《穆天子传》。至秦始皇焚书坑儒，诸多文化典籍付之一炬，汉代治《尚书》者已不能言黑水之所在。《禹贡》自宋儒开始研究，递经元、明学者的努力，至清代进入了一个具有新的科学水平的阶段，出现了总结性的著作。清人胡渭撰《禹贡锥指》，以其闳博渊深著称，然而，面对"黑水"的地理考释，也不免发"唯黑水原委杳无踪迹"之叹，并认为"纷纷推测，终无确据，不如阙疑之为得也"。② 顾颉刚先生也为之慨叹："这几句话真是难死了人。"③ 从而"引发了聚讼千年的'黑水'难题"④。

班固《汉书·地理志》本着严谨求实的态度，于益州滇池下记："益州郡滇池，滇池驿在西北。有黑水祠。"但不明言其旁有黑水。这种暗示引起

---

① 谭其骧指出："黑水当以水呈黑色得名，天下水道水呈黑色者到处可有"（长水粹编[M]. 上海：复旦大学出版社，2015：224.），《水经注》中所见称"黑水"者即多达十数例。

② 胡渭. 禹贡锥指 [M]. 邹逸麟，整理. 上海：上海古籍出版社，1996：9.

③ 顾颉刚. 古史辨自序 [M]. 北京：商务印书馆，2011：902.

④ 傅奠基. 华阳黑水惟梁州——昭通政区朔源 [J]. 昭通师范高等专科学校学报，2011（6）.

后代学者的诸多猜疑，于是有人就认为黑水在我国西南地区。如大通河、金沙江、怒江、雅鲁藏布江或伊洛瓦底江、澜沧江诸说。孔颖达疏《禹贡》引郦道元《水经》："黑水出张掖鸡山，南流至敦煌，过三危山，南流入南海。"胡渭《禹贡锥指》卷十二就曾引班固、司马彪、郦道元、魏玉泰、樊绰、陈大昌、金履祥、李渊阳诸家之说，并逐一驳斥。同样，梁启超又指斥胡渭梁、雍之界不是同一条黑水，而将泸、若、绳诸水合为梁州西南之黑水的说法为"杜撰不经之说"，并认为澜沧江下流之说为黑水是可信之论①，姜亮夫则赞成陈澧以怒江为黑水的观点②。孙星衍《尚书今古文注疏》疏"黑水"条曰："经云'黑水'者，《水经》：'沔水东过南郑县南。'注云：'汉水又东，黑水注之。水出北山，南流入汉。'"又疏引庾仲雍曰："黑水去高桥三十里。"引诸葛亮笺云："'朝发南郑，暮宿黑水西五十里。'即是水也。"《史记》正义引《括地志》云"黑水源出梁州城固县西北太山"以注"华阳、黑水"，盖本古说。今陕西县也。郑注见公羊十年传疏云"至于黑水"者，或以为即郑氏所云黑水，然疑其太远。夏时荒服之地，禹迹不至也。滇池，今云南晋宁州地。孙氏的注疏虽然征引广博，但并不明确"黑水"的所在，略显莫名，而且，更为严重的问题是，孙氏用五服思想主观臆断《禹贡》梁州的划分不可能涉及滇东北地区，这种推断是不可取的。

梁州的中心地带有巴国和蜀国。巴、蜀西南还散布着众多部落，即秦汉以来被中原王朝称为"西南夷"的少数民族。孔安国说梁州"东据华山之南，西距黑水也"。可见，"黑水"是确定梁州范围的一条重要界限。《禹贡》关于"黑水"的记录还有两条："黑水、西河惟雍州"；"导黑水、至于三危，入于南海"。综合《禹贡》关于"黑水"的三处记载可知：雍、梁二州的西部边界都有一条名为"黑水"的河流，黑水经"三危"之地流入南海。在这极为有限的信息中，由于"黑水"位置不明，雍、梁二州西界也只是一个模糊的概念（两州大体平行排列于秦岭南北两侧）；所谓"三危"与"南海"又众说纷纭，如果再考虑文中提到的三处"黑水"是否为同一条河流的问题，那么仅凭《禹贡》所提供的信息研讨"黑水"及其位置，是一个不可能完成的工作。杜佑早已指出："至于孔、郑通儒，莫知其所，或是年

---

① 梁启超. 国史研究六篇［M］. 2 版. 上海：中华书局，1947：29.

② 姜亮夫.《天问》所传西南地名小辩［J］. 思想战线，1982（1）.

代久远，遂至堙涸，无以详焉。"他在《通典·古梁州》中写道：

> 孔安国注云："黑水自北而南，经三危，过梁州，入南海。"郑
> 玄云："按三危在鸟鼠之西，而南当岷山，又在积石之西，南当黑
> 水祠，黑水出其南。"此云经三危，彼云其出，明其乖戾。又按
> 《汉书·地理志》："益州郡滇池有黑水祠。"而不记山之所在，即今
> 中国无之矣。又按郦道元注《水经》，锐意寻讨，亦不能知黑水所
> 经之处。顾野王撰《舆地志》，以为至僰道入江，其言与《禹贡》
> 不同，未为实录。

李长傅在其所著《禹贡释地》中写道："黑水，长期是历史地理上之难
题。传统的说法即为今疏勒河或金沙江；或说是澜沧江、怒江。然考二说均
与黑水的流经不合。前说不入南海；后说则超越了上古地理知识的范围。因
此，黑水疑为一条假想的河流。"① 对于这样一条自北而南的河流是虚构还
是实指的问题，历来受学者争论。顾颉刚、王成组等著名学者均认为黑水是
古人想象中的河流。但是，由于《禹贡》中不止一处提到黑水，而且，在与
《禹贡》时代相当的《山海经》也有 15 处提到黑水②，因此，胡渭强调：
"雍州自《禹贡》黑水而外，有十黑水焉。……梁州之黑水，自绳、若而外
又有五黑水焉。"他的结论是：雍州黑水"指今甘肃额济纳河"；梁州黑水难

---

① 李长傅.《禹贡》释地［M］.郑州：中州书画社，1983：15.
② 《南山经》："又东五百里曰鸡山。……黑水出焉，而南流注于海。"《西山经》："又
  西南四百里，曰昆仑之丘……黑水出焉，而西流于大杅……又西四百八十里曰轩辕
  之丘，无草木，洵水出焉，南流注于黑水……西南四百里曰昆仑之丘，是实惟帝之
  下都……洋水出焉，而西南流注于丑涂之水。黑水出焉，而西流于大。"《海内西
  经》："西行又南行昆仑之虚，西南入海，黑水之山。……洋水、黑水出西北隅，以
  东，东行，又东北，南入海，羽民南。"《大荒南经》："黑水之南，有玄蛇，食
  麈。……大荒之中，有不庭之山……北属黑水，南属大荒。……大荒之中，不姜之
  山，黑水穷焉。"《大荒北经》："西北海外，黑水之北，有人有翼，名曰苗民。"
  《大荒西经》："西海之南，流沙之滨，赤水之后，黑水之前，有大山，名曰昆仑之
  丘。"《海内经》："流沙之东，黑水之西，有朝云之国、司彘之国。……流沙之东，
  黑水之间，有山名不死之山。……西南黑水之间，有都广之野，后稷葬焉。……南
  海之外，黑水、青水之间，有木名曰若木，若水出焉。……北海之内，有山，名曰
  幽都之山，黑水出焉。"

以确指，但是"以汉世泸水当之，卢训黑，其说可通。汉魏泸水指今金沙江而以雅砻江为其上游"①。因此，众多"黑水"不可能尽为虚构，何况，"黑水祠"的发现和提出也可作为旁证：黑水确为实指而非虚构。"九州内容之古老、真实，却绝不是后人单凭想象可以杜撰出来的。结合考古发现重新研究九州及其贡品，可能为中国古代文明的多重性找到古籍上的证据。"②

作为古代一条南北走向的河流，黑水究竟指涉哪条？

事实上，《禹贡》提及的几条"黑水"并不是同一条水系，《禹贡锥指》："黑水、三危，并见雍州。梁之黑水别是一川，非界雍之西者。黑水自三危以湘，杜氏谓今已埋湮；自三危以南，则水行徽外，不可得详，亦莫知其从何处入南海也。"《山海经》一书中 15 处提到黑水（参看上文），显然，这些"黑水"也不可能都是指同一条河流。因此，顾颉刚既肯定《禹贡》黑水以《山经》为据，又认为这是古人"假想"中的几条大水之一，而假想论调疑古过甚，不足以为据（前文已讨论过，"黑水"当为实指）。那么，实际有所指涉的"梁州之黑水"无论是特指一条水系，还是泛指几条南北走向的水系，它或者它们都应该是以古代巴蜀古国为中心，划分"梁州"与外界的分界河流，最后注入南海。因为，到《禹贡》成书时，中原文化圈层已覆盖至巴蜀地区，这就要求我们今天看待"梁州"的边界不能再局限于中原区域。就连把黑水疑为"假想"的顾颉刚也从训诂学的角度认为"梁州"之梁的地理意义由来："梁有兀然高出之义。水际以堤与桥为最高，故称堤与桥曰梁；屋宇以脊为最高，故名承脊之木曰梁；山以巅为最高，故山巅亦曰梁，梁声转而为岭，今言岭古言梁也。九州之中以梁州为最多山，有山即有巅，山多则群峰乱目，言梁州者犹之言'山州'耳，亦犹之称吴越间曰'江乡水国'耳。"③"山巅亦曰梁，梁声转而为岭，今言岭古言梁也"，云南又俗称云岭，意为山多且高耸，仅从梁州名称反映的地貌特点出发，其地望的定位也是不应该完全离开云南的范围。

目前还有不少学者把《禹贡》的"梁州黑水"定位在陕西、青海、甘

①　胡渭. 禹贡锥指 ［M］. 邹逸麟，整理. 上海：上海古籍出版社，1996：261-302.

②　邵望平. 禹贡九州风土考古学从考 ［J］. 九州学刊，1988（1）.

③　顾颉刚. 浪口村随笔：卷一 ［M］. 沈阳：辽宁教育出版社，1998：15-16.

肃、内蒙古、黑龙江境内，甚至国外①，把《禹贡》和《山海经》记述的几处黑水混为一谈，研究方法大多又采取以经证经，或者掺杂以今天的自然地貌附会古代的文字记述，不免让人有望文生义和穿凿之感。

同时，也有不少古今的学者已经把"梁州黑水"定位在了今川西南与滇东北一带。《通典·州郡·古梁州》载："召按郦道元注《水经》，锐意寻讨，亦不能知黑水所经之处。顾野主撰《舆地志》，以为至焚道入江。其言与《禹贡》不同，未为实录。至于孔、郑通儒莫知其所，或是年代久远，遂至埋没无以详焉。"清人蒋廷锡《尚书地理今释》曰："雍州黑水，出陕西甘肃塞外，南流至河州入积石河，今俗名大通河也；梁州黑水，即今云南之金沙江，其源发于西番诺木浑五巴什山分支之东，日阿克达必拉，南流至塔城关，入云南丽江府境。《导川》黑水即今云南澜沧江；其源发于西番诺木浑五巴什山分支之西，日阿克必拉，南流至你那山入云南界……南流至阿瓦图入南海。"周振鹤说："黑水历来聚讼不休，若以汉人的眼光，黑水当即周水，即今怒江，西汉在昆明立黑水祠，就是奉祀这条水道。"② 汪宁生说："彝语称黑为'若'，若水就是黑水。雅砻江（诺矣江）、金沙江（泸水）、澜沧江（兰津）、怒江（因江水墨绿而得名，上游'那曲'，即藏语黑水之意）几条由北向南流的大江都有黑水的意思。"（参见《云南简史》第一章）扶永发《古黑水与三危考》认为三危山为今云南西部云龙县的三崇山，梁州与导川之黑水为一水，即今澜沧江，而雍州之黑水则为今四川若尔盖县境内的黑河（载《云南民族学院学报》1995 年第 2 期）。周宏伟的《〈禹贡〉黑水新考》另辟蹊径，通过对"岷山"和"岷水"的古今人文地理分析，得出新的推论："《禹贡》中有岷山而无岷水，知岷山得名先于岷水。而岷水得名当源自岷山。《禹贡》中有三处提到岷山：

（1）岷、嶓既艺，沱、潜既道，蔡、蒙旅平，和夷底绩（《九州·梁州章》）。

（2）岷山之阳，至于衡山（《导山章》）。

---

① 详见《〈禹贡〉黑水及其相关诸地考》《〈禹贡〉黑水与堂光古道》《〈禹贡〉黑水新考》《陕西政区沿革的特点及影响》《〈天问〉"黑水"岐说探微》《甘肃"属〈禹贡〉雍州之域"说质疑》《陕西地区的伏羲和女娲氏遗迹》等。

② 周振鹤. 中国行政区划通史 [M]. 上海：复旦大学出版社，2009：166.

（3）岷山导江，东别为沱（《导水章》）。

顾颉刚先生论及《禹贡》作者的江源观问题，至为精当。他指出，古人是以嘉陵江为江源的。《禹贡》所谓岷山，不是今四川松潘的岷山，而是今甘肃天水西南120里的嶓冢山。凡江水所出之水皆可谓沱，汉水所出之水皆可谓潜。自汉朝始，人们才以今岷江为江源，以嘉陵江上游称西汉水，于是将岷山移到今四川松潘，又将陇西西县的岷山改为嶓冢（原嶓冢山在今陕西宁强），致使汉朝有东西两岷山，嶓冢山也有东西两处（《禹贡注释》）。顾先生注意到了《禹贡》岷山与汉代岷山的区别与联系，但是未能注意到汉代岷山与《禹贡》蒙山之间的联系，所以对于蒙山的所在只好存疑。事实上，汉朝人所谓的岷山应该就是《禹贡》"蔡、蒙旅平"之蒙山。由于汉朝人已经知道江源是今岷江而不是嘉陵江，加之"蒙"又与"岷"读音相近，于是《禹贡》蒙山就被转称为岷山；而原来的《禹贡》蒙山因无处搁置，于是又把今岷江支流青衣江一带之山（今夹金山，大雪山的一支）称为蒙山。这样，到班固撰《汉书·地理志》时就误认为"蜀郡青衣，《禹贡》蒙山溪"。青衣江区区200余公里，源近流短，也实在很难想象它会受到《禹贡》作者的青睐！进而，周宏伟从音韵学的角度，认为"蒙""冒""墨"三字古音通假，从而"《禹贡》时代，发源于蒙山的可能称为'蒙山溪'或'蒙水'的河流，我们以为，就是汉代以来所谓的崛水，也就是《禹贡》梁州黑水"。并且，"南海"应释为"岷江下游江口一带，西南夷（包括僰、夜郎等古代西南少数民族）徼外之地"，最终，推导出《禹贡》"雍""梁"之黑水的大致线索描述：作为雍州西界的雍州黑水（大通河），发源于张掖鸡山（祁连山），东南流，于河水（黄河）附近开始"潜（伏）流"地下；直至"三危"地方（青、甘、川三省交界一带）才复出于地面（松潘草地沼泽区），继续南流，成为梁州黑水（岷江）并梁州西界，然后，再流注入南面边鄙的"南海"地方（川、滇二省交界一带）。[①] 此描述分析得较为得当。

实际上，考释《禹贡》"梁州"的地望，"黑水"的方位不能仅从现有的考古材料和经文字句入手，应该更广泛地结合人文地理、音韵训诂和民族的文化历史等学科入手。傅奠基教授的《华阳黑水惟梁州——昭通政区朔

---

① 周宏伟.《禹贡》黑水新考［J］. 陕西师大学报（哲学社会科学版），1991（8）.

源》就是从文化圈层发展的角度进行考释，用一系列古代文明的考古材料，通过对先秦时期，中原文化圈、"古蜀国"文化圈与滇东北及滇西地区民族群体与民族群体之间的互动关系，来定位"梁州"的地望应在巴蜀地区，"梁州"之"黑水"应为今滇东北几条南北走向的河流之一："随着地理视野的扩大，历代学者对于梁州'黑水'的探讨，位置也在不断向西推移，'黑水'的桂冠先从若水（雅砻江）转至泸水（金沙江），之后再指向澜沧江，最终归于怒江乃至伊洛瓦底江（中国古称大金沙江或丽水）。"① 从而印证了清人蒋廷锡的论断："昔人谓番名山川皆以形色，西南夷地水色多黑，故悉蒙黑名，如打冲、金沙、澜沧，俱得称黑水也。"② 因此，虽然"关于黑水，后人的解释有所不同，或说是金沙江，或谓为澜沧江，但无论如何，都在今云南境内（滇东北地区）"③。

其实傅奠基教授对于"梁州黑水"的地理定位可以沿着文化圈层的发展历史继续展开。如前文所述，按照谭其骧先生文化圈层接触、融合的理论，官方层面上（以政治为主）的交往通常滞后于民间自发的经济文化往来，而且，马林诺夫斯基的文化理论就认为广义上的文化包括经济形态和政治制度，军事战争又是政治表达的最高层次。因此，我们可以认为，处在不同文化圈层当中的民族群体之间，民间的文化交往要早于官方层面的文化交往，而且，从某种意义上来说，前者是后者的基础。以周慎王五年（公元前316年）秦伐巴蜀为标志，之前西南地区中原文化圈与巴蜀古国文化圈各自独立、并存的圈层结构解体，代之以强势的中原文化圈扩展到较为弱势的巴蜀古国区域并继续与巴蜀文化融合的文化圈层格局，加速了巴蜀文化涵化进华夏文化的进程，而且这种格局还在不停地变化——在两种不同文化融合到一定阶段以后，形成了以中原文化为核心的、涵化了的、新的文化圈继续向西南扩展的态势，秦占领巴蜀地区后，"秦惠王封子通国为蜀侯……置巴郡。……三年，分巴、蜀置汉中郡。七年，封子恽为蜀侯。……取商于之地

---

① 傅奠基. 华阳黑水惟梁州——昭通政区朔源 [J]. 昭通师范高等专科学校学报，2011 (6).

② 蒋廷锡.《尚书》地理今释 [M]. 上海：商务印书馆，1971：59-61.

③ 尤中. 云南地方沿革史 [M]. 昆明：云南人民出版社，1990：7.

为黔中郡"①。秦昭襄王后期李冰任蜀守，曾在僰道积薪烧崖，打通故蜀王兵栈，疏通了岷江进入长江的河道，因此，秦所代表的中原文化再次向西南推进，进入了今天的云南地区，又一次遇到了新的文化圈——西南夷文化圈②。有学者把李冰的积薪烧崖视作秦国开发西南夷的第一步③，但值得注意的是在此之前的上古三代时期，古蜀国与中原王朝的交往已经开始，文化圈层的相互作用已经产生④。

先秦的僰道（今宜宾）居住着僰人，僰人的分布较广，在今天的四川南部和云南东北部以及贵州西部都居住着大量的僰人，其生产生活方式以农业为主，僰人是西南夷当中社会发展程度较高的民族群体，已进入阶级社会，有较为独立的政权组织形式——古国。《史记·西南夷列传》"正义"谓"戎州，北临大江，古僰国"；《汉书·地理志》"僰道"条引应劭语曰"故僰侯国也"；《通典·州郡》载："南溪，故僰侯国也"；《括地志辑校》卷四说"今益州南戎州，北临大江，古僰国"；《庆符县志·武功记》云"权秦时，僰道王据守横江，李冰破之，追北于汉阳山"；《说文解字·人部》曰"僰，犍为蛮夷，从人棘声"；《水经注·江水》引《地理风俗记》说，僰乃"夷中最仁，有人道，故字从人"。僰人文化发达，植根于较为发达的农业经济基础之上，讲究稻作农耕水利灌溉，《太平御览》引《永昌郡传》曰："朱提郡……治朱提县，川中纵广五六十里，有大泉池，水顷名千顷池，又有龙池以灌溉种稻，与僰道接，时多援郡取。"僰人甚至还以园艺闻名于世，他们"多以荔枝为业，园植万株，树收百五十斛"。⑤ 社会发展程度较高的僰人是纵跨川滇黔的跨界民族群体，他们的生产生活、人口迁徙和经济文化

---

① 常璩.《华阳国志》校注［M］. 刘琳，校注. 成都：巴蜀书社，1985：194.
② 这里所说的西南夷文化不仅指滇东北的朱提文化或滇池周围的古滇国文化，而是泛指先秦时期西南夷地区的所有文化类型，包括洱海地区的乌白蛮文化、永昌地区的哀牢文化，等等。
③ 王文光，朱映占，等. 中国西南民族通史：第二卷［M］. 昆明：云南大学出版社，2015：155.
④ 《华阳国志·蜀志》载："至黄帝，为其子昌意娶蜀山氏之女……封其支庶于蜀……历夏、商、周，武王伐纣，蜀与焉。……有周之世，限以秦、巴，虽奉王职，不得与春秋盟会，君长莫同书轨。"可以说同为化外之邦的秦与巴、蜀地区的交往由来已久（见于《〈华阳国志〉校补图注》，第113～118页）。
⑤ 李昉，等. 太平御览·四夷部十二［M］. 影印本. 北京：中华书局，1960：3509.

活动自然带动这些地区的交通往来，为这些区域的文化圈层融合、涵化做出贡献，其中，民族群体的通婚融合是屡见于史的。早在先秦时期，云南东北部的朱提与古蜀国就交往频繁，《水经注·江水》引来敏《本蜀论》："望帝者，杜宇也，从天下。女子朱利，自江源出，为宇妻，遂王于蜀，号曰望帝。"《华阳国志》也有载："（蜀）有王曰杜宇，教民务农，一号杜主。时朱提有梁氏女利游江源，宇悦之，纳以为妃。"① 按照张步天先生的说法，先秦的滇东北朱提地区就是山海经中的寿麻国（周初的州靡国，详见《山海经解》），与周王室有着朝贡关系。至此，我们似乎可以说：先秦时的朱提古国与中原和巴蜀有着密切的官方往来联系，借用谭其骧先生的文化交往理论，三个地域的民间文化（文明）往来应该更早，更加频繁，三个地域的文化接触、融合度应该有较高层次，民族群体之间的文化心理趋同较多，相互的认识、认同程度也较高。基于这种文化圈层扩展、涵化的发展规律，我们就不难理解，为什么秦统一中原六国后，会在西南地区延续着秦统一中原以前伐灭巴蜀的文化扩展方向，继续向西南推进秦的文化圈层，采取开拓僰道以南的西南夷，派常頞修筑五尺道，新开郡县，置吏此地诸国，进入朱提（昭通、鲁甸一带），甚至更偏西南的朗州（曲靖）地区。

虽然，邵望平说："九州既不是古代的行政区划，也不是战国时的托古假设，而是公元前 2000 年前后黄河长江流域实际存在的、源远流长、自然形成的人文地理区系。"② 但我们可以说《禹贡》是一个上古中原先民的统治阶层极其向往的分土纳贡理想，作为九州之一的"梁州"被假想为朝贡体系的一个组成部分，而这一理想寄期望于通过政区划分来实现，"九州"仅存在于设想当中。后来，随着中原文化圈与西南夷文化圈层的接触、融合，最终涵化，政区划分的理想逐渐变为现实，区划的范围和规模不断扩大，"九州"的理想似乎就要变为现实，然而，伴随着南方各个民族群体社会的急剧发展，民族文化圈层的分布和演进已远非先秦时期的格局，最终，实现了的

---

① 常璩.《华阳国志》校注 ［M］. 刘琳，校注. 成都：巴蜀书社，1985：183.
② 邵望平. 禹贡九州的考古学研究 ［J］. 九州学刊，1987（9）.

西南地区行政区划已远不再是《禹贡》梁州设想的模样①。

二、秦代云南的民族区域政治格局与中国文化边疆地位的形成

郡县制度是中国古代继宗法血缘分封制度之后出现的以郡统县的两级地方行政制度。它盛行于秦汉。郡县制是古代中央集权制在地方政权上的体现，它萌芽于西周，形成于春秋战国，成熟于秦汉时期。西周时县大于郡，《逸周书作雒》："千里百县，县有四郡。"《左传》"哀公二年"："克敌者，上大夫受县，下大夫受郡。"春秋时代，随着世卿世禄的世袭制被官僚制取代，地方组织也逐渐有（贵族）采邑制转为郡县制。春秋时代一些诸侯国为了加强管理而置县和直接任命一些不得世袭的官员为地方官。由国君任免地方官，这个制度使分散的权力层层集归中央，防止因分封而导致分裂。至战国时代这种制度逐渐普遍为各强国采用，逐渐减少分封贵族世袭占有的地区。县制起源于春秋时期的秦国，秦武公十年（前688年），秦武公越过陇山，锋指占据今甘谷的冀戎，平定后，以族名建立了中国历史上第一个县级行政管理机构——冀县（今甘肃省甘谷县），这是中华县制之肇始。商鞅变法时，废分封，行县制。秦统一后，秦始皇采纳李斯的建议，决定在全国范围废除分封制，以郡县制为中央控制地方的制度。

郡，是中央政府辖下的地方行政单位，其组织机构与中央政府略同，设郡守、郡尉、郡监（监御史）。郡守，为一郡最高行政长官，掌全郡政务，直接受中央政府节制；郡尉，辅佐郡守，掌管全郡军事；郡监，掌监察工作。郡以下设县或道。县是秦朝统治机构中关键的一级组织，是从中央到地方政府机构中具有相对独立性的一个单位。县，是郡的下级行政机构。县的长官称县令，由朝廷任命，主要任务是治理民众，管理政财、司法、狱讼和兵役。郡守通过每年的考核和平时的检查，对县令的工作进行考察。郡县制下的郡守和县令都是由皇帝直接任免，从而使君主有效地加强了中央集权，有利于政治安定和经济发展；郡县制从根本上否定了分封制，打破了西周以

---

① 周振鹤指出："一直到隋代文献中，还有以此框架来分述一百九十个郡的地理情况。但其时南方已获相当发展，《禹贡》九州分划已脱离实际，所以才有唐初抛弃九州另分十道的革新。"（周振鹤. 中国行政区划通史［M］. 上海：复旦大学出版社，2009：205.）

来分封割据的状况，加强了中央对地方的管理，有利于防止地方割据分裂，有力地维护了国家的统一。

秦朝这套从中央到地方的统治机构，有明确的职责分工，既相互配合，又彼此牵制，统治机构的最高统治权掌握在皇帝一人手中，确保了封建地主专制统治。这套金字塔般统治机构的建立，标志着封建专制主义中央集权制度进一步强化。郡县制与西周分封制相比较，最主要的差别在于形成了中央垂直管理地方的形式。西汉王朝继续推行郡县制。汉初曾分封诸侯王而形成"郡""国"并存的局面，后逐步消除与中央抗衡的地方割据势力，使"大一统"政体更为巩固。

公元前 221 年，秦统一了中原，结束了战国七雄争霸的局面，秦国君主嬴政成为中国历史上第一个始皇帝，创建了中央集权的皇统制度，这一新型的社会制度"集中体现在把战国后期各国已实行的郡县制推行全国"①，在全国设置 36 郡，后扩大为 46 郡，实行郡、县二级地方行政体制。所以，秦代为中国历史上最早在全境推行"郡县制"的朝代。郡县制施行的初衷是把行政权力集中到中央，削弱地方豪强贵族，其本就是中央与地方博弈的产物，因此，秦在施行郡县制成功以后，更以此为基础，积极联系秦王朝周边社会经济较为落后的广大民族群体，力图结成更广大的大一统多民族中央帝国。

秦帝国建立后，以经济政治为手段，加强对西南夷地区的开发和治理，具体通过通道、设郡、置吏来实施。由于西南夷地区在汉初设立郡县以前的地名，缺少当时记录可考，"不能确说，惟地名多转写已有之名号，且设县多以原有部族为基础，则设郡县以前之部族及名号大略可知"②。而且，由于古代典籍对秦在今云南境内的郡县设置、官吏委派情况记述十分模糊，我们只能把范围扩大至整个西南夷地区来探讨，以民族群体为单位来大略梳理哪些云南境内的民族群体有可能设置了"秦吏"。继而，在秦楚争霸对西南地区实施"过境开发"的基础上，进一步扩大和深化对西南的经略，开始把西南的部分地区纳入秦王朝的统辖范围之内。

秦惠文王后元九年（公元前 316 年）秋，"秦大夫张仪、司马错、都尉

---

① 方国瑜主编. 云南郡县两千年 [M]. 昆明：云南广播电视大学，1983：3.
② 方国瑜. 中国西南历史地理考释 [M]. 北京：中华书局，2012：28.

墨等从石牛道伐蜀。……冬十月，蜀平，司马错等因取苴与巴。……周赧王元年，秦惠王封子通国为蜀侯，以陈壮为相。置巴、蜀郡，以张若为蜀守。……（赧王）五年，仪与若城成都……（赧王）三十年，疑蜀侯绾反，王复诛之。但置蜀守。张若因取笮及楚江南地焉"①。笮，即笮人之地，是今天四川凉山地区及汉源县一带。《史记·司马相如传》谓"邛、笮……秦时尝通为郡县"，当始自蜀守张若。江，即岷江。秦取巴蜀后就向岷江以南积极推进其实力影响，扩展自己的文化圈层，对岷江中下游之南中地区的西南夷诸部进行招徕与经略。同时，张若还向楚国的江南之地猛烈进攻。② 秦、楚两国在巴、黔中地区展开激烈的争夺，楚反攻江南，收复黔中郡和巴地之乌江口（今四川涪陵），而后"使将军庄蹻将兵循江上，略巴、黔中以西。庄蹻者，故楚庄王苗裔也。蹻至滇池，方三百里，旁平地，肥饶数千里，以兵威定属楚。欲归报，会秦击夺楚巴、黔中郡，道塞不通，因还，以其众王滇，变服从其俗，以长之"③。庄蹻到滇池后，给古滇国带来了先进的社会生产力，促进了滇池区域的经济文化发展，加速了滇池地区民族群体的文明进程，所以，《华阳国志·南中志》说："（庄蹻）遂留王之，号为庄王。……分侯支党，传数百年。"庄蹻王滇，带来了中原先进的农业文明，让滇池地区的民族群体社会进入了一个新的阶段。

《史记·西南夷列传》载："秦时，常頞略通五尺道，诸此国颇置吏焉。""'诸此国'指的是夜郎、滇、邛都、嶲、昆明等地区。"而且，这些部族"自成区域又相互联系"④，对外通巴蜀甚至今缅甸、印度，对内则相互交通往来。按文化圈层来看，西南夷中这些较大的部族分布的地区都离巴、蜀地区乃至中原腹里较近，秦在这些地区招徕土长、设官置吏是有利于中原文化圈层向西南持续扩展的，虽然秦对西南的经略较为短暂，但这一文化圈层的扩展并未随秦政权的结束而终止，也在客观上为随后的汉、唐延续这一趋势奠定了基础。秦于"诸此国"的置吏具体情况虽然不见于史载，但还是能从

---

① 常璩.《华阳国志》校注 [M]. 刘琳, 校注. 成都: 巴蜀书社, 1985: 192-200.

② 《史记·秦本纪》载："三十年（公元前 277 年），蜀守若伐楚，取巫郡，及江南为黔中郡。"（史记 [M]. 北京: 中华书局, 2011: 213.）

③ 司马迁. 史记·西南夷列传 [M]. 北京: 中华书局, 2011: 2993.

④ 方国瑜主编. 云南郡县两千年 [M]. 昆明: 云南广播电视大学, 1983: 5.

其后的西汉对这些部族的记述、考释中窥见一二。

早在秦统一六国之前，秦昭襄王任李冰为蜀守，就在今四川南部修筑僰青衣道，即由蜀郡府（今成都）出发，沿青衣江下，经夹江至乐山，再循岷江而下至僰道（今宜宾）。《华阳国志·蜀志》载："（僰道）其崖渐峻不可凿，冰乃积薪烧之。故其处悬崖有赤白五色。"秦统一六国后，常頞在李冰开辟的僰青衣道基础上，把道路由川滇边界向南延伸进入云南地区。司马贞《索隐》曰："谓栈道广五尺。"颜师古《汉书·注》说："其处险阨，故道才五尺。"可以看出其险峻不易。张守节《正义》引《括地志》云："五尺道，在郎州。"确定道路向南至少可到达今天曲靖市辖区。而北向线路的具体情况不见于当时的史料，我们只能从后世的记述中去推断。《水经·江水注》曰："（武帝时，唐蒙）凿石开阁，以通南中，迄于建宁，二千余里，山道广丈余，深三四丈。"建宁郡即为蜀汉建兴三年（225 年）分益州郡而设，先治滇池县，后移治味县（曲靖）。王象之《舆地纪胜》云："西汉僰道，即汉武帝遣唐蒙凿石门以通南中者。"石门便是今天云南的延津县豆沙关。因此，"唐蒙所开凿的道路当是以秦时的五尺道为基础。……可推知五尺道由僰道南下，过石门，经朱提（昭通），达味县（曲靖），再由此转滇池"①。从常頞的略通"西南夷"，道仅宽"五尺"，到唐蒙畅通"南中"，道扩至"丈余"，这条朱提道（又称石门道）完成了由漫长久远的民间自发开辟到官方有组织、有计划地修筑扩展为正式官道的转变，不仅为后世（至今）云南与中原的交通联系打下坚实的基础，而且，我们可以说，常頞通五尺标志着中原文化圈层与云南的"西南夷"文化圈层的接触、融合从此有了质的提升，似乎预示此后两个文化圈无论是相互抵触、抗衡还是吸纳、包容，文化的涵化成了中原和西南（主要是云南地区）两个区域文化变迁的主要形式。

秦攻灭巴蜀后，沿金沙江流域向南推进，经略西南夷，可分为三个大的区域，金沙江以北为筰、邛区域；金沙江以南向西有昆明、嶲唐；向东有滇、僰、夜郎几个民族群体。秦把其在中原施行的郡县制也推行到了"西南夷"地区，"诸此国颇置吏焉"不仅说明秦对西南夷地区几个大的当地部族招徕款纳，也派遣或委任了官吏，这些置吏极有可能是后世"羁縻"性质，

① 方国瑜主编. 云南郡县两千年 [M]. 昆明：云南广播电视大学，1983：5.

即委任当地部族首领担任秦之官吏，服从秦的管理，"土长"其地；也有中央派遣官吏在附近"内郡"遥领的可能。尽管具体的"置吏"情况不见史载，吏名衔级也尚不清楚，但通过西汉司马迁及司马相如对此地区的实地考察记述，还是能逆推出大概的。根据西汉典籍特别是司马迁《史记》的记述，在"西南夷"中，较早进入中原文化记载的几个民族群体，除了上述的邛、笮、滇、昆明、巂唐几个部族外，还有西僰和夜郎，《史记·司马相如传》载司马相如曾答汉武帝曰："邛、笮、冉、駹者近蜀，道亦易通，秦时尝通为郡县，至汉兴而罢。今诚复通，为置郡县，愈于南夷。"正因为西汉《史记》对这些秦置郡县的有据追述，因此，我们可以判断：秦已在这些民族群体地区招徕了当地部族首领，众"土长"纷纷请附，或委任了官吏甚至设立了郡县。《史记·太史公自序》载："于是迁仕为郎中，奉使西征巴、蜀以南，南略邛、笮、昆明，还报命。"《史记·司马相如传》又载："于是乃命使西征……因朝冉从駹，定笮存邛，略斯榆。"对此，方国瑜考证"斯榆"应为叶榆[1]，且"两司马奉使西夷，并未曾至金沙江以南地，但远略江以南之部族，了解其情况，故其记载皆有据"[2]。说明两司马之前，中原王朝对西南夷的经略并不深入和广泛，以至于两司马只能"远略"而未能实至邛、笮、昆明地区。但是，《史记·司马相如列传》还说："且夫邛、笮、西僰之与中国并也，历年兹多，不可记已。"很明显，因为"邛、笮"等民族群体区域接近先秦时已被纳入中原的蜀地，而在秦帝国建立后，常頞已经在至少邛、笮等几个地区设官置吏了，所以才说"与中国并也，历年兹多，不可记已"。而且，由于"邛、笮"地区因为"与中国并"的时间较早，现又"复通"，在汉王朝看来，其价值超过了后来西汉新开发的"南夷"之地。值得注意的是我们追述秦代对边疆民族群体的设官置吏应该参照后来汉代的方式，即多采用财物招徕的方式，如"是时邛、笮之君长闻南夷与汉通，得赏赐多，多欲愿为内臣妾，请吏，比南夷"所说的一样，同时，也再次证明了"邛、笮之君长"确为归附中原王朝（秦）的"旧臣"，因此才要与归附西汉的"南夷""新臣"比较所得，结果上文已说过，旧比新所获更多。

---

① 方国瑜. 中国西南历史地理考释［M］. 北京：中华书局，2012：15.

② 方国瑜. 云南史料丛刊：卷一［M］. 昆明：云南大学出版社，1998：2.

1. 邛、笮民族群体

考释清楚邛、笮的地理位置及民族群体状况是了解秦汉在"西南夷"地区设官置吏的关键因素。《史记·西南夷列传》载："以邛都为越嶲郡，笮都为沈黎郡。"自滇以北为邛都，又北为笮都，其部族居民为古羌人。笮与邛分在两个地区，方国瑜言："沈黎后改为汉嘉也……《史记》所说笮都在汉嘉郡，今为汉源县地区；邛都在越嶲郡，今为西昌及凉山地区。"（《云南史料丛刊》卷一）张守节《正义》引《华阳国志》云："雅州邛郲山本名邛笮山，故邛人、笮人界。"对此，方国瑜先生说："惟笮与邛并为族名，因居民迁徙，邛、笮错杂而处，后来邛地多有笮人，因此后人解说笮地与邛地有不同说法。"而叶榆地区的昆明民族群体由于较邛、笮社会发展落后一些，所以到了西汉武帝时才被"略斯（叶）榆"。方国瑜先生认为："邛都、滇、昆明三个区域，主要在金沙江流域，其西南部达礼社江上游。由于地理条件分作三个区域，即金沙江以北为邛都区域，而江以南的滇池区域和昆明地区之间，由于早期有较为广阔地带（元代的威楚路和武定路），人口稀疏，分作滇和昆明两个区域；……在这三个区域的居民都属于古羌语族。……散居很广，名号很多，在邛都、滇和昆明都是古羌人分布区域，而名号不同了。"《华阳国志·蜀志》"越嶲郡定笮县条"曰："笮，笮夷也。汶山曰夷，南中曰昆明，汉嘉、越嶲曰笮，蜀曰邛，皆夷种也。"[1] 方国瑜先生说："应作汉嘉、越嶲曰笮、曰邛，皆蜀夷种也。就是《史记·西南夷列传》所谓笮都和邛都两个地区。……从一般的记载，可知西南的邛都地区居民称为邛，其邻近地区称为笮，昆明地区称为昆，滇池地区称为叟，都属于羌语族的居民，各有名号，每一区域都有很多部族，各以地理的具体情况自成区域了。"[2]至此，我们就能明白，秦汉进入中原官方视野的几个"西南夷"部族大体分布在今云南北部与贵州西部、四川南部交界的区域，他们是远古时期[3]自西北顺着江河（主要是金沙江）一路向东南，沿笮至邛，再至滇而昆的线路迁徙而来的古羌民族群体，散落在滇中、北（东北和西北）和川南一带，形成

---

① 常璩.《华阳国志》校注 [M]. 刘琳，校注. 成都：巴蜀书社，1985：320.
② 方国瑜. 中国西南历史地理考释 [M]. 北京：中华书局，2012：15.
③ 方国瑜说："古羌人迁徙到这三个地区（越嶲、滇池、洱海）的年代都很早，至迟也要在新石器时代晚期。"（《见中国西南历史地理考释》第16页）

了昆明、嶲、邛筰、滇、西僰以及夜郎几个大的分支，这几个分支由于距巴蜀较近，较早与中原文化接触、融合，也因此较先进入中原王朝的视野。以上古羌各个支系的社会发展程度并不平衡，邛、筰一带的羌人因地处巴蜀周边，距离巴蜀乃至中原较近，受中原文明影响较多、较早，是中原文化圈较早辐射到的地区之一，最容易发生文化的涵化，并促成多种文明类型之间的融合，因此，社会发展程度较高，最晚到西汉时已经进入"魋结，耕田，有邑聚"的农业方国阶段，即部落联盟。而地处较为偏远、社会较为落后的嶲、昆明还处于"随畜迁徙，毋常处，毋君长"①的原始游牧部落阶段。在秦建立中央王朝以后，就明确在邛（今西昌一带）、筰地区（今汉源一带）设郡置官，招徕当地部族，试图以此为基础进而南下经略"西南夷"的其他地区。

2. 古滇民族群体

自筰、邛一线一路向南，东南有滇、西南有昆明，这两个民族群体分别分布在今云南滇池和洱海区域。先秦时期，秦、楚在巴、黔中以西一带争夺激烈，楚将庄蹻王滇，滞留不回（前文已做略述），大批士卒（方国瑜先生推测不少于两万）与当地民族群体融合，"变服，从其俗"（《史记·西南夷列传》），逐渐被"夷化"，对滇池地区民族群体的社会发展产生了巨大的影响。文化的影响是相互的。由于庄蹻带来中原文化，与当地固有的古滇文化融合而涵化，极大加速了当地的社会发展，使古滇民族群体迅速壮大，联合其周边的劳浸（在今曲靖地区）、靡莫部族②，成为这一区域较为发达的民族群体方国。因此，滇能引起秦汉帝国的重视。

古滇国是今滇池地区出现时间较早、文化高度发达的一个部落联盟方国，它是古滇文化圈发展到一定阶段的产物，它的青铜文化已经发展到了相当发达的水平。根据考古工作者几次卓有成效的发掘③，特别是"滇王之

① 司马迁. 史记·西南夷列传［M］. 北京：中华书局，2011：2991.
② 方国瑜认为劳浸为地名，靡莫为族名（《中国西南历史地理考释》第13页），现从《史记·西南夷列传》"滇王者，其众数万人，其旁东北有劳浸、靡莫，皆同姓相扶"，意为滇之同源异流两大民族群体说。
③ 如晋宁石寨山古墓群、江川李家山、呈贡天子庙和石碑村、安宁太极山、羊甫头古墓群等（李昆声. 云南文物考古五十年［C］//云南省博物馆建馆五十周年论文集. 昆明：云南教育出版社，2001：18-22.）。

印"的发现，以物证史，为史学界提供了较为完备的古滇国发展历史的物证。由于大量出土文物的佐证，张增祺先生认为："滇国存在的时间有 500 年左右，即公元前 5 世纪中叶至公元 1 世纪初。"① 蒋志龙认为：滇国建立的时间可能在战国中期。汉武帝赐滇王王印后，滇国已名存实亡（滇国上层人物虽享受优厚的物质待遇，但已不再掌管这一区域），滇国实际存在的时间可能为 250—300 年。② 也有学者认为："滇文化起止时间大约为公元前 12 世纪（西周）至公元 1 世纪（西汉时期），延续一千余年，其间整个文化似有早晚的变化。……从现有材料分析，公元前 109 年汉王朝在滇国故地上设立益州郡，并让滇王'复长其民'，实际上是剥夺了滇王对滇国的统治权，古滇国融入了汉朝统一多民族国家。"③ 古滇国文化经过近千年的发展，到庄蹻王滇时已经高度发达，已形成独立的青铜文化圈，有众多聚落和部族联盟首领王畿及都邑，为后世滇中地区的城镇和治所奠定了地望基础。

《史记·西南夷列传》载："其西（指夜郎）靡莫之属以什数，滇最大……滇王者，其众数万人，其旁东北有劳浸、靡莫，皆同姓相扶……滇小邑，最宠焉。"文献记载滇的大致地理位置在夜郎之西、邛都之南，大体位于今云南省的中、东部。就目前发掘的考古资料来看，古滇文化遗物分布的范围大致在"东至石林、泸西一线，北达会泽、昭通等地，南抵新平、元江一带，西到安宁及其附近地区。这个分布范围即为古滇民族群体的活动范围"。④ 然而古滇国的"疆域"或势力范围却比这要大得多，尤中教授根据《汉书·地理志》等文献记载，对西汉王朝在原滇国边境邑聚基础上所建立的郡县机构——进行了考察，大体勾勒出春秋战国时期滇国的地域四至范围：东北部至今云南省曲靖市（不包括沾益），往西南抵保山市；北部至今楚雄州北部的金沙江南岸，往南抵达越南莱州省境内；东部至南盘江西岸，往西到礼社江、元江北岸。从而得出"这样一个不大不小的独立王国，在春

① 张增祺. 滇国与滇文化 [M]. 昆明：云南美术出版社，1997：1.
② 蒋志龙. 晋宁石寨山的考古新发现及其对滇文化研究的意义 [G] //中国古代铜鼓研究会. 铜鼓和青铜文化研究. 贵阳：贵州人民出版社，2001：146.
③ 翟国强. 中国西南民族通史 [M]. 昆明：云南大学出版社，2015：144.
④ 张增祺. 滇国与滇文化 [M]. 昆明：云南美术出版社，1997：9–12.

秋战国时期的西南各民族中，已经是一个大国了"的结论。①《史记·西南夷列传》说："上（汉武帝）使王然于以越破及诛南夷兵威风喻滇王入朝。滇王者，其众数万人，其旁东北有劳浸、靡莫，皆同姓相扶，未肯听……元封二年，天子发巴蜀兵击灭劳浸、靡莫，以兵临滇。滇王始首善，以故弗诛。滇王离难西南夷，举国降，请置吏入朝。于是以为益州郡，赐滇王王印，复长其民。"汉军于元封二年进军滇国时，先击灭其东北部"同姓相扶"的劳浸、靡莫，然后才兵临滇国的都城。《水经·温水注》："滇池城，池在县西北，周三百里许。元封三年（乃二年之误），立益州郡，治滇池城。"又《华阳国志·南中志》载："滇池县，郡治，故滇国也。有泽水周回二百里。"据此可知滇池在汉滇池县城之西北，也就是说滇池城在滇池的东南方向。审之地理，汉代滇池县城在今昆明市晋宁区境内无疑。樊绰《蛮书》卷六"云南城镇"说："晋宁州，汉滇池县，在拓东城（唐代拓东城即今昆明）南八十里。"现在昆明市距晋宁 36 公里，从方位和里程上看，今晋宁区之晋城即汉滇池县地，亦即益州郡郡治，滇国都城所在。值得注意的是考古文物还证明了与滇族"同姓相扶"的劳浸、靡莫部族与滇族的文化差异。据考古发掘的报告来看，位于今晋宁区（滇都邑）东北方的曲靖、陆良的青铜遗存既与滇池区域的青铜遗存有文化相似性，又有自身的特点，总体上共性大于个性。因此，曲靖、陆良地区极可能就是与滇"同姓相扶"的劳浸、靡莫部族分布区域。就滇部落的中心区而言，大致相当于今昆明市、玉溪市和部分曲靖市、楚雄州所辖的范围②。无论对于滇的其他部族联盟，还是与滇并存的其他西南夷民族群体（如夜郎）来说，滇部落所属的面积都不算大，所以称"滇小邑"。

关于滇的族属，目前争论较大。杜预《左传释例》云："建宁郡（滇池地区）南有濮夷，无君长总统，各以邑落自聚，故称百濮也。"说明滇池地区的百濮民族群体先秦时还处于原始部落阶段，尚未进入部落联盟的方国社

---

① 尤中. 尤中诗文选集·滇国及其境内外的民族 ［M］. 昆明：云南人民出版社，2004：126-131.

② 蒋志龙. 滇国探秘——石寨山文化的新发现 ［M］. 昆明：云南教育出版社，2002：357-358.

会。马曜先生认为滇国主体民族是白族的先民僰人①，尤中亦执此观点②；方国瑜认为滇国的居民与邛都一样，同是古羌民族群体的一支，也就是现代彝族的先民之一③；汪宁生认为"滇人"从椎髻服饰的文化特征上应属于"百濮"的一支④；何光岳从楚国源流出发，认为"滇人"乃楚人分支，共有"芈"氏血缘而属楚之"麋人"⑤；冯汉骥从庄蹻王滇的历史出发，认为滇族的形成与之相关⑥。从现有的考古材料来看，古滇族已经有相当发达的青铜文明、较为发达的农业文化，他们居有定所，并且长期与"编发，随畜迁徙，毋常处，毋君长"的游牧部族为敌，属异质的民族文化圈，应属"百越"民族群体的一个支系。

3. 昆明民族群体

自滇池向西的洱海地区有昆明民族群体，保山地区有嶲唐民族群体。《史记·西南夷列传》载："（武帝）使间出西夷西，指求身毒。至滇，滇王尝羌乃留，为求道西十余辈。岁余，皆闭昆明，莫能通身毒国。"《史记·大宛列传》又载："天子欣然，以骞言为然，乃令骞因蜀犍为发间使，四道并出；出駹，出冉，出徙，出邛、僰，皆各行一二千里。其北方闭氐、筰，南方闭嶲、昆明。昆明之属无君长，善寇盗，辄杀略汉使，终莫得通。"由于昆明、嶲唐民族群体分布在"蜀身毒道"的必经之地，汉使累次求通，未能奏效。著名的"蜀身毒道"就是以较为发达的滇池地区为枢纽，北经僰道通邛都、筰都而过蜀至秦；东经夜郎、牂柯至巴，联系先秦时的楚；而从滇池西向经昆明、嶲唐，过掸人地（今缅甸曼德勒地区）终至毒国（印度）；滇池向南从麓冷水道入进桑，抵交趾，达南海。值得注意的是上述滇池四方的道路只是当时西南夷地区各民族群体相互交往的已有道路中的四条主要干

① 马曜. 白族简史 [M]. 昆明：云南人民出版社，1988：5-8.
② 尤中. 先秦时期的西南民族 [M] //尤中诗文集. 昆明：云南人民出版社，2004：220-255；尤中. 滇国及其境内外的民族 [M] //尤中诗文集. 昆明：云南人民出版社，2004：123-137.
③ 方国瑜. 彝族史稿 [M]. 成都：四川民族出版社，1984：15-18.
④ 汪宁生. 晋宁石寨山青铜器图像所见古代民族考 [C] //民族考古学论集. 北京：文物出版社，1989：372-389.
⑤ 何光岳. 楚源流史 [M]. 长沙：湖南人民出版社，1988：306-307.
⑥ 冯汉骥. 冯汉骥考古学论文集 [C]. 北京：文物出版社，1985：124-146.

线，其他应该还有经广西进越南的邕州路等，它们都是先秦以来"西南夷"各民族群体文化圈的民间交往通道，后世政权开辟的官道都未有大的改变，可以说以滇池为中心的四方夷道是"西南夷"各民族群体相互交往自然形成的交通网络的生命干线，其不仅是后世官道的前身，也是"西南夷"各族文化圈交往融合的历史见证。

　　秦统一六国后，当"西南夷"地区大大小小的部族文化圈层面对北方强大的中原文化圈层呈现出的扩展态势时，如何应对中原文明就提到了各族社会发展的日程上来，由于"西南夷"各部族的社会发展类型和程度不同，其反应也不尽相同。以农业生产生活方式为主的民族群体，如僰、滇，通常采取容纳的态度接受中原文明，而以游牧、游猎等非农业生产生活方式为主的民族群体，如昆明、嶲唐则普遍用抵制中原文化的态度进行抵抗。但无论接纳还是抵抗，都不能阻止文化圈层的接触、了解和融合，因为文化圈的涵化具有巨大的变迁力量，文化较为弱小的民族群体在面对比自身强大的文化时，其民族群体内部的生产生活方式，以及族人的心态、观念乃至于民族群体的社会组织方式都会随着文化接触时间的延长而潜移默化地改变。关于昆明的族属，方国瑜先生认为："最古居住在洱海地区之昆明人，为古羌人之一支，属于羌文化系统，与滇池地区古代居民之族属相同。惟滇池文化遗址在水旁，而洱海文化遗址在山坡，各利用自然环境，有其特点而已。"[①] 因为生活在洱海周围地理环境的原因，昆明民族群体仍然选择"随畜迁徙"的山地游牧生活方式，"皆编发"说明其极可能没有从事农业生产，"毋常处，毋君长"说明其社会还处于原始自由散居阶段，以血缘家庭为单位进行活动，尚没有形成统一的部落管理，且没有固定的聚落居所。

4. 嶲唐民族群体

　　嶲唐民族群体生活在今滇西保山地区，《华阳国志·南中志》"永昌郡"条曰："（刘宋）孝武时，通博南山，渡兰沧水、嗜溪，置嶲唐、不韦二县。……渡兰沧水以取哀牢地，哀牢转衰。"不韦县在今保山市东北的金鸡村，嶲唐据《汉书·地理志》说："周水，首受徼外；又有类水，西南至不韦。"周水即怒江，在当时嶲唐县的西部边境；类水即"嗜溪"，当在今保山

---

① 方国瑜. 中国西南历史地理考释 [M]. 北京：中华书局，2012：17.

市东北部的瓦窑河，源于今云龙县西部的漕涧，至保山市东北部入澜沧江。①
王先谦《地理志补注》说："《一统志》：'（嶲唐）故城，今云龙州南。'《志
稿》云：'嶲唐虽在云龙州西南境，其地属永昌府保山市。盖保山西汉兼不
韦、嶲唐二县也。'"西汉嶲唐县应在今澜沧江西岸的云龙县至保山北部一
带，而在此区域的民族群体是以哀牢为主的。《后汉书·西南夷·哀牢传》
载："永平十二年（公元 69 年），哀牢王柳貌遣其子率种人内属……显宗以
其地置哀牢、博南二县，割益州西部都尉所领六县，合为永昌郡。"由上述
史料可以看出，秦汉时居住在今保山、永平一带的哀牢民族群体，早在西汉
之前，就已经聚居于此，汉武帝分而治之为不韦、嶲唐二县，因此，"哀牢
转衰"。东汉哀牢欲复合故地，败而请附，再置郡县，南朝刘宋时，哀牢叛
而复收。哀牢民族群体民族成分复杂，以濮人为主，东汉杨终作有《哀牢
传》，其中有关于哀牢始祖九隆的记述，据载：哀牢民族群体的祖先在先秦
时就居于博南山一带，是滇西最古老的土著民族群体，秦汉之际，洱海周边
的昆明民族群体当中，有很大一部分是从原来的哀牢九隆氏族繁衍而来的，
所以，《华阳国志·南中志》言哀牢始祖九隆乃"南中昆明祖之"②。由此也
可以看出，先秦时期云南本土的各个民族群体并没有孤立地发展，各民族群
体之间的交往、融合从未停止，各个民族群体的文化圈层相互交流、涵化是
民族发展历史的常态。

5. 僰人民族群体

邛都以东，在青衣江的中下游，沿岷江至犍为（西汉武帝建元六年置）
以南一带居住着古代僰人。《史记·司马相如列传》载"相如为郎数岁，会
唐蒙使略通夜郎西僰中"，又言"南夷之君，西僰之长"，西僰在夜郎以西、
邛筰以东，《史记·大宛列传》载张骞"因蜀犍为发间使，四道并出"，其中
一道就是去了犍为南部的僰。《吕氏春秋·恃君览》载："氐、羌呼唐，离水
之西，僰人、野人，多无君。"方国瑜认为"离水"即"离堆"，在岷江与
青衣江合流处，古僰人居于青衣江而下、沿岷江至犍为以南地带。③ 因此，

---

①　尤中. 中国西南的古代民族 ［M］. 昆明：云南人民出版社，1980：35.
②　常璩.《华阳国志》校注 ［M］. 刘琳，校注. 成都：巴蜀书社，1985：424.
③　方国瑜. 中国西南历史地理考释 ［M］. 北京：中华书局，2012：18.

《说文解字》云："僰，犍为蛮夷。"《华阳国志·蜀志》"犍为郡僰道县"说："本有僰人，故《秦纪》言僰僮之富，汉民多，渐斥徙之。"对此方国瑜认为："古僰人区域，以僰道县为中心，散居其南境，时代当较早，秦以后迁而南。……僰道县，在秦以后无僰人，而地名称僰道者，并引《水经·江水注》说：'汉至，夷狄曰道，如氐道。牦牛道'，是也。僰道，以通僰人地区得名，即通至犍为郡之南部。"① 僰道县即今宜宾，可以看出僰人是古老的民族群体，融混着大量的汉族先民，先秦或更早居于今四川南部宜宾一带，随着秦势力的扩张，逐渐向南迁徙，进入今滇东北一带，最终，僰人原居之僰道地区已无僰人，全部迁入云南区域。《史记·西南夷列传》云："（秦朝建立后）十余岁，秦灭。及汉兴，皆弃此国而开蜀故徼。巴蜀民或窃出商贾，取其筰马、僰僮、髦牛，以此巴蜀殷富。"秦亡汉立，曾放弃了"西南夷诸国"，只把蜀地纳入自己的政治管辖范围，然而之前秦及先秦时期，中原文化圈已扩至西南地区，中原文化圈层与西南诸夷的文化圈层相互的接触、融合并未停止，两大文化圈的涵化还在继续，民间的往来交流不可闭绝，巴蜀人民与南迁的徼外民族群体依然有着密切的经济文化往来，因此，重开西南夷再次提到中原王朝的政治日程上。建元六年，汉武帝拜唐蒙中郎将，复开西南夷，《水经·江水注》载："唐蒙凿石开阁，迄于建宁二千余里。"此处之"建宁"即是西汉所置以味县（今曲靖）为中心的建宁郡，汉复开西南夷之举，必先通道，此石门关道即为蜀自古通滇之道，"开发当甚古"②。再次印证了川南与滇东北的各族人民自古就交往密切，不为政治的分割而阻隔。《华阳国志·蜀志》越嶲郡条曰："会无县，路通宁州，渡泸得堂狼县（今巧家），故濮人邑也。今有濮人冢。""会无县"即西汉越嶲郡之会无县（今会理），元鼎六年（前111）始置县，方国瑜考证："疑濮为僰，音近而误，濮人冢即所谓僰子坟，沿戈魁河峭壁崖上亦有之，置棺于高崖，引人注目。"③ 再次证明最晚至西汉武帝时，僰人已迁入今昭通近贵州地区。

关于僰人的族属，《史记·司马相如列传》载："相如为郎数岁，会唐蒙

---

① 方国瑜. 中国西南历史地理考释 [M]. 北京：中华书局，2012：18.
② 方国瑜. 中国西南历史地理考释 [M]. 北京：中华书局，2012：19.
③ 方国瑜. 中国西南历史地理考释 [M]. 北京：中华书局，2012：19.

使略通夜郎西僰中。"《集解》引徐广曰："僰之别种也。"方国瑜说："僰为羌之一支，盖古羌人南迁至大渡河，其分支在东部者，循青衣江而下，散居于岷江下游；又南至西僰地区，而与邛、滇、昆有别也。……僰人迁至西僰地区之年代不获考，惟此地区古初居民为僰人。"①联系上文犍为《秦纪》所说，我们可以推断，原居于僰道（今宜宾）一带的僰人，由于与汉人长期杂居，生产生活方式已以农业为主，社会经济文化发展程度已接近中原社会，原为古羌人一支的僰人混合了大量中原民族后逐渐发展为以农业为主的混合民族群体，《水经·江水注》曰："（僰道县）本僰人居之。《地理风俗记》曰：'夷中最仁，有人道，故字从人。'"先秦僰人民族群体就已开始部分迁入今滇东北地区②，秦统一中原后，僰人被迫大部分迁入盐津、昭通地区。《太平御览》卷七九一引《永昌郡传》云："朱提郡，治朱提县（今昭通）。川中纵横五六十里，有大泉池水口，僰名千顷池，又有龙池以灌溉种稻，与僰道接。"混合了大量汉人的僰人民族群体，已掌握较发达的农业灌溉技术。《太平御览》卷五十三引《郡国志》又言："乞子石，在马湖江南岸……故僰人乞子于此有验，因号乞子石。"由僰人命名的"乞子石"，音意与汉语相同，说明古羌民族群体与汉人先民融合而成僰人民族群体，文化涵化效果明显。

6. 夜郎民族群体

分布在滇东北至滇池一线的僰人以东是夜郎国，其属地范围基本在今贵州境内。夜郎属地又称牂柯。《管子·小匡》言："桓公曰：'余……一匡天下，南至吴、越、巴、牂柯……雕题、黑齿、荆夷之国。'"所说或地名，或族名，"雕题、黑齿"即百越民族群体之文化特征，上述地区或民族群体即以百越民族群体为主。汉初所设牂柯郡领县十七，《汉书·地理志》"牂柯郡"条颜师古注曰："武帝元鼎六年开。"注引《华阳国志》所说："楚顷襄

---

① 方国瑜. 中国西南历史地理考释 [M]. 北京：中华书局，2012：19.

② 据《华阳国志·蜀志》载曰："（保子）帝攻青衣（今雅安），雄张僚僰。"开明帝立国当在公元前 400 年左右，保子帝为开明帝三世孙，当在公元前 4 世纪中叶，为中原战国时期，此时，犍为郡多僰人，据今昭通闸心场、鲁甸马场的考古发掘报告看，其遗址文明与滇池、雅安相似，因此，至晚到战国时期，犍为南部已有僰人定居。

王时，遣庄蹻伐夜郎，军至且兰，椓船于岸而步战。即灭夜郎，以且兰有椓船牂牁处，乃改名其名为牂牁。……夜郎，豚水东至广郁。都尉治。莽曰同亭。"可知最迟到战国时期，已有夜郎部族。颜师古注引应劭语："故夜郎侯邑。"牂牁境内原有且兰、夜郎、鳖、同并、漏卧、句町、进桑七个较大的部族，西汉以前，七个部族相互连接，又互相争斗，且社会发展尚处较原始状态，所以汉初将这七个部族之地合设为牂牁郡。《史记·西南夷列传》云："西南夷君长以什数，夜郎最大。"可见七部之中，夜郎部族最为强盛。《华阳国志》曰："夜郎郡，故夜郎国也。"对于夜郎之"国境"范围，刘琳注言："所谓'国'，实是夜郎酋长直接或间接统治的地区，包括许多分散的、半独立的部落或部族，不一定是完整的、统一的国家。据史书记载，'夜郎国'的疆域大致是：东起湄潭、遵义、贵阳、罗甸一线，北到仁怀、叙永、高县一线，东至昭通、巧家、会泽、东川、曲靖一线，南抵兴义地区，大致以南盘江、红水河为界。汉武分巴割蜀，合夜郎国之地以置犍为郡，除去僰道、符县旧属巴蜀而外，自其南皆为夜郎国。故应劭迳谓'犍为郡，故夜郎国'（《汉志》犍为郡颜师古注引）。具体言之，鳖县为犍为郡初治，则鳖县本属夜郎［唐《十道志》谓播州（今遵义）为'秦夜郎之西南隅'，'西南隅'不确切，然播州故属夜郎无疑］。《汉志》犍为郡领县十二，在僰道之南者五：南广、汉阳、郁鄢、朱提、堂狼。此五县亦为夜郎故地无疑（《史记·西南夷列传·正义》曰：'今泸州南大江南岸协州、曲州本夜郎国。'《元和志》《旧唐书》说同。协州即汉南广，曲州即汉朱提）。汉阳既属夜郎，则其北之平夷县亦必属夜郎。又据《新唐志》：'南宁州（按：治今曲靖），汉夜郎地'，可证今之沾益、曲靖亦在其境。《史记》称夜郎国临牂牁江，《汉志》夜郎县下载豚水，均指今北盘江、红水河，则北盘江两岸、红水河（贵州境内一段）以北之地，包括汉晋夜郎、谈指、广谈等县（今安顺、六盘水、兴义三地区及黔南州独水河、曹渡河以西之地）亦属故夜郎国。此即广义的'夜郎国'之疆域。至其中心区域则仅相当于汉夜郎一县之地。"①

西汉夜郎郡"属县二"，分别是夜郎县和谈指县。关于夜郎县之地望，

---

① 常璩.《华阳国志》校注［M］. 刘琳，校注. 成都：巴蜀书社，1985：390.

历代旧说各执己见，刘琳逐一分析后取康熙《贵州通志》编纂郑珍等人的意见，主夜郎首邑应在今天贵州安顺一带。原因有五点。

第一，从相邻各县的分布位置看：遵义、黔西一带为鳖县，毕节、大方一带为平夷，威宁、水城一带为汉阳，贵阳以东为万寿、且兰，贵阳以南为广谈，兴义地区为谈指，则夜郎县只能在安顺市以内求之。第二，《史》《汉》谓夜郎国临牂牁江，不必即指其首邑在北盘江边，然去江亦不应太远。综合考之，其中心区当在北盘江上游、中游一带。安顺市正合此条件，安顺距北盘江亦仅百余里。第三，据《沈志》，夜郎去建宁味县（今云南曲靖）千里，当今八百余里。以明清驿道里程计之，安颇距曲靖七百余里（参《天下郡国利病书》云南部分），与《沈志》说接近。第四，安顺、平坝、清镇一带坝子较宽，土地肥沃，为贵州境内所罕见，且自古为滇、黔、湘之交通要道，有"黔之腹，滇之喉"之称。夜郎首邑，宜在于此。第五，迄今为止，贵州境内发掘的汉晋墓葬亦以安顺、平坝、清镇一带最多，足见古代是一个居民聚居的地区。

总之，夜郎县故城似当于安顺附近求之。汉代夜郎县辖境大致相当于今之安顺市区以及兴义地区之晴隆、普安，六盘水地区之盘县。汉末省牂牁郡之谈槁县（今云南富源），也可能曾一度并入夜郎，故曹魏时人所著《水经》称温水出夜郎县。至晋代之夜郎县，西边仅抵北盘江。依照《中国历史地图集·西汉益州刺史部南部》图注，夜郎都尉位于今安顺市西南关岭到盘县一带，又因上文刘琳所说"迄今为止，贵州境内发掘的汉晋墓葬亦以安顺、平坝、清镇一带最多，足见古代是一个居民聚居的地区"，可以推断，至晚到西汉以前，自滇东北郁�（今宣威）沿豚水（今北盘江）入牂牁江一线就集居着夜郎民族群体。《史记·西南夷列传》曰，"楚威王时（公元前339—前329年），使将军庄蹻，将兵循江上，略巴、黔中以西"，而至夜郎地区。"就因为夜郎东部与楚西南的百越沟通了楚与夜郎之间的往来，所以庄蹻才循这条平时往来的道路而至夜郎。夜郎亦以百越系统的民族为主体。"①《史记·西南夷列传》还说："南越以财物役属夜郎……夜郎候始倚南越。"可见，夜郎与南越之间政治上的密切关系建立在同一民族群体的族属认同上。

---

① 尤中. 尤中诗文选集［M］. 昆明：云南人民出版社，2004：260.

而百越民族群体当中的"'僚'是夜郎的主体民族"①。然而《云南通志》却说："滇居其三，曰髳、曰微、曰濮，独濮为独盛。……其（百濮）种类繁多，广至千余里亦得称濮，相传三代唯有濮称，后来分滇、夜郎、昆明等名。"② 尤中教授对此认为："滇、昆明为濮不可从，而夜郎为濮则可信。"因为北上的濮与南下的氐羌支系以及西迁的越在云南境内接连交错，杂居一处从周代就已存在（绪论已略作叙述），清代学者对此多有混淆也不足为怪。更为重要的是，居于今天湘、黔、桂、滇的百濮是百越的近亲集团，③ 因此，我们可以认为先秦时期的夜郎民族群体的族属以越、濮为主。

从西汉司马迁的记述中，我们不难推断：秦在西南夷地区置吏以前，作为西南夷中"最大"之夜郎属地，百越民族群体的分布跨越了古滇国东部、东南部和东北部与夜郎相连的边界，而"自南越往西南延伸，经夜郎而西折，直至滇国的西南"④。夜郎民族群体雄踞于此，属域广阔，又当交通南越之水路要冲，西进西夷之前哨，为西汉于西南的战略要地，正是基于这样的战略考虑，汉武帝于建元六年开犍为郡后，才由唐蒙出使夜郎，以犍为郡为根据，招徕经略夜郎地区，在"罢西夷""专力事匈奴"的情况下还要保留对夜郎的控制，并置都尉，因此《史记·西南夷列传》曰："上罢西夷，独置南夷夜郎两县一都尉，稍令犍为自葆就。"把夜郎变为犍为的附属政区，因此，《史记·西南夷列传》"夜郎最大"条《索隐》才引荀悦语："夜郎，犍为属国也。"

大秦帝国二世而亡，其对"西南夷"地区极其短暂的经营，也随着秦帝国的灭亡而结束，中原文化圈层在这个阶段还远没有深入西南腹地，在官方层面上，中原还没有大规模地与西南夷文化圈层接触、了解，更谈不上全面地融合。但是，这是官方经略西南，与西南诸夷交往的新开始，标志着云南的局部地区已经开始成为中原王朝边疆的一部分，为以后的云南整体纳入统一多民族国家的发展趋势提供了开端，是云南各民族群体归入到中华民族的

---

① 尤中. 尤中诗文选集［M］. 昆明：云南人民出版社，2004：262.
② 阮元.（道光）云南通志：卷一七二［M］. 道光十五年（1835）刻本，1835：5.
③ 尤中. 尤中诗文选集·汉晋时期的"西南夷"［M］. 昆明：云南人民出版社，2004：320-352.
④ 尤中. 尤中诗文选集［M］. 昆明：云南人民出版社，2004：262.

发轫阶段，此后的云南地区无论归附中原王朝，还是独立于中原政权之外，都不得不把自己的文化圈逐步涵化进中原文化圈，逐渐成为一个想象共同体当中的一员。

第三节　先秦及秦代时期云南的聚落

在云南的远古时期，众多的原始聚落产生说明本土的文化起源多元且传承有序，从石器时代一直贯穿到青铜时代，乃至后来的铁器时代，人与人之间原始平等的关系逐渐消失，社会的分层已经形成，社会的组织形式已经过渡到古国的阶段，开始有了固定的民族群体集聚点，而且，最为关键的是在这些原始聚落地区已经分布着大量的原始居民，这些居民与各自特定的生存生境相适应，随着社会生产力或者说驭能水平的提升，各个民族群体创造出自己独特的文化，结成各自的文化共同体，对这种文化的自我维持和保护又反过来需要有更加强有力的社会组织形式，于是，国家产生，原始社会发展进入奴隶社会。

云南的民族群体进入战国时期以后，原始部落开始被一个又一个的氏族国家代替，然而，文化的发展并没有止步，文明的进程还在不停地延续，部落之间的联系打破了原有的血缘关系，开始以文化和地域生境为单位组成部落联盟——方国。中原西汉王朝以前，今天的云南范围内，出现了几个较大的部落联盟，在这些联盟内部，社会发展加速，文化类型多样，酝酿着文明的升维和文化的跃迁，似乎只需等待一个来自外部的强大文化的刺激和冲击就可以使自己迎来文化的大繁荣，从而扩大自己的文化圈，增强自己本联盟的文化势力。但是，中原王朝的"开发"① 意图并不如云南各民族所愿。秦统一中原，建立了中央集权的国家，秦汉王朝对待西南的态度始终是站在中

---

① 现代意义上的"开发"是对未经人类利用的自然资源进行垦殖和开采，显然不适用于中国古代那种出于民族本位偏见的解释，古代的所谓"开发"指未经本民族文化利用、改造的自然生境，即《汉书·孙宝传》："略皆开发"，在此意识下，常把自然生境分为"荒"和"熟"。因此，在中原文化看来，西南许多未经农业文明开垦过的地区都是待开发之对象。

原文化本位的立场上，用农业文化的标准衡量西南的生存生境，其中之云南多"蛮荒烟瘴"，乃"空荒不立"之地，并无多大开发价值，倒是其处于位置要津、战略上游、商道捷径，因而，开发云南的直接动机常常是出于军事战略的需要或商业利润的刺激。于是，较为直接和重短期效益的过境开发出现在西南的区域内：秦之修筑栈道，汉之通商身毒。但是，我们必须看到云南自远古始，确有自己较为独立的文化起源和文明格局，正是它们的形成才奠定了之后的民族政治、经济发展的基础。

一、原始聚落和方国村邑的发展为云南城镇形成奠定基础

云南历史上的聚落往往是城镇的雏形，大部分城镇的建立都基于聚落而成。唐贞观二十三年（公元649年），南诏第一位诏主细奴逻（亦称龙迦罗）建立"大蒙国"，而在这之前，云南的青铜文明肇始，聚落林立，发展出了一些大大小小、各有民族群体特色的古国，对于"古国"，苏秉琦先生在《中国文明起源新探》一书中的定义是："古国指高于部落以上的、稳定的、独立的政治实体。……即早期城邦式的原始国家。"[①] 这种由族邦组成的古国无疑是中国早期原始国家的基本形式，这些古国的特色不仅体现在各自的青铜文化或建筑风格上，也体现在各自的古国城址方面。这些古国的都邑大多成了后世城镇的雏形，又由于这些古国的统治范围通常也是古国部族分布的范围，因此，这些分布范围也成了后世政区设置的重要依据。更何况由部族建立的古城、古国进而方国本身就是一种原始的政权形式，它的统治范围以部族血缘为纽带，形成了最原始、最基础的政治区域单位。下面首先要讨论的就是云南先秦时期的聚落遗址、墓葬和部族的分布范围三个方面的情况，从中探究云南城镇以及政区划分最原始的依据。

对先秦云南原始文明的探求，云南著名历史学家、考古学家李昆声、钱成润先生在《云南通史》第一卷中已经作出了翔实的著述，下面就对这些考古记述选抄、转引，以期对云南先秦时期的原始聚落作出一个大致的描绘。

---

① 苏秉琦. 中国文明起源新探 [M]. 北京：生活·读书·新知三联书店，2001：131-138.

1. 古国的出现

云南文明起源的过程，有着自身的地方民族特色。[①] 通过中华人民共和国成立以来对云南新石器时代遗址的发掘，我们在云南并没有找到像其他地方一样的新石器时代中心聚落或是大型的城址。从现已发掘的新石器时代村落遗址如元谋大墩子、宾川白羊村、永平新光遗址来看，这些遗址都还处于刚完成母系氏族社会向父系氏族社会转化，其部落结构内部也才刚刚开始社会分层和社会分工，其人口也比较有限，无法完成有规划、有协调和高度统一指挥的大型协作劳动，应该说在新石器时代整个云南尚未发现"古城"这一文明阶段的文化遗存。

到了夏商时期，由于海门口大型遗址的发现和发掘，云南的第一个古代文明中心呈现到了我们的面前，从其大型的滨水"干栏式"建筑群来看，在当时这一遗址的规模相当可观，从遗址中出土的青铜钺、青铜铃和青铜手镯等青铜礼器，以及磨制得相当精细的穿孔石刀、石锛、石凿以及玉刀、玉锛和玉珠都说明了该遗址高度发达的程度；粟、稻、麦等农作物遗存在该遗址的同时出土，说明了当时种植农业经济的发达；从出土的青铜鱼钩和动物的遗骨来看，捕捞和畜牧业是种植农业经济的有效补充。经济结构的丰富保证了人口的增加，而人口对于文明的发展程度有着决定性的作用，海门口遗址正是由于人口的聚集，才具备了成为云南第一个"古国"的条件，也是云南古代文明的起点。

在海门口遗址之后，环滇池、滇西北、滇东北等地区在周代都开始出现相应的文明体，从已发掘的考古材料尤其是墓葬材料来看，它们的社会结构已经比较完备，青铜文化也逐渐开始形成自己的特点，可以说开始了云南的"古国"时期。而"古国"被考古学界、历史学界普遍认为已经进入了比较成熟、比较发达、高级的国家形态。从聚落形态看古国时期已形成了都、邑、聚三级以上金字塔式的统属结构，并有基本明确的统治范围；社会经济较为发达，农业和畜牧业成为社会经济的支柱，生产的剩余产品已足够使相当一部分人脱离农业生产从事其他活动；社会分工更加细致，手工业区分出许多不同的门类；社会结构的分层更加复杂，上层贵族占有社会的绝大部分

---

① 何耀华. 云南通史：卷一 [M]. 北京：中国社会科学出版社，2011：254.

财富和政治、军事、宗教祭祀大权，人数占大多数的普通平民则只拥有少量的财富甚至一无所有；阶级对立日益尖锐，公共权力成为统治者利用强权管理普通平民的机构；政治制度已经确立，各级统治者通过强制性的贡赋制度剥削普通劳动者，并制定刑罚镇压平民的反抗；军事制度也建立起来，有可供统治者调遣的军队，普通平民有参加军队和服从指挥的义务。此外，祭祀制度也完全确立下来，各级统治者拥有不同的祭祀权，最高的祭祀权归国王所有，并通过祭祀确立其统治地位。《史记·西南夷列传》中记载了不少互相并立的"君长"政权，但从考古学上能够确定属于古国的只有哀牢、昆明和滇国的青铜文化。他们代表了云南高原青铜文化的最高水平，他们的一系列特征显示其经济、政治和宗教文化等都达到了极高的程度。发展期后段发现遗存较少，多为小型墓，有少量中型墓，应该有属于古国阶段的文化，但这一时期的遗存太少，情况不明。但从繁荣期前段开始就进入了高速发展的时期，从文化的深度、广度来看都远远超过了其他区域的青铜文化，是具有古国水准的古代文明。

（1）剑川海门口遗址

剑川海门口遗址迄今共进行了三次发掘，根据前两次的发掘报告，该遗址位于剑川县甸南乡海门口村西北的剑湖出口处，遗址分布在出口西崖。经过 1957 年、1978 年和 2008 年三次发掘，前两次发掘的堆积分为 4 层，第一和第二层为近现代层，第三层含有陶片、石器、铜器和铁器，第四层含大量陶器、石器、骨角器和铜器，发现有木桩，木桩现存高度为 0.6 至 1 米，并有铜钺砍于该层木桩横梁上。

在 1957 年的发掘中，发现建筑物的桩柱 224 根，沿水流一面的桩柱排列略成一字平，顺河岸的一面，因河岸未挖掘，不知桩柱如何分布。大体说来，桩柱的分布极不规则，粗细也相差甚大，粗的需两人团抱，细的只有大碗口圆径。有的地方三四根栽在一处，有的地方只栽一根。拔起桩柱时知道栽多根的地方地下泥土松，桩柱容易拔去，栽一根的地方地下泥土硬，桩柱不容易拔去，这说明一根桩柱的支架的承受力和多根支架的承受力相当，这就是桩柱分布不规则的主要原因。这里所有的横梁、桩柱，以及残余的铺木全是松木，绝无棵松或栗木等硬木料，说明其加工技术还不是很成熟。出土器物多数在桩柱之间。桩柱的安置虽不规则，但每隔一段即有平排的一排桩柱，可能是房屋的间隔。由桩柱头和河岸出土层等高的情况来看，他们的房屋是一头搭在河里的桩柱上，一头搭在河岸的陆地上，房屋的 4/5 在水上，1/5 在陆地上，门开在陆地一面，遗址上房屋的数目虽然不可知，但这是一个聚落是可以断定的。而且出土的谷物只见穗把，其出土并不在一处，各段均有出土，而且出土的数目也是相差不多的。

从上述建筑物的考古描述中不难看出，建盖在 224 根桩柱上的"干栏式"建筑群规模不小，并且，不规则的桩柱分布是为了适应土地松软程度的不同，从而使建盖在桩柱上面的楼面平稳，那么，是什么样的大型建筑对平稳有如此的要求呢？当然是能容纳的人数较多、陈设的器物较重、经常用来举行一些大的活动的建筑需要这样的平稳性，这样的建筑可能就是聚落的活动中心。聚落中心不仅是这些手工器物消费的地点，也是聚落举行宗教祭祀、农事交流、军事决议、政治商讨的地方，所以人口的容纳度要高，建筑要足够坚实稳固。即便不是聚落的中心建筑，大型的聚落建筑也有容纳性和平稳性高的要求，因为从海门口遗址的发掘情况来看，农业已经有相当程度的发展，剩余的农产品已经可以负担一些非农业的手工业生产者的消费，比如同时出土的石器、角器、骨器、铜器、木器、谷物等。社会已经出现阶层分化，作为统治阶层的建筑，对贮藏、聚会和抗暴力冲击的要求自然是高的。于是，一个一个大型"干栏式"建筑建盖在许多分布得疏密不均、粗细不等的木质桩柱上，平稳而巨大，雄伟且庄严。事实上，海门口遗址就是中国目前发现的最大规模的"干栏式"建筑聚落遗址，这在后面的第三次发掘叙述中再详述。

骨器主要有穿孔兽牙、刻纹骨片、穿孔兽爪等，都只有一两件。但弃置的兽骨，堆积成山。如果说零星的骨器还不能证明海门口的文明发展程度，那么，堆积成山的兽骨无疑是海门口文明已经进入聚落发展阶段的有力证据。一个聚落的兽骨数量通常可以体现这个聚落的人口规模和财富状况，因为兽骨数量除表明食用者的群体大小情况外，还显示了这一群体掌握的自然资源，比如土地、山林面积等的情况，控制的资源越多，获猎的牲畜、野兽数量也就越多，人口繁衍也就越昌盛。此外，更为重要的是的兽骨集中堆积是当时的人群集中生活、消费的遗物，而且，把象征财富的兽骨收集、堆积，除了可能是一种自发的生活习惯而外，更是一种自觉的、有意而为之的展示，表明这一聚落在人和物方面的实力。

因此，可以推断海门口的聚落文明已经产生了社会阶层，已经有了自己内部的治理结构，有了管理者和被管理者，有了聚落运行的一套机制，对内有着清晰的社会分工，对外有着明确的外交主张，战争伴随着聚落的发展产生，下面的兵器发掘也证明了这一点。

铜器有铜斧、铜钺、铜刀、铜凿、铜鱼钩、铜饰品，共 14 件。可见，已经进入青铜文明。

农作物残骸，在 4 个地方发现了谷物，都是带芒的稻穗、麦穗、稗穗以及小粟壳。①

从前两次发掘的情况来看，海门口遗址的年代被视为云南青铜时代的开始，从而表明海门口的原始聚落已经进入了古国阶段。

2007 年底国家文物局批准对海门口遗址进行第三次考古发掘，这次发掘突破了前两次的探索范围，总面积达到 5 万多平方米。虽然这一聚落没有明确的"城墙"遗址，但是，从聚落建筑的遗址疏密分布情况可以看出聚落的规模和边界。在 5 万多平方米的发掘区域内，发现木桩分布集中区面积达到近 2.5 万平方米的早期"干栏式"建筑聚落遗址，其保存之好、面积之大，极为罕见，而且，木桩的建造数量和工艺的精细程度都让人叹为观止。

探方中基本都有木桩和横木，共清理出 4000 多根，虽大部分的桩柱为房子的基础，但由于早晚关系等，使其变得密集，不能辨认出它们各自的单位。

北京大学的严文明、李伯谦、孙华先生，故宫博物院的张忠培先生和国家文物局的黄景略先生都认为海门口遗址是中国发现的最大滨水式"干栏"建筑聚落遗址。

除了聚落遗址的规模、建筑的技术结构外，该遗址还出土了稻、粟、麦等多种谷物遗存，证明了来自黄河流域的粟作农业，其南界已经延伸到滇西地区，而稻、麦共存的现象，则为认识中国古代稻麦轮作技术起源时间和地点提供了重要信息。该遗址第三次发掘出土的铜器和铸铜石范，具有明确的地层关系，证明这里是云南高原最早的青铜时代遗址，滇西地区可能是云南

---

① 云南省博物馆筹备处. 剑川海门口古文化遗址清理简报 [J]. 考古，1958（6）.

高原青铜文化和青铜冶铸技术的重要发源地之一。

剑川海门口遗址的第一期从距今 5300 年的新石器时代中晚期即开始有史前人类的居住,到第二期时进入早期青铜时代,最早的年代距今 3800 年左右,属夏代早期,将过去考古界把云南进入青铜时代的时间距今 3115 年提早了六七百年,为研究云南青铜文明的起源掀开了崭新的一页,最晚应到公元前 1150 年前后,"误差不超过 90 年,相当于中原的商朝晚期"①。因此,"剑川海门口遗址的年代:起于距今约 4000 年的新石器时代晚期,经铜器时代初期至中期,到铁器时代。遗址是目前云南已发掘的最早的铜器时代遗址之一,为云南青铜文化的发源地"②。李东红教授进一步认为,从剑川海门口遗址的三次发掘可以发现:该遗址为云贵高原最早的青铜时代遗址;洱海区域是云贵高原青铜文化和青铜冶铸技术的重要起源地;用确切的地层关系说明,当地新石器文化与青铜文化之间,具有直接的继承和发展的关系。

(2)昆明王家墩遗址

昆明王家墩遗址③位于滇池近旁,原被湖水覆盖,1977 年调查发现。

从该遗址的遗迹单位情况和出土器物来看,与海门口遗址有一定的相似性;而其出土铜器的冶铸方法较原始,并出土实心青铜器,其年代应略晚于海门口遗址,应处于西周初期。

(3)昆明天子庙遗址

2005 年在昆明天子庙贝丘遗址④发掘了数百平方米。该遗址位于西山脚下的滇池西岸边,面积约 2000 平方米,堆积最厚 4 米左右。

从该遗址所出陶器来看,第九、十层所出陶器的陶色和陶质,应属于滇池区域青铜时代早期的遗物,时代应与王家墩遗址相当。

(4)晋宁石寨山遗址

遗址位于石寨山的顶部,高出附近地面 30 余米,面积约 1.2 万平方米,

---

① 尤中.从滇国到南诏 [C] //大理民族文化研究论丛:第四辑.北京:民族出版社,2010:4.
② 李东红.从地方一族到国家公民——"白族模式"在中国民族建构中的意义 [J].思想战线,2014(1).
③ 李永衡,王涵.昆明市西山区王家墩发现青铜器 [J].考古,1983(5).
④ 蒋志龙,徐文德.云南昆明天子庙贝丘遗址发掘获重要收获 [J].中国文物报,2005(9).

堆积厚约 1.5 米，遗址部分被墓葬打破。1955 年在遗址开探沟数条，发掘面积 204.3 平方米。① 1959 年又开 1 条探沟，发掘 20 平方米。② 遗址规模远不及海门口。

从其出土器物的特征来看，其时代应与王家墩遗址年代相当。属于原始聚落的发展初期，刚步入青铜时代，器物以石器和陶器为主。在环滇池区域内，还有许多贝丘遗址都是从新石器时代一直到青铜时代，它们某些地层的年代也与王家墩遗址的年代相当，如西园贝丘遗址就出土了大量石网坠、石锛、青铜鱼钩和铜锥③，由于这些遗址的发掘报告或简报还未公布，所以这一区域的早期青铜文化的面貌还有待于深入系统地研究。

（5）滇东北地区的早期青铜时代遗址

马厂遗址位于乌蒙山顶部较为平坦的丘陵地带，1954 年、1960 年、1978 年调查时在马厂村周围的沼泽中采集有陶器、石器，当时认为是新石器时代晚期的遗址。1980 年试掘出土铜斧、铜剑各 1 件。④ 后又在该遗址采集到实心扁长方茎铜矛 1 件并征集到銎上饰三角形镂孔花纹铜矛 1 件⑤，说明此处有青铜时代的遗存。

闸心场遗址位于昭通以北约 12 公里的一片面积约 2 万平方米的高地上。1960 年试掘时将地层分为四层，第三、四层有密集的陶片和少量石器。闸心场遗址的陶器从陶质、纹饰、器类和器形也与马厂遗址相似，二者内涵基本一致。

从铜器来看，已经有矛、剑、斧、镞、鱼镖和容器等各种武器、工具和生活用具，反映其青铜制作已有相当水平，从青铜时代初期只能制作一些简单的小件器物相比进步很多，说明其延续的时间较长，时代约在西周时期。

此外，还有滇西和滇西北地区的早期青铜时代文化发掘。滇西地区在大

① 云南省博物馆考古发掘工作组. 云南晋宁石寨山古遗址及墓葬 [J]. 考古学报，1956（1）.
② 云南省博物馆. 云南晋宁石寨山第三次发掘简报 [J]. 考古，1959（9）.
③ 云南省文物考古研究所. 文物考古年报（2005）[C]. 昆明：云南省文物考古研究所，2005：15.
④ 阚勇. 云南印纹陶文化初论 [M] //云南考古文集. 昆明：云南民族出版社，1998：202-211.
⑤ 丁长芬. 昭通青铜文化初论 [J]. 云南文物，2002（1）.

理洱海东岸采集的红铜实心斧、实心柄靴形铜钺均为锻打而成，属于青铜时代初期的遗存，其时代仍难以确定，但将其与剑川海门口遗址以及环滇池区域的贝丘遗址所出早期青铜器进行比较，从制作工艺和造型上都有相似之处，其时代也应与它们相当，或略晚于西周初期遗存。

滇西北地区，除了剑川海门口遗址外，1973年在剑川西湖还发现一批文物，从文物看其年代与海门口遗址年代大致相当，或略晚，大约在西周初期。

以上各个遗址的时代都大约在西周时期，他们的特点是农业已比较发达，农作物种类较多样；已进入青铜文明，但还不够发达；陶器的纹饰还处于简单阶段，但器形已较为多样；有明显的聚落建筑群，疏密的分布可清晰勾勒出聚落的规模，但聚落的中心地位正在形成，还没有明确的祭祀宗教或部落首领活动的遗迹，按照苏氏的文明演进划分标准，海门口遗址应在古城向古国过渡的阶段；以海门口遗址为例，尽管没有"城墙"的遗址发掘，但通过对聚落建筑遗址的分布情况考察，可以划定出聚落的大致范围和边界。

2. 古国的成熟和方国的初现

当中国历史进入春秋战国时期，云南的青铜文明进入了成熟阶段，处于这一种文明阶段的各个部落族邦大多都以"古国"的形式发展着、壮大着。早期古城聚落的势力范围不断扩大，在古城的四周形成一个个的村邑，村邑的居民与古城的统治者有着或亲或疏的氏族血缘关系而被统治、管理着形成了族邦，这种由族邦组成的古国是中国早期原始国家的基本形式。"国就是城，城外为郊，郊外为野。国中之人是统治者，称为'国人'；住在郊外的人称为'野人'，是被统治者。国与野的区别并不是行政区划的不同，而是城邦内外，因人而异的制度上的差别。"① 由中心聚落演变而来的早期城邦与周边的普通村邑之间的关系已经变为统治与从属的地位，带有强制性的公共权力及相应的管理机构开始产生。在族邦内部，那些人口兴旺、经济繁荣、军事力量雄厚的强大宗族占据着统治地位，其宗族长也即族邦古国的首领。周边的村邑受到族邦的控制，对其有供奉和受其调遣参加军事行动的义务。这样，族邦和其所属各种规模的村邑就形成了一个完整而严密的社会组

---

① 周振鹤. 中国历代行政区划的变迁 [M]. 北京：商务印书馆，1998：13.

织，族邦的首领掌握着整个古国的最高祭祀权和军事指挥权，其所在的宗族也成为凌驾社会之上的贵族阶层，其他宗族按与首领宗族的关系之亲疏程度而确立其在社会政治和宗教祭祀上的层次，从而形成分化的社会等级。社会的分工也日益细化，手工业开始从农业中独立出来，出现脱离农业生产的专业手工匠人，贵族阶层则基本脱离了经济生产成为专职管理者，财富的分配日益不均，社会分层的日益明显导致贫富分化的加剧，社会财富日益集中到中心聚落和少数人手中，社会不平等成为普遍的现象，阶层分化和对立开始出现。随着公共权力的诞生和阶层的出现，早期国家的雏形也就应运而生了。李学勤先生认为："国家出现的标志按目前国内的说法第一是阶级或阶层的分化、存在，第二是强制性权力系统的设立。"① 我们可以进一步推断：这个时期的云南原始聚落实际上是古国的成熟鼎盛时期——"方国"萌芽阶段。

"金属的冶炼、加工和金属工具的使用，是人类从蒙昧到文明的一个重要标志"②，云南青铜文化在这一时期发现的遗址较少，更不要说大型中心遗址的发掘，所以关于古代族邦和村邑的结构也无从探讨，但是墓葬的发掘情况显示出社会贫富分化的差距和不同等级的存在已不容置疑，说明古国在云南高原已是大量存在。如果说前述的几个遗址所处的"古国"文明还处于聚落阶层初步分化、聚落成员初步不平等的阶段，那么，进入古国的成熟时期，阶层分化大大加剧，聚落社会的不平等更加明显，孕育着"方国"的到来。在今天缺少遗址发掘的情况下，可以通过对云南春秋时代墓葬群的发掘考古来佐证。

这一时期的墓葬所出土的青铜器为我们进行文明发展的研究提供了很多材料，铜鼓一类的大型铜器绝不仅仅是娱乐的乐器，它还具有礼器和神器的功能，是社会上层人物通过控制祭祀权来控制普通民众的工具，是早期国家萌芽的重要标志。事实上，这种情况到古国发展后期就表现得十分明显，较高层次的社会层级分化促使了方国的出现。能反映这种分化的墓葬主要如下：

---

① 李学勤. 中国古代文明与国家形成研究［M］. 昆明：云南人民出版社，1997：7.
② 何一民. 中国城市史［M］. 武汉：武汉大学出版社，2012：49.

（1）楚雄的万家坝墓葬

墓葬分为4个等级，在所发掘的79座墓中，大型墓只有M1、M23等四五座，面积在十几平方米，有木棺，随葬品的数量之多、质量之高也是其他墓葬难以媲美的，M1和M23的铜器数量占铜器总数的一半以上。中型墓在6—10平方米，有的虽较小，但随葬品与上述墓相当，也归入中型墓，这类墓约占总数的20%，随葬青铜工具和武器及少量装饰品，一般五六件。有随葬品的小型墓占30%左右，有一两件铜器或陶器，其他小型墓没有随葬品。墓葬随葬品的差异可以看出社会贫富分化的程度已经导致了阶层分化和对立的产生，社会层次也由过去的两层分化为三到四层，最上层的人物数量最少，但占据了社会的大部分财富和权力，最底层的人数最多，但大多为赤贫的平民，这种金字塔式的阶层结构与阶级社会的社会等级相符合，表明此时已进入了阶层社会的结构。上层集团的财富是建立在掠夺广大下层群体财富的基础上聚敛起来的，是用强制手段获得的，说明他们掌握了社会的公共权力，因此已经进入了标准的古国时期。

（2）代表春秋时期滇西北青铜文化的德钦县纳古石棺墓地

（3）楚雄大海波墓葬

在出土的文物中铜鼓为万家坝型铜鼓最早的形式，与万家坝墓地出土的铜鼓相比形式要原始。

（4）昭通营盘属春秋时期的青铜时代墓地

3. 方国的繁荣

原始社会的生产发展和社会分工促成了原始聚落的出现，但仅有生产力发展和社会分工还不能直接推动城镇的产生。在原始部落时期，各种社会因子，长期处于相互分离甚至对立状态，人口分散，社会财富分散，社会发展缓慢。因而要将分散的人口和社会财富集中起来，仅靠生产力自然发展，依靠村庄聚落还不能完成，必须要有一种超群体的力量——部落联盟的出现来推动社会各要素的聚集，因而私有制的萌芽、阶级的分化、阶级压迫的出现，就成为城市产生的催化剂，国家和王权也就成为早期城市产生的主导力量。刘易斯·芒福德也认为："村庄形式礼俗完美但能力有限，因而只有人口数量的增加，无论如何也不会使村庄变成城市。这种变化需待一种外来挑战将村庄生活急骤扭转，使之脱离以饮食和生育为宗旨的轨道，去追求一种比生存更高的目的。"① 能够将村庄生活急骤扭转，使之脱离以饮食和生育为宗旨的轨道的外来力量就只有国家。在原始社会末期，随着阶级矛盾的加剧而不可调和，国家也就随之而产生，因而国家产生后自然也就成为奴隶主压迫奴隶和其他一切被支配人群的机器。统治阶层正是凭借国家的组织力量、物质力量来占有社会财富，来保护自己的特殊权力。原始社会后期，随着社会生产力的发展、社会分工的扩大，家庭成为独立的生产单位，财产公有制渐趋瓦解，财产私有制则由萌芽而产生。随着商品生产和交换关系的扩大，私有制进一步发展，从而人与人之间的原始平等关系逐渐消失，贫富分化日趋严重。一方面，原来氏族中大家公认而服从的习惯权力集中到少数部落首领、贵族、奴隶主手中，成为他们的特权，社会财富也集中到这些特权者手里；另一方面，原来单一以血缘为单位的氏族部落国家进一步发展、扩大，由若干近亲或地域文化相近的部落组成部落联合组织。由于部落之间或联盟之间时常为掠夺彼此发生战争，同时奴隶也经常自发反抗，因而为了抵御外族入侵，对内剥削、镇压奴隶，保护奴隶主、贵族的私有制财产和人身安全，奴隶主贵族开始建造城郭沟池，从而推动了早期城市的出现。

当原始聚落的社会进一步发展，剩余的财富越来越多，社会阶层分化产生越来越明显时，聚落的军事、政治、对原始宗教的掌控就越来越集中在少数统治者手中，他们不仅占有着部落内部的领土和财产，而且也占有支配着其他聚落民族群体的人口。在频繁的部落冲突过程中，形成了众多强弱不同的古国部落，当这些血缘、地缘相近的古国联系在一起，形成较为强大而稳定的部落联盟时，这些部落的社会经济生产方式以及宗教文化就出现趋同倾向，政治、军事也随之趋于统一，对于联盟之外的其他联盟或部落又常常显现出独立性和排他性。这时，在联盟中原先较为强大的部落往往担当起联盟领导的角色，它的民族群体特色包括种族、信仰、生活生产方式在联盟的文化发展趋同的进程中总是起主导的作用而强烈影响着其他的联盟成员。

另外，王权的集中和加强，王权制度的稳固和完善也是城镇产生的一个重要促进因素。刘易斯·芒福德根据考古资料肯定了王权制度在城市诞生过程中的重大作用："从分散的村落经济向高度组织化的城市经济进化过程中，

---

① 芒福德. 城市发展史——起源、演变和前景 [M]. 北京：中国建筑工业出版社，2004：31.

最重要的参变因素是国王，或者说，是王权制度……在城市的集中聚合的过程中，国王占据中心位置，他是城市磁体的磁极，把一切新兴力量统统吸引到城市文明的心腹地区来，并置于诸宫廷和庙宇的控制下。国王有时兴建一些新城，有时则将亘古以来只是一群建筑物的乡村小镇改建为城市，并向这些地方派出行政官去代他管辖，不论在新建的城市或改建的城市中，国王的统治使这些地区的城市，从形式到内容，都发生了决定性的变化。"① 从 20世纪中国考古所取得的若干重大成果来看，我国原始社会后期出现为数众多的史前城址，正是阶级分化，国家产生后，王权得到进一步集中、加强的重要时期，"此一时期中国出现了城邦时代"②，中原大溪文化和龙山文化的史前城址即是中国处于孕育状态中的早期城市，而在先秦时期的云南，就从目前的考古遗址来看，至少有三个大的方国孕育了城镇的出现。

（1）古滇国

古滇王国是先秦至西汉云南最重要的方国，它的重要性不仅在于较为发达的青铜文明和本土较大的文化影响力，更为重要的是古滇王国的建立本身就存有中原文化的介入。

方国瑜先生认为"滇"字应为土语的音译，为先秦时滇池地区的一个部落名称，后部落联结，遂将此自称推广，所界定的滇国地域随之扩大。③ 根据 1956 年及以后在今晋宁石寨山等地发掘的遗址、文物来看，滇族群体已经掌握较为成熟的稻作技术，采用干栏式的建筑风格，还有发型服饰及龙舟、文身等特点，可以推断其文化与百越族系同源。据司马迁所言：汉武帝在纳降滇王后，在其故地设益州郡，仍封其为滇王，"赐滇王王印，复长其民"，说明古滇国的都邑与西汉之益州郡治地望相近，极有可能在同一个汉代的县区之内。《华阳国志·南中志》曰："滇池县，郡治，故滇国也。有泽水周回二百里"，古滇国的都邑应在滇池边。樊绰《云南志》卷六云："晋宁州，汉滇池县，在拓东城南八十里。"从方位与里程看，今云南晋宁区晋城镇应为滇国都邑所在地。1956 年在距晋城镇不到 10 公里的石寨山发掘出的"滇王

① 芒福德. 城市发展史——起源、演变和前景［M］. 北京：中国建筑工业出版社，2004：38.

② 何一民. 中国城市史［M］. 武汉：武汉大学出版社，2012：51.

③ 方国瑜. 滇史论丛［M］. 上海：上海人民出版社，1982：26.

之印"可以佐证此区域为滇国上层贵族的墓地，距离国都不远。因此可以推断：古滇国文化圈是以其都邑（今晋宁晋城镇）为中心向外散延的；处在奴隶社会晚期的古滇国，是一个较为独立自发性的城邦王国，都邑应该具有了政治、经济、军事的功能，具有早期城镇的形态；已发展出较为发达的农耕文化。

（2）昆明国

对昆明方国的记述到汉代时已经较为翔实。关于昆明国的方位、面积，《史记·西南夷列传》曰："西南夷君长以什数，夜郎最大；其西靡莫之属以什数，滇最大；自滇以北君长以什数，邛都最大：此皆魋结，耕田，有邑聚。其外西自同师以东，北至楪榆，名为嶲、昆明，皆编发，随畜迁徙，毋常处，毋君长，地方可数千里。"据学者考证，昆明国的势力范围"以洱海为统治中心，北至滇西北和四川西南、西抵澜沧江一带在保山与哀牢国相接；东达楚雄一带与滇国相邻；南至哀牢山一线"①。对于昆明国"毋君长"的记述，《华阳国志·南中志》说："莫能相雄长"，方国瑜先生则认为漏一"大"字，应该是"毋大君长"②，表明昆明人可能还未发展出较大的部落联盟，没有共同的联盟首领，但这并不表示昆明就是"文化落后的民族群体"。从苍山、洱海地区的考古材料来看，战国至西汉时期，"洱海地区已经处于发展阶段青铜时代，早已超越原始社会的石器时代了"③。金属工具的铸造和使用，是人类进入较为发达社会的重要标志。

昆明国之国名，应该是民族语言之"昆弥"音译，且是自称。《汉书·武帝纪》曰："（元狩）三年春……发谪吏，穿昆明池。"臣瓒注："西南夷传有越嶲，昆明国。有滇池，方三百里。汉使求通身毒国，而为昆明所闭。今欲伐之，故作昆明池象之，以习水战。"战国至西汉时期的昆明国以洱海为中心，混杂着具有相同族源的嶲，占据"可数千里"的广大地区，恰好占据了西汉通往南亚、东南亚的交通要冲，从元狩元年（公元前122年）开始，武帝为打通至身毒国（印度）的道路却被昆明国一再阻挡，因此，元狩三年才在长安开凿水池，名曰"昆明池"，为征服昆明国而练习水战。

---

① 何耀华. 云南通史：卷一［M］. 北京：中国社会科学出版社，2011：308.
② 方国瑜. 云南史料丛刊：第一卷［M］. 昆明：云南大学出版社，1998：3.
③ 何耀华. 云南通史：卷一［M］. 北京：中国社会科学出版社，2011：307.

（3）哀牢国

哀牢国是战国时期在云南出现的一个重要的方国。《后汉书·西南夷列传》转引东汉建武年间蜀人杨终所著《哀牢传》关于哀牢历史的传说，即九隆神话。关于哀牢的世系，《后汉书·西南夷列传》李贤注引"哀牢传"说："九隆代代相传，名号不可得而数，至于禁高，乃可记知。禁高死，子吸代；吸死，子建非代；建非死，子哀牢代；哀牢死，子桑藕代；桑藕死，子柳承代；柳承死，子柳貌代；柳貌死，子扈栗代。"扈栗于汉光武帝建武二十七年（公元51年）遣使至洛阳要求内附，在此之前有记录共传八代上溯至禁高，而禁高以前已"代代相传，名号不可得而数"。

据耿德铭先生研究：哀牢首领中的"王"，史书具体载明的有三批：一是由九隆到哀牢的国王、"总王"有十世之名；二是鹿芝之战所死6王；三是随柳貌内属的"邑王"77人，三批合计93王。失于记载的"王"有两批：一批是"渠帅皆曰王"，不知道有多少；另一批是扈栗、柳貌内属前，早已归于西汉不韦、嶲唐、比苏三县的"邑王"，不知有多少。五批相加，哀牢大中小王林林总总绝不下于百。第二次内附时，哀牢王就带去55万多人。可见在公元1世纪时，哀牢国已是一个强盛的方国。① 哀牢统治者的军事权威和宗教神威密切结合，统治着哀牢国的各个部族，哀牢国君及其以下的许多部落首领——酋长身兼政务长官、军事长官和宗教领袖，大小诸王共同执掌政务管理、军事征伐、宗教祭祀等当时最重要的社会职能：王权、神权、军权相互因应，相互为用，三权之用又往往相互交合，例如铜鼓、铜钟既是王权重器，又是神权重器，铜钺等既是王权象征物，又是军权象征物。② 哀牢国已是一个强大的多部族、地域分布广阔的部落联盟政权。

关于哀牢国的地域，《华阳国志》以滇池区域为中心基准，说哀牢国在"宁州极西南"；明代《滇史》以洱海区域为中心基准，也说："古哀牢国，在建宁极西南。"清代《永昌府志》说："古哀牢国，西极南隅。"可看出哀牢国的方位在最西南，即今保山市一带。历代文献均记载"永昌郡、古哀牢国"。如清人师范《滇系》："永昌府，古哀牢国。"《保山市志》说哀牢国的范围："哀牢境域，东南三千里，南北四千六百里。"近人研究，古籍所说的

---

① 耿德铭. 哀牢文化论 [J]. 保山师专学报，1996（1）.

② 耿德铭. 哀牢国与哀牢文化 [M]. 昆明：云南人民出版社，2003：31.

哀牢国的范围——"永昌郡"应该系指魏晋时期的永昌郡。① 魏晋时期的永昌郡有 8 个县：不韦、嶲唐、比苏、哀牢、博南、永寿、南涪、雍乡。魏晋时期的不韦县地域为今天之施甸县，离嶲县地域为今天之保山市，比苏县地域是今天之云龙县，哀牢县地域为今天之德宏大盈江一带直至境外缅甸密支那、葡萄城。② 博南县地域为今天之永平县，永寿县地域为今天之耿马县，南涪县地域为今天之景洪市。雍乡县地域无考。③ 这就是哀牢国的地域与范围，哀牢国的都邑可能在今保山市。

哀牢国在战国秦汉时期是一个不小的方国，其民族众多，有闽濮、鸠僚、傈越、裸濮、"身毒之民"。"身毒之民"就是印度侨民。……到了东汉光武帝建武二十七年（公元 51 年），哀牢王贤栗（扈栗）第一次内附汉王朝时，根据《后汉书·西南夷·哀牢传》载："帅种人户二千七百七十，口七千六百五十七。"这个"种人"的户数，应为当时哀牢本部落的户口数。及至永平十二年（公元 69 年），哀牢王第二次内附时，便带着"称邑王者七十七人，户五万一千八百九十，口五十五万三千七百一十一"（《后汉书·西南夷·哀牢传》），比哀牢本部人口多了数十倍，他们由 77 个邑王（部落酋长）分别统辖各民族。

考古学者认为："按云南考古学的一般规律，以保山市辖区为中心的青铜文化中，应该有与哀牢文化关系密切的青铜器，就是哀牢青铜文化。"④ "在龙陵、腾冲、昌宁、云县、澜沧发现的青铜冶铸遗址和地点表明哀牢国拥有自己的青铜铸造作坊。至公元前 109 年武帝在哀牢地设不韦、嶲唐、比苏三县，随着汉族移民迁入引进铁器，哀牢地在西汉中后期步入了青铜文化衰落期，此期间青铜器有石寨山型铜鼓、铜斧、铜镜等。"⑤ 总之，青铜器乃至铁器的普遍使用，极大地提高了社会生产的能力，随之带来了社会财富的增多和集聚，导致社会阶层分化加深，与之相对应的上级阶层也急剧发展对

① 耿德铭. 哀牢国与哀牢文化 [M]. 昆明：云南人民出版社，2003：8.
② 谭其骧. 中国历史地图集：第三册 [M]. 北京：地图出版社，1996：24-49.
③ 《云南各族古代史略》编写组. 云南各族古代史略 [M]. 昆明：云南人民出版社，1978：212，214.
④ 李昆声.《哀牢国与哀牢文化》序一 [M] //耿德铭. 哀牢国与哀牢文化. 昆明：云南人民出版社，2003：2.
⑤ 耿德铭. 哀牢国与哀牢文化 [M]. 昆明：云南人民出版社，2003：59.

于自己利益进行维护和保障的设施，粮仓、议会、祭祀以至于军队都在刺激着这些原始聚落向专门供统治者使用的都邑发展。这些发展和过渡都建立在本土民族群体的文化发展和外来中原文化的强烈刺激的基础之上。

随着原始社会的解体，原来氏族群体里被公认而遵守的文化驾驭权力集中到了少数的部落上层统治者手里，这种对整个民族群体的文化驾驭权力通常表现为抵御外族的入侵或发动侵略他族的战争、统治甚至镇压内部的奴隶、保护奴隶主们的财富和人身安全。部落联盟形成后，这种民族群体的文化认同进一步加剧，与外部其他联盟的分化和对立更加严重，内部的奴隶数量也在增多，奴隶主们对于本民族的文化维护、本阶层的利益保护的需要也相对更加强烈。于是，奴隶主们开始组织奴隶建造城郭沟池、修筑堡垒城垣以保障本民族的文化和本阶层的利益。城镇开始替代了原始聚落，登上了文明的历史舞台。

二、至秦代云南民族文化圈的初现与云南城镇雏形的形成

参考文化人类学的观点，不同的民族与不同的文化具有一一对应的关系。而"城市起源于原始部落联盟阶段。……城市产生的根本原因在于生产力的发展，正是由于生产力的发展推动了社会分工和交换的出现，这是城市产生的基本前提条件"①。社会分工导致社会财富分化，分工也必然带来交换和财富的集聚，而保护财富的直接有效方式就是建造更坚固的建筑，当建筑多至组成建筑群时，有必要对建筑群做出统一的规划和合理的组合，于是城镇产生了早期的形态，这些城镇通常就作为部落联盟上层贵族的处所，即部落联盟的中心。恩格斯说："用石墙、城楼、雉堞围绕着石造或砖造房屋的城市，已经成为部落联盟的中心。"② 这里所说的"城市"还不是严格意义上的城市，只是城市发展历史上的早期形态，即用于军事防御、政治管理、经济保护的场所——城镇。那么不同的部落联盟就对应着不同的文化，不同的文化又对自身的建筑及建筑群——城镇有不同的要求和规划。我们今天拘于遗址考古材料不足的限制，暂无法还原云南方国的城镇原貌，无法比

---

① 何一民. 中国城市史［M］. 武汉：武汉大学出版社，2012：49.
② 中共中央马克思恩格斯列宁斯大林著作编译局. 马克思恩格斯全集：第21卷［M］. 北京：人民出版社，2003：186.

较它们之间的异同及与各自文化的对应关系，但我们能够通过考古的遗迹推断出每一个本土的民族文化圈的方位、大小以及受哪些外来文化的影响，由此，可以推测出每个部落联盟的中心方位及与之对应的早期城镇位置。这对研究云南早期的城镇分布情况也是十分重要的。

从上文所举的一些考古材料可以看出，云南到秦代以前的民族群体聚落基本都集中在今天的滇东北、滇中滇池、滇西洱海、保山等几个地区，这些地区最晚到秦以前，都有本土民族文化圈的出现和发展，他们较为封闭且自成体系，具有自己较为显著的民族源流和文化渊源。有一些本土文化圈还显示出受到外来文化的影响，比如剑川海门口遗址。该遗址出土的稻、粟、麦等多种谷物遗存，证明了来自黄河流域的粟作农业文化，其文化圈层的西南边界已经辐射到了滇西地区，而遗址中的稻、麦共存的现象，则不仅为认识中国古代稻麦轮作技术的起源时间和地点提供了重要信息，更重要的是中原的麦作文化与南方的稻作文化在远离中原和长江中下游的滇西洱海区域竟然发生了融合的现象，这就为我们今天研究云南自先秦以来的民族文化圈提供了依据。而且，由于秦代历朝短促，文献缺乏，我们只能结合先秦时期的云南民族考古材料与西汉的文献记述，就先秦至西汉以前的云南本土较为发达的几个民族文化圈，略做归纳：

1. 古滇国文化圈是先秦到西汉云南最为重要的一个本土文化圈。《史记·西南夷列传》记述："始楚威王时，使将军庄蹻将兵循江上，略巴、黔中以西。庄蹻者，故楚庄王苗裔也。蹻至滇池，方三百里，旁平地，肥饶数千里，以兵威定属楚。欲归报，会秦击夺楚巴、黔中郡，道塞不通，因还，以其众王滇，变服，从其俗，以长之。"据方国瑜的考证，"庄蹻王滇"的时间应在公元前280年至公元前277年之间，或在公元前276年[①]，因此，我们可以认为古滇国文化圈最晚自战国始，就已经受到中原文化之一脉——楚文化的深刻影响，发生了剧烈的文化冲突和融合，这对滇国在先秦时期于云南的发展至关重要。由于自身稻作文化的成熟，又加上受中原农业文化的影响，古滇文化与中原文化之间存在着某种程度的文化认同和趋同趋势，因此，当西汉积极经略滇中时，《史记·西南夷列传》汉使才"因盛言滇大国，

---

① 方国瑜. 方国瑜文集：第一集［M］. 昆明：云南教育出版社，2001：94-100.

足事亲附。天子注意焉",在大部分西南夷方国被西汉武力征伐后,"滇王始首善,以故弗诛"……"西南夷君长以百数,独夜郎、滇受王印。滇小邑,最宠焉",司马迁对此总结说:"秦灭诸侯,唯楚苗裔尚有滇王。汉诛西南夷,国多灭矣,唯滇复为宠王。"这都是文化发生融合、相互认同的结果。

我们似乎可以进一步假设:由于文化的融合、趋同,古滇国的城镇发展在整个先秦云南地区是较快于其他非农业文化民族联盟的,只是由于现当代考古材料的不足而尚付阙如。但出于农业文化对自身文化产品、财富的积累、保护需要,古滇国的城镇应该不止都邑一处,作为部落联盟的都邑肯定是联盟中最为发达、繁荣的政治、经济甚至军事中心,但联盟中的其他部落也应该有自己的聚落中心,农业文化的特点也必然要求这些聚落中心朝着城镇方向发展。所以,就先秦时期的古滇国来说,早期城镇的形态应该出现了,它们不仅是政治中心的驻所,而且也是经济物资、精神信仰的集聚场所,甚至可能是军事力量囤积和操练的营地。

2. 哀牢国文化圈也是战国时期云南一个重要的文化圈,据方国瑜等学者考证,至少到公元前 300 年左右,哀牢国已有部族的首领——哀牢王①,而且,此时的哀牢已有较为发达的青铜器文化。

哀牢青铜文化分布在今天的保山、昌宁、腾冲、龙陵、凤庆、施甸、云龙、澜沧等县市②,在龙陵、腾冲、昌宁、云县、澜沧都有规模大小不等的青铜冶铸遗址发掘,哀牢国已有自己的青铜铸造作坊。整个哀牢青铜文化发展较为漫长,从中原的上古商代开始一直到西汉武帝时才逐渐衰落,一个重要的原因就在于武帝设置哀牢三县(不韦、嶲唐、比苏)之后,随着大量汉族移民的进入,引入了中原的铁器。③

在古哀牢国众多的青铜器物中,有一类铜盒较为特殊,目前出土共 5 件,学者推断铜盒是与军权或祭祀有关④,较为独特的青铜盒的出土,也可以证明哀牢的青铜文化与古滇国的青铜文化并不同质,不属于一个文化系

---

① 方国瑜. 中国西南历史地理考释 [M]. 上册. 北京: 中华书局, 1987: 21.
② 李昆生.《哀牢国与哀牢文化》序一 [M] //耿德铭. 哀牢国与哀牢文化. 昆明: 云南人民出版社, 2003: 2.
③ 耿德铭. 哀牢国与哀牢文化 [M]. 昆明: 云南人民出版社, 2003: 59.
④ 耿德铭. 哀牢国与哀牢文化 [M]. 昆明: 云南人民出版社, 2003: 98.

统；另外，出土的哀牢青铜器也出现了青铜编钟，说明哀牢文化也受到中原礼乐文化的影响；铜鼓的发掘出现说明哀牢国文化与云南楚雄万家坝青铜文化存在某种同质的文化渊源。

3. 先秦时期云南境内还有一个较大的文化圈——昆明族文化圈。司马迁记述的洱海周围分布数千里的昆明（较大民族群体）、嶲（较小民族群体），从外貌特征看为"编发"，显然异于滇池周围的"椎髻"滇族，由于古代文献和考古实物的缺乏，更重要的原因在于，族源于氐羌族系的昆明族丧葬方式多用火葬而少土葬，因此，认识古代的昆明民族群体较为困难，但从与之交往的古滇民族群体的青铜考古器物可以了解基本情况。

晋宁石寨山古墓群出土的器物上不仅雕刻着古滇族与昆明族的战争场面（见 6 号墓出土的编号 M6 与 1、13 号墓出土文物编号 M13：356 的青铜贮贝器），而且也有俘获战利品的场景展示（13 号墓出土的鎏金"献俘"青铜扣饰）。从这些古滇族与昆明族的战士装备来看，古滇族战士身着高领盔甲，头戴圆顶盔帽，显然比只穿动物皮毛的昆明族战士的军事装备要"先进"得多，除了明显的文化类型差异，站在中原文化的立场，对待相比只穿兽皮、"随畜迁徙"的昆明族更为"高级""先进"的、同样是农业文化的古滇族是会有更多的文化认同的，文化施加的影响力也会更大。相似的考古物证还不只如此，昆明国领土内也有农耕民族的存在。1964 年，祥云县大波那村出土的大型战国墓葬，主要有木椁铜棺和近百件青铜器，无论从棺椁的材质、样式、纹路来看，还是那些精美的青铜随葬器皿的内容、种类都显示出墓主人并非属于氐羌系的昆明或嶲族，而是定居的农耕民族，铜棺的摆放采用干栏式房屋布局，青铜摆件有猪、牛、羊、马、狗、鸡六畜，还有斧、锛、锄等青铜农具和钟、鼓等青铜礼乐器，由此可以推断墓主人并非游牧民族，而属于战国时期，昆明国贵族上层中的农业民族。1987 年发掘出土的祥云红土坡墓葬也存在同样的情况，也为祥云县区应为昆明国都邑的推测提供了又一个有力的证据。用于农业生产和收割的农具大量出现，农业文化代表之一的猪、犬、鸡与通常代表游牧文化的马、牛、羊同时出现在随葬品当中，说明了定居式的家禽蓄养与游牧式（或畜牧式）的牲畜在家庭中占有同样重要的地位，生产生活方式开始转变。同样提供证据的还有楚雄万家坝墓葬群。在其早期的墓葬中，农业工具很少，但到了晚期，墓葬中的农业工具数量和种类都急剧增多、丰富了起来。由此可见，农业文化特别是包含礼乐文化的中原文化对战国至西汉时期的滇西昆明族分布地区已经开始产生越来越强烈的文化影响，中原的文化圈层开始辐射到滇西洱海片区，导致当地一些民族群体开始产生文化的涵化与转型，并酝酿着之后的文化跃迁，南诏政权建立之前的西洱河蛮就是昆明国领域之内的典型农业民族群体，已经建造了较为成型的城镇——太和城，而在之前，我们有理由相信，最晚到战国时期，昆明国内已经有了城镇的前期形态——都邑。

　　论述到此，我们似乎可以推断出：云南的早期城镇出现在战国到秦末的几个民族都邑片区——滇池晋宁片区、洱海祥云片区、滇西保山片区；这些最早出现城镇的地区都有受到农业文化的影响，而且有些已经较为发达；部分地区在更早的时期就已经与中原内地有较为密切的联系，中原文化的辐射层已经早就波及这些地区，但由于这个时期，中原还没有出现一个强大、统一，而且延续时间较长的中央政权，所以中原文化对这些地区的影响力还较小；三个地区出土的早期文物，为探讨城市起源、中华文明的起源、早期国家形成的多元化等问题提供了全新的资料，为"古文化、古城、古国"的文明演化模式和发展规律的诠释提供了宝贵的材料，也是对中华文明起源"满天星斗"① 拥有多元化中心理论的有力支持。

---

① 苏秉琦. 中国文明起源新探 ［M］. 北京：生活·读书·新知三联书店，2001：101.

第二章

两汉时期云南的政区

两汉时期云南的政区设置呈现局部的格局，并没有覆盖云南全境，而且郡县设置主要包括了以蜀身毒道为主的交通沿线的区域。

西汉王朝经略西南的初衷并不是出于中原文化生存生境的拓展，而是开辟中原至南亚次大陆的财货通道，因此，政区设置的初期，置废更迭。出于对北方匈奴的战略包抄考虑，加之文景之治的盛力，武帝后期，郡县制度还是在云南地区持续出入，但设置的格局基本停留在蜀身毒道的周边区域，而且由于汉族移民人口有限，更重要的是云南本土民族社会与中原的差距较大，民族文化涵化还处于初期阶段，因此，异质民族文化圈之间的融合还有巨大空间，西汉在云南的郡县基本成为中原文化的孤岛，郡县制度很难深入本土部族当中。但是，郡县制度在云南的建立毕竟给云南境内较为松散且封闭各个部族带来了强烈的文化和社会冲击，导致民族关系进入急剧的动荡和重组阶段，民族文化开始了快速、高频的接触、融合、涵化进程。于是西汉中期开始，云南境内的行政区划也相应地频繁调整，部族间的冲突剧烈，郡县的置废与政区的拓展并存，云南的郡县制度处在动荡时期。

一方面，具有较强文化驭能和代偿能力的汉王朝通过对蜀身毒道的开拓开始深化了其对西南夷地区的认知，并把自己对西南的人文地理知识运用到王朝的边疆开拓策略之中，进一步用中原农业文化圈层的视角和标准重新审视西南夷地区。中原汉帝国在这种强大的、狭义上的文化开发主线下，通过先建立军事特别辖区——属国都尉——归郡守所辖，又与郡守分疆而治（如：犍为南部都尉、益州西部都尉），再通过都尉改郡，进行行政区划的拓展、控制。东汉的属国都尉虽不带郡名，但已经与郡守平级。于是，东汉在蜀身毒道的西段建立了新的行政区划——永昌郡，永昌郡遂成为东汉最大的一个行政区划。永昌郡的设立表面上是汉王朝军事辖区向行政辖区转变的结果，本质上还是中原文化圈向滇西区域的分层级辐射、分阶段施加影响的表现。另一方面，两汉时期中原文化向云南地区的强力渗透、辐射，郡县制度在云南的强力推行，极大加剧了云南本土民族群体自身的社会发展和部族之间关系的调整、重构，受到中原文化强烈影响的云南本土民族和被云南本土民族文化圈"夷化"了的汉族都开始了部族政治意识的觉醒和本土民族文化圈的自我认同，对政治权力的诉求在日益酝酿，一旦中原王朝的政治势力衰弱，这些本土民族势力就会各自划分自己的政治区域，脱离统一的政权统治。

第一节　两汉时期中原文化圈层对云南的辐射影响

秦汉一统，中原第一次由两个文化相继的王朝实现统一，建立了中央集权的空前帝国，它们是先秦诸子百家思想的继承者，也是中原文化发展、扩展的政权实体，秦汉帝国都表现出了强大的文化延续能力和拓展能力。

秦，二世而斩，在其短短三十多年的统治时期内，开始向西南地区，特别是巴蜀地区扩展中原文化，推广精耕农业、兴修水利、通驻道路，在政治上设置政区、委派官吏、兴建治所和城镇，有效地把巴蜀地区纳入中原文化圈当中。秦代的中原文化圈层也曾一度辐射到滇东北和滇中地区，"诸此国颇置吏焉"标志着开始给当地的民族首领委官置吏，开通官道"五尺道"，试图将其也纳入中原王朝的统一管辖。但是，这一时期的中原王朝统继短暂，文化没有经过充分的涵养和长久的积淀，文化代偿力还不足以深入到西南腹地，"开发"的后续力不足、难以跟进等一系列因素造成了秦对云南的经略效率不高、效果不明显。

经过文景之治后，西汉国力明显增强，据有关学者研究：武帝时，中原一个农民的一年劳动成果足够养活五口人①。因此，从中原文化圈层的辐射

---

① 据《汉书·食货志》的记载，战国李悝曾言："今一夫挟五口，治田百亩，岁收亩一石半，为粟百五十石，除十一之税十五石，余百三十五石。"可代表汉初的农业生产水平。而到了文帝时，晁错言："今农夫五口之家，其服役者不下二人，其能耕者不过百亩，百亩之收不过百石。"即一个农业劳动力一年能生产 50 石的粮食，经过文景之治，至武帝时，人均农业生产能力还远不止于此，而当时军队的大运动量军人每人每月耗粮一石，则 50 多石粮食每年够养活 5 人。（吴慧. 中国历代粮食亩产研究 [M]. 北京：农业出版社，1985：26-58；张履鹏. 两汉名田制的兴衰 [M]. 北京：中国农业出版社，2015：82-90.）

角度来看，汉武帝时与秦代并无文化类型性质上的改变，都是中原农业文化向四周探求更多的农业适应生境，两个时期的向外开发水平和层次并无不同，只是后者的文化辐射强度和后续力明显增强了而已。而就武帝拓边，向西南腹地深入来看，无论是建元六年，西汉出兵东越及之后的南越，需沿珠江溯源云南，去与其他的汉文化区发生联系；还是元狩元年，求通蜀身毒道，增加中央财富以及联络大夏共抗匈奴，附带假道于云南，实质上都是中原王朝为扩大自己的文化影响力，或为连并南越的农业区，或为联合大夏，保护自己的农业区免受匈奴侵扰而"过境开发"于云南，通道过程曲折反复。根本原因就在于在当时的历史条件下，直接开发云南并不符合中原文化寻求更多农业生境的本意，中原政权也本无意直接对云南之各民族施加文化影响或改变其文化生境，因此，武帝对云南的民族首领一律优礼宽容，如能用金帛贿赂就不必兵戎相加，至于云南各民族的社会形态、文化样式一概不问。至于过境开发所造成的对各民族文化的客观影响，汉族文献并不关注，我们只能推测：由于通道的需要，武帝用行政命令汉族居民前往云南通道沿线及周边，这些汉族居民因人数上处于劣势和所居地区的狭小有限，几乎全部形成了悬浮于云南"本土民族文化海洋"之中的"汉文化孤岛"，汉文化在当地的影响何其微弱。在这样的文化关系中，表面上看，中原文化是文化联系主动的一方，是"强大"文化影响的发出者和施加者。然而，从文化交往和融合的局面或结果看，当时西南的，特别是云南的与汉族接触的各民族群体恰恰是文化融合的主导者，他们用高度适应于自己生存生境的民族文化成功地涵化甚至同化了那些滞留于云南的大大小小的"汉文化孤岛"——西汉，带着"强势"的中原文化进入云南的汉族移民，在随后的历史中几乎全部被当地民族"夷化"了。

同时，我们也应该看到，先秦到西汉武帝的时期内，中原的文化互动关系以在不同样式的农业文化之间展开为主，无论是先秦的中原诸侯相互攻伐，还是秦末楚汉相争皆如此。其间，虽存在与北方游牧文化的接触和互动，但是就文化圈的类型与样式来看，显然并没有武帝经略西南以后的丰富和复杂，前后两个时期由文化关系发生所牵动、吸纳进的民族种类和数量规模也不可相提并论；而且，武帝以前中原文化圈的地域范围相对狭小，仅以先秦时期的各中原诸侯国形成的范围向外产生互动，且方向主要集中于与北方匈奴的互动，西南方向中原文化的文化辐射层只到巴蜀今都江堰——滇东北一线，武帝时才得以显著扩大，这既得力于文化实力的蓄积、提高，也是中原文化的文化属性要求。中原文化扩张或者以寻求更多的农业文化适应生境，或者以保护中原文化现有的生存生境而抵御非农业文化的侵扰，这两类文化互动方式随着中原第一个统一政权——秦的建立而开始，到汉武帝时文化互动的格局得到空前的扩大，被牵扯带入的异质文化圈和与之对应的民族群体，其数量也是空前的。因此，从武帝时开始，中原文化与四周的文化互动全面展开，大规模的异质文化互动不仅造成了多文化融合的结果，还为中华统一多民族国家的最终形成开辟了基础的格局，越来越多的异质文化加入这种文化圈层的互动中来，相互了解，互化涵养，孕育着一个多元文化统一体的形成。

这种文化圈层的运动规律反映到每一个中原政权的政治版图上，就是以中原王朝为核心的政权边疆不断内地化，新的边疆又不断向中原四周延伸、扩展，边疆之外的徼外之地又被纳入边疆的范畴。同时，受统一的中原文化影响，边疆的各民族政权也开始了局部的边疆文化整合，常常通过对局部地区的民族群体进行政治统一来实现，把各个分散的民族小文化圈纳入、整合到更大的边疆民族文化圈当中，从而作为中华多元文化当中的一个单元参与到整个文化圈层的互动当中。

对西南而言，两汉时期的中原文化已经把秦及先秦时的文化边疆从巴蜀地区向西南腹里地区推进，虽然任命土著贵族"代理管制"的文化互动水平不高，文化开发的层次不够深入，民族融合的意图不强，民族文化圈的整合力度不够，但是，这是中原文化圈层向西南腹地深入，与西南各民族文化圈融合的开始。自此以后，但凡中原有一个强大的中央王朝出现，都以这种文化圈层的扩张、辐射为王朝拓边的文化动力而向西南积极经略，直到整个西南边疆全部内地化。云南作为西南地区的最南边疆，最终通过元代设立行省被纳入内地的行政体系当中，根本原因和动力来源就在于这种文化圈层的运动规律。在文化圈层的运动规律作用下，云南境内的各民族文化圈不断与"强势"的中原文化发生联系与互动。在中原文化不断的强势开发和深入经略的背景下，云南的各个民族文化圈也打破了此前彼此相对孤立、平静的状态，各民族文化圈之间的民族交往和文化融合也更加频繁和激烈，局部的文化整合开始酝酿，局部的民族统一也在萌芽。

中原文化呈圈层状扩展的运动一般是通过中原王朝政权的边疆建设和治理来表现的，边疆的建设与治理又常常通过政区的设置、官吏的委任来实现，而政区的规划、官吏的驻守又与城镇的建设、人口的集聚密切相关。两汉益州郡的设置与云南城镇的成形都是文化圈层互动的结果和表征。沿蜀身毒道和通往南越的珠江上游，西汉王朝出于军事的战略目的考虑、出于掌握对其他农业区的控制权或者基于对"异域"财货的简单追求，开始了对云南地区的"过境开发"。开发过程断续反复，原因就在于云南地区特殊的自然地理环境并不能充分满足当时中原文化对文化生境的要求，但随着"开发"的深入，云南丰富的自然资源特别是矿藏资源能有效弥补文化生境上的"不足"，也能补偿中原文化对云南开发代偿力的支付。因此，总体来说两汉与云南的文化互动、对云南的文化开发还是以不断深入为总趋势和主旋律，最后造成了中原王朝的郡县与城镇一度延伸到滇西地区，并设立了永昌郡；到东汉时中原文化已经几乎辐射到了当时云南的绝大部分民族地区，在设郡置吏、建筑城镇的同时，这些地区也迁入了不少中原汉族，他们促进了中原农业文化的传播，为下一个时期的文化圈层互动准备了历史条件。

第二节　两汉时期云南的政区设置

汉承秦制，两汉在云南地区郡县的设置，较之秦代有着长足的发展和深入的推进。巴蜀地区经过了秦国近100年的经营和统治，到汉初时，其政治、经济、文化已经与中原趋同，基本融入中原华夏文化圈当中。而在巴蜀的西南，中原文明的影响还远未深入，在西南夷地区真正意义上的设郡置吏到汉武帝时才得以实现。秦开立郡县，在西南夷地区有所推行，但基本是依据西南夷各民族群体所居之自然地域，招徕当地土酋，使其归附中央的形式，并无涉及具体军政民户的行政内容，且无治所设立，不是严格意义上的郡县划分。

汉武开边，云南地区的郡县划分才正式开始，官吏、治所以及所辖民族群体才变得较为明确，尽管汉魏两晋时期云南郡县的文献记述不够翔实，但延续汉代的民族分布、源流演进之情况还是能判断出大致。而且在有些没有全面记述的部族区域，又可以通过其地设置的郡县区划判断其分布大概。"自西汉至南朝，西南地区的行政区划，载于各史地理志的地名，多无事迹可考。唯从部族区域与历史发展，不难得其大概。因为郡县区划是在部族区域的基础上建立起来的，也就是说，以部族区域为郡县区域，以部族分布范围为郡县划分境界：这是'羁縻统治'所谓'即其部落列郡县'的特点。部族区域和郡县区划是紧密联系的。……大抵，由于居民分布形成部族区域，又由于部族区域形成郡县区划，要把居民、部族、郡县三者结合来了解行政区划的地域和每一地名的位置，掌握这些问题的具体内容来考证地名，是可以相互证明的。"①

一、西汉时期云南的政区设置

西汉初期，经历了秦末战乱，西汉王朝采取休养生息的治理策略，无力扩张自己的势力影响，而且，外有北方匈奴的侵扰，内有诸王的蓄谋叛乱，因此，暂放弃对西南夷地区的经略开发。《史记·西南夷列传》曰："汉兴，皆弃此国而开蜀故徼。巴蜀民或窃出商贾，取其笮马、僰僮、牦牛，以此巴蜀殷富。"表明汉王朝放弃巴蜀西南以外的诸夷国，封闭由蜀南下通西南夷地区的道路。但如前文所述，西南夷诸部族与巴、蜀的交往、联系自先秦已有，民间自然形成的文化圈层融合、涵化已成为一个整体，亦不可分割，故政治上层欲断绝彼此之往来是徒劳的，民间商贸、文化依然连接在一起。通过"笮马、牦牛"等地区特产，甚至"僰僮"人口贸易，巴蜀与西南夷依然连接在一起。《史记·货殖列传》又言："巴、蜀亦沃野……南御滇僰、僰僮。西近邛笮，笮马、牦牛，然四塞，栈道千里，无所不通，唯褒斜绾毂其口，以所多易所鲜。……蜀卓氏之先，赵人也，用铁冶富。……致之临邛，大喜，即铁山鼓铸，运筹策，倾滇蜀之民，富至僮千人。"原为中原之赵人的卓氏，迁入蜀地后，凭借西南夷地区之矿藏开发和特产贸易而富甲一方，物资往来的背后是加速民族、文化的融合及加剧民族心理的认同。卓氏的致富运作并不是孤例，往来于巴蜀与西南夷之间的中原"成功人士"还有很多："程郑。山东迁虏也，亦冶铸，贾椎髻之民，富埒卓氏，俱居临邛。"就

---

① 方国瑜. 中国西南历史地理考释 [M]. 北京：中华书局，2012：30.

连"迁虏"巴蜀的山东程郑也通过做西南夷"椎髻之民"的人口贸易而富比卓氏，可以看出西南夷地区的物产、人口、自然资源都是巴蜀之民眼中的致富宝藏，这种民间对于财富的向往和追逐不是政府可以阻止的。所以，先秦以降，以巴蜀为中介，西南夷与中原日益紧密地联系在一起，至两汉时，在这样的联系基础上设置了郡县。

经过近六十年的休养生息，到汉武帝时，西汉社会已得到了较为充分的恢复和发展，王朝的政府已经"财阜有余，士马强盛"（《汉书·西域传赞》），分封诸侯势力被削弱，中央集权加强，王朝统治日益巩固，王朝中央便开始有能力和条件来经营处理周边四夷的"边患问题"，一改从前的退守自保政策。

汉武帝元封五年（前106年），为了加强中央对地方的控制，除京师附近七郡外，袭秦制把全国分为13个监察区域①。每区由朝廷派遣刺史一人，专门负责巡察该区境内的吏政，检举不法的郡国官吏和强宗豪右，其管区称为刺史部。13个刺史分布在13个刺史部中，其中11部的名称采用了《尚书·禹贡》和《周礼·职方》中的传说州名，即冀州、兖州、青州、徐州、扬州、荆州、豫州、雍州、梁州、幽州、并州，并改其中的梁州为益州，雍州为凉州。另外有朔方、交趾二郡，仍沿用其名，称朔方刺史部、交趾刺史部，共称十三刺史部，简称"十三部"，一称"十三州"。此时的"十三州"还只是监察机构，而非行政层级的区划。东汉建武十一年（公元35年），又把朔方刺史部并入并州刺史部，交趾刺史部改为交州刺史部，降司隶校尉部（京师附近七郡设置的部名）为十三部之一，仍称十三部。到了灵帝中平五年（公元188年），改刺史为州牧，直接掌握一州的军事、行政、民政等大权，位于郡守之上，十三部遂成为郡以上的一级行政区划，从此中国行政体制由"中央—郡—县"三级变成"中央—州—郡—县"四级。益州的治所定为雒县（今四川广汉）。东汉末年，各州牧更是趁乱篡夺本州军政大权，州牧往往演化为地方割据政权，全国陷入分裂战乱之中。

---

①　《后汉书·百官五》曰："本注曰：'秦有监御史，监诸郡，汉兴省之，但遣丞相史分刺诸州，无常官。'孝武帝初置刺史十三人，秩六百石。成帝更为牧，秩二千石。建武十八年，复为刺史，十二人各主一州，其一州属司隶校尉。"（后汉书［M］.北京：中华书局，2011：3617.）

　　堪称一代雄主的西汉孝武帝从巩固统一多民族国家的全局利益出发经略西南夷，而起因与征讨南越相关。《史记·西南夷列传》载曰："建元六年（公元前 135 年），大行王恢击东越，东越杀王郢以报。恢因兵威使番阳令唐蒙风指晓南越。南越食蒙蜀枸酱。蒙问所从来，曰：'到西北牂柯，牂柯江广数里，出番禺城下。'蒙归至长安，问蜀贾人，贾人曰：'独蜀出枸酱，多持窃出市夜郎。夜郎者，临牂柯江，江广百余步，足以行船，南越以财物役属夜郎，西至同师，然亦不能臣使也。'蒙乃上书说上曰：'南越王黄屋左纛，地东西万余里，名为外臣，实为一州之主也。今以长沙、豫章往，水道多绝，难行。窃闻夜郎所有精兵，可得十余万，浮船牂柯江，出其不意，此制越一奇也。诚以汉之疆，巴蜀之饶，通夜郎道，为置吏，易甚。'上许之。"南越自赵佗称王，向西扩张，"役属夜郎，西至同师"，虽然"不能臣使"，但可以断定南越与夜郎联系密切，民间的经济文化往来和交通线路的开辟与畅通是没有问题的。因此，经由夜郎国水路出击南越是进攻线路选择的上策，何况，"夜郎所有精兵，可得十余万"，招抚夜郎可直接导致敌我双方兵力的对比变化。于是，唐蒙率军千余人至夜郎，成功招抚了夜郎王多同，元光三年（公元前 132 年），汉廷将夜郎全境归属犍为郡。

　　《史记·西南夷列传》载："乃拜蒙为郎中将……遂见夜郎侯多同。蒙厚赐，喻以威德，约为置吏……还报，乃以为犍为郡。"方国瑜先生认为："（夜郎）乃以为犍为郡"应是"（夜郎）乃以属犍为郡"之误，并且，此事应发生在元光三年（公元前 132 年)[①]。犍为郡于武帝建元六年（公元前 135 年）所置，下辖十二县，其中五县在犍为郡南部，《汉书·地理志》把这五县[②]列于最后，分别是南广、汉阳、郁鄡、朱提、堂琅，后于元封二年（公

① 方国瑜. 中国西南历史地理考释 ［M］. 北京：中华书局，2012：30.
② 任乃强的《〈华阳国志〉校补图注》说："元封二年置犍为南部都尉，所领四县，当为朱提、堂琅、南广、汉阳。"见于该书第 280 页。刘琳《〈华阳国志〉校注》说："本卷总叙云孝武帝置牂柯'及越巂、朱提、益州四郡'。则此处'元封二年置'者，其意谓以犍为南部置朱提郡。然汉武未置朱提郡，观《汉志》可知。疑是此年设朱提县，常氏误以为郡。（属县四）盖指犍为南部都尉所辖四县，即汉阳、朱提、堂琅、郁鄡。都尉治汉阳。"见于该书第 414 页。林超民《云南郡县两千年》列"南广、汉阳、郁鄡、朱提、堂琅"五县于犍为南部境内。见于该书第 13 页。《汉书·地理志》把"南广、汉阳、郁鄡、朱提、堂琅"五县列于犍为郡的最后，推测将其归入犍为南部都尉之用意，因此本书从林说。

元前 109 年）别设"都尉"①，治汉阳，五县中的余下四县均在今云南境内，分别是：南广（今镇雄）、郁鄢（今宣威）②、朱提（今昭通、鲁甸地区）、堂琅（今巧家、会泽一带），这四县是两汉在云南最早设置的郡县。之所以后设都尉进行军政合一的管理，主要因为这些地区的民族群体变迁。早期由岷江流域的僰人逐渐南迁来到今滇东北地区，比起中原较为发达的农业文明，此地区同以农业为主的社会比较相对落后，因此别设都尉，进行军政合一的管理。但至东汉时期，益州郡内纷扰，渐有叟人民族群体由滇池地区进入该地。叟本属氐羌一支，所谓"大种曰昆，小种曰叟"（《华阳国志·南中志》）。可能因人数上的优势，叟人在滇东北地区建立了许多的聚落或族邑，导致僰人被迫迁移到滇西洱海的南部区域，成为后来所置云南郡郡内的"下方夷"或"河蛮"民族群体。由于僰人社会较汉族"落后"，西汉初期，犍为南部设都尉治所于汉阳（今贵州威宁、水城地区），管辖朱提县，而南部都尉又成为犍为郡之附属。可见，汉初，朝廷对于今滇东北的经营管辖还未深入，只作为边州和边郡而"羁縻"之。因此，西汉"发巴、蜀卒治道，自僰道指牂牁江"（《汉书·西南夷两粤朝鲜传》），开辟"南夷道"，继续经

---

① 《华阳国志·南中志》曰："朱提郡，本犍为南部，孝武帝元封二年置，属县四。建武后，省为犍为属国。"任乃强《〈华阳国志〉校补图注》对此注释说："《后汉志》云：'永初元年以为属国都尉，别领二城。……'比于一郡。二城，朱提与汉阳也。后汉无堂琅县，盖已并于朱提，亦无南广县，盖已并于汉阳也。《前汉志》南广、汉阳与郁鄢，叙朱提、堂琅前，明其置县较早，盖三县本僰侯地，只朱提、堂琅是头兰地。置犍为南部都尉时，僰国已不存在，故割彼二县合头兰地为都尉领耳。"见于该书第 280 页。刘琳《〈华阳国志〉校注》说："犍为南部改为犍为属国在安帝永初二年，治朱提，领朱提、汉阳二县。"见于该书第 414 页。
② 《华阳国志·南中志》曰："郁鄢县雍闿反，结垒于县山，系马柳柱生成林，今夷言（无雍梁），夷言马也。"任乃强《〈华阳国志〉校补图注》注释说："汉郁鄢县属犍为郡，故治当在今雷波县马湖附近……《后汉·郡国志》无，盖已因乱蔑废矣。蜀汉时曾于故墟置马湖县。晋乃更置郁鄢县于建宁郡界，用汉旧名，非汉旧地也。其故城定于贵州之威宁县（旧《云南通志》定汉阳于威宁）。《新纂云南通志》则定之于云南宣威县（《杨守敬图》定宛温于宣威）。后者于形势为合。刘琳《〈华阳国志〉校注》说："（郁鄢）西汉置，属犍为郡。东汉省，地并入汉阳。……《水经·存水》：'存水出犍为郁鄢县。'"存水即今北盘江北源可渡河，出宣威西北山中，东流经宣威、威宁二县界。据此，道光《云南通志稿》、杨守敬《历代疆域沿革险要图》定郁鄢于威宁，《新纂云南通志》定于宣威。按当时定于宣威附近较合理，所以威宁应属汉阳县地。

略西南夷地区，然而投入甚巨，西南夷又数反，武帝采纳公孙弘建议，罢西南夷，元封二年独置犍为南部于南中，治汉阳（今贵州威宁、水城地区）别设都尉，这又体现了汉武帝卓越的政治远见。

犍为南部四县皆位于今滇东北地区，参照《中国历史地图集·益州刺史部北部》不难看出，作为西汉经略南方的"桥头堡"，犍为属郡向西可继续开拓西南夷地区，打通"蜀身毒道"，向东则可由夜郎进击南越王国，犍为属郡既成为战略缓冲地带，又是军事用兵的前沿。其在西南地区的战略地位对西汉王朝非常重要，因此，在停闭西南夷故徼的大背景下，独留置犍为属郡。后因民族群体的变迁，邟䣖并入建宁，朱提设郡辖余四县。四县中，位于朱提之北，与犍为连接的南广又因"族属居民迁徙与朱提不尽相同"而自成区域，曾置南广郡。《水经·江水注》曰："南广县，刘禅延熙中分以为郡。"赵一清释《水经注》曰："（南广郡）似是蜀置，西晋废，东晋复立也。"不同民族群体的社会发展程度、文化圈层类型，以及民族群体的迁徙流变都是汉魏以来，滇东北郡县区划置罢反复、分合靡常的深层原因。"其所以改变，不是由王朝统治者的意图来摆布，而是社会历史发展所决定的。"[1] 这里的"社会历史"也绝不仅是汉民族的社会历史，而是这个特定区域内所有民族群体的社会历史，正是汉魏时期，在今天滇东北地区，处在社会历史发展不同阶段的各个民族群体，形成、表现出的不同的文化圈层造成了当时郡县区划还不稳定的格局。

《史记·司马相如列传》曰："是时，邛、筰之君长，闻南夷与汉通，得赏赐多，多欲愿为内臣妾，请吏，比南夷（夜郎）。……司马长卿便略定西夷，邛、筰、冉、駹、斯榆之君皆请为内臣。除边关，关益斥，西至沫、若水，南至牂牁为徼，通零关道，桥孙水以通邛都。"《史记·西南夷列传》也云："蜀人司马相如亦言西夷邛、筰可置郡。使相如以郎中将往喻，皆如南夷，为置一都尉，十余县，属蜀。"司马相如出使西南夷，作《难蜀父老书》曰："汉兴七十有八载。"《集解》引徐广语："元光六年。"由此可知，公元前 129 年，西汉在邛、筰和夜郎地区已设治。

一方面，西汉在西南夷地区设郡置吏；另一方面，又发巴蜀、广汉卒数

---

① 方国瑜. 中国西南历史地理考释 [M]. 北京：中华书局，2012：45.

万人，先修筑了僰道至牂牁的南夷道，后欲开筑邛笮通斯榆的西夷道。但因赋役苛重无果，更因西汉朝廷当时致力于"筑朔方以据河逐胡"而"专力事匈奴"，导致暂时停止对西南夷的开发经营，遂"上罢西夷，独置南夷、夜郎两县一都尉，稍令犍为自葆就"（《史记·西南夷列传》）。《汉书·武帝本纪》云："元朔三年（公元前126年）秋，罢西南夷城。"即言此事。

在西南夷地区的置罢存废问题上，汉廷先因要"专力事匈奴"而罢西南夷，后也是为了对付匈奴而重开西南夷。张骞出使大夏后回报曰："臣在大夏时，见邛竹杖、蜀布。问曰：'安得此?'大夏国人曰：'吾贾人往市之身毒。身毒在大夏东南可数千里。其俗土著，大与大夏同，而卑湿暑热云。其人民乘象以战。其国临大水焉。'以骞度之，大夏去汉万二千里，居汉西南。今身毒国又居大夏东南数千里，有蜀物，此其去蜀不远矣。今使大夏，从羌中，险，羌人恶之；少北，则为匈奴所得；从蜀宜径，又无寇。""天子既闻大宛及大夏、安息之属皆大国，多奇物，土著，颇与中国同业，而兵弱，贵汉财物；其北有大月氏、康居之属，兵彊，可以赂遗设利朝也。且诚得而以义属之，则广地万里，重九译，致殊俗，威德遍于四海。天子欣然，以骞言为然，乃令骞因蜀、犍为发间使，四道并出：出駹，出厓，出徙，出邛、僰，皆各行一二千里。其北方闭氐、笮，南方闭嶲、昆明。昆明之属无君长，善寇盗，辄杀略汉使，终莫得通。然闻其西可千余里有乘象国，名曰滇越，而蜀贾奸出物者或至焉，于是汉以求大夏道始通滇国。初，汉欲通西南夷，费多，道不通，罢之。及张骞言可以通大夏，乃复事西南夷。"（《史记·大宛列传》）从蜀地出发，经由西南夷地区绕道西北与早有内附愿望的西域诸国，如大夏等，组成"讨伐匈奴同盟"，希冀通过东西夹击的战略胜利。至此，复开西南夷已成为巩固西汉王朝统一全局的关键战略性。

当时，西汉王朝已成功经略西域，西域诸国多有内附之意，只苦于匈奴阻隔，张骞于大夏见到经身毒贩运而来的"邛竹杖、蜀布"，由蜀经身毒而通西域的一条"盟友线路"便跃然于汉廷的眼前。基于对付匈奴的战略目的和匈奴所处的地域实际情况，汉廷决定经蜀身毒道，联合西域大夏、安息诸国共同夹击匈奴。如果由西直接联合大夏则必经羌人属地，"羌人恶之"，较为危险，"少北，则为匈奴所得"，而"从蜀宜径，又无寇"，由西南迂回西进可达包抄夹击匈奴之目的。况且，汉通蜀身毒道还能有财货之利，对于经营巴蜀、巩固后方有着经济上的红利。西域诸国又"贵汉财物","可以赂遗设利朝也"。于是,汉遣使臣"四道并处",径西南夷求通蜀身毒道。虽然汉使至滇,因昆明部族的碍阻未得通行,却意外收获"滇大国,足事亲附"的信息,汉家"天子注意焉"。

无论从军事政治的安定,还是从经济商贸的利益,汉欲经营西南诸夷之心久矣,其间,虽有不少权臣反对汉廷对西南用力,然西南诸夷业已和巴蜀之文化圈层结为一体,自先秦以来,两个区域的政治、经济、文化、民族群体的交往发展已不可分离(对此,前文已有提及),更为重要的是西汉只有通过发展西南与南越及身毒的联系,才能遏制匈奴的侵扰,维护汉朝边境的安定统一,西南诸夷的内附对于西汉王朝有着十分重要的战略意义。故此,我们不难看出,西汉王朝此前对西南夷地区的开发经略虽有轻重缓急之分,有顾此失彼之虑,但对西南夷地区的经营战略意图从未放弃,始终不断向前推进着。

元鼎五年(公元前112年)秋,西汉分兵几路攻南越,其中一路自巴蜀经夜郎出发。"使驰义侯因巴、蜀罪人,发夜郎兵,下牂牁江。"然而"驰义侯所发夜郎兵未下,南越已平矣"(《史记·南越列传》)。驰义侯即以兵威在南夷夜郎地区开设郡县。《史记·西南夷列传》对此事亦有较为详尽的记述,此处不再赘述。总之,西汉在夜郎地区由此正式设置郡县,又趁势征服邛都、笮都,震慑冉駹诸部,经过一年多的军事行动,最终于"元鼎六年冬十月,令驰义侯征西南夷平之,定西南夷,以为武都、牂牁、越巂、沈黎、汶山郡"(《汉书·武帝本纪》)。至此,西汉之郡县制度开始自南夷地区向西夷地区推进,当然,这些郡县的地位和性质还只是郡县制与羁縻制并行的二元政区组合,尚不可与中原"正郡""正县"同日而语。至元封二年(公元前109年),西汉王朝继续大规模向西夷地区推进郡县制度。"天子(武帝)发巴蜀兵击灭劳浸、靡莫,以兵临滇。滇王始首善,以故弗诛。滇王离难西南夷,举国降,请置吏入朝。于是以为益州郡,赐滇王王印,复长其民。"(《史记·西南夷列传》)前文叙述秦代西南置吏时已提到古滇王国主要以百越民族群体为主,主要从事农业生产生活方式,已有较为发达的青铜文明,然而其与地处偏西的昆明、巂、叟等氐羌系非农业民族群体犬牙交错杂居,与中原农业文化圈分属不同文明类型,相互之间的文化认同度不高,因此，在西汉封设滇王，设置益州的同时，需要时间对这些处于不同文化圈层之中的民族群体进行文化驯化或整合。《后汉书·南蛮西南夷列传》曰："滇王者，庄蹻之后也。元封二年，武帝平之，以其地为益州郡，割牂牁、越嶲各数县配之。后数年，复并昆明地，皆以属之此郡。""后数年"正是这种文化试图驯化的过程，虽不能确定"数年"的确切时间，但"从记录看，元封六年（公元前105年）昆明尚未平服"①。其实，两种异质文化的相互融合并不容易，东汉益州西部都尉及西部属国升格为永昌郡以后，滇池地区以东、西至洱海的广袤地区分布着的众多非农业民族群体依然对抗来自中原的农业文化冲击，文献屡有记述，此处不赘。

从建元以后，经过三十多年的开拓经略，中原文化圈已经在西南夷的大部分地区有所拓展，在以汉武帝为核心的西汉中央政权的积极推动下，在这些地区通过军事征讨和政治招徕，先后设置了牂牁、越嶲、沈黎、汶山、武都、犍为（及犍为属国）、益州七个州郡，其中有四郡的部分或全部辖县在今云南境内，分述如下：

1. 牂牁郡

置郡之初，以犍为郡鳖县（今贵州遵义）来属，又领且兰、头兰、漏卧、句町等南夷地，大部分为夜郎国故地。元封二年（公元前109年），以滇国故地置益州郡，"割牂牁、越嶲各数县以配之"（《后汉书·南蛮西南夷列传》）。汉武帝开"西南夷"，于夜郎古国之地置牂牁郡，前文秦之置吏一节已提及夜郎的主体民族源于百越民族群体系统，因此，"牂牁"之名应出自先秦百越之越语。《太平御览》卷七七一引《异物志》曰："有一山，在海内，小而高，似系船杙，俗人谓之越王牂牁。"故此，越语"船杙"为"牂牁"。

牂牁郡治郡且兰（今贵阳、都匀一带），共辖十七县，"范围包括今贵州省、云南曲靖地区东南部、文山州和红河州的一部分、广西西部的右江上游地带"②。参照《中国历史地图集·益州刺史部南部》可辨别其中西部的十一县分布在今云南省的东南部。分别是谈槁县、漏江县（今泸西、师宗）、

---

① 方国瑜主编. 云南郡县两千年［M］. 昆明：云南广播电视大学，1983：10.
② 尤中. 中国西南的古代民族［M］. 昆明：云南人民出版社，1980：52.

同并县（今弥勒一带）、毋单县、宛温县、漏卧县（今罗平）、句町县（今广南）、都梦县（今麻栗坡）、镡封县（今邱北）、西随县、进桑县（东汉改称进乘县，今马关、河口一带）。

牂牁郡的人口种族承继秦之民族群体源流，以源于百越系统的"僚"和"濮"两大民族群体分支为主。

《后汉书·南蛮西南夷列传》说："武帝元鼎六年，平南夷，为牂牁郡，夜郎侯迎降，天子赐其王印绶。后遂杀之。夷僚咸以竹王非血气所生，甚重之，求为立后。"原夜郎古国境内的民族群体为"夷僚"，是百越系统的分支，此后，"僚"的民族群体名称就配以牂牁多次出现。《三国志·蜀志·张嶷传》注曰："牂牁、兴古僚种复反，（马）忠令嶷领诸营往讨。"《晋书·武帝纪》曰："太康四年（公元283年）六月，牂牁僚二千余落内属。"《太平御览》卷三五六引晋人郭义恭《广志》说："僚在牂牁、兴古、郁林、苍梧、交趾，皆以朱漆皮为兜鍪。"至东晋时，部分僚人自牂牁北上入川，《水经·漾水注》就曾云："李寿之时，僚自牂牁北入，所在诸郡，布满山谷。"这部分北上入川的僚人最终大概融入了当地的汉族当中。牂牁郡还有一部分同样出自百越系统的"鸠僚"。《华阳国志·南中志》云："兴古郡，建兴三年置，属县十一……多鸠僚、濮……"《太平御览》卷七九一引《永昌郡传》说："兴古郡，在建宁郡南八百里，郡领九县……九县之人，皆号曰鸠民……鸠民咸以三尺布角割作两襜。"兴古郡乃蜀汉时分两汉牂牁、益州二郡连接地带所置，其中今文山、红河两州之间即西汉鸠僚分布所在。"'鸠僚'显然是从'僚'中分化出来的，他们仍与同出自百越系统的濮族共同杂居在一起。"①

牂牁郡的主体民族群体除去僚人外，还有"百濮"民族群体。百濮与僚一样，同源于百越民族群体系统。《华阳国志·南中志》曰："武帝转拜唐蒙为都尉，开牂牁，以重币喻告诸种侯王，侯王服从。因斩竹王，置牂牁郡，以吴霸为太守。及置越巂，朱提、益州（四）郡。后夷濮阻城，咸怨诉竹王非血气所生，求立后嗣。"联系上文所引《后汉书》记述夜郎夷人为竹王求嗣的史料，可知两书所记史实为一事，只是"夷僚"与"夷濮"称谓不同，

---

① 尤中. 中国西南的古代民族 [M]. 昆明：云南人民出版社，1980：55.

由此可见，僚与濮都是百越民族群体系统中的不同部分或不同分支，西汉时，他们仍然共同混居在一起，仍然依照共同的民族群体文化传统拥戴夜郎贵族为共同的王。当然两个分支之间已经在文化特性上出现了分化，所以《华阳国志·南中志》又对此有分别的记述："谈稿县，有濮、僚。"牂柯郡南部的句町县（今广南）、宛温县以百濮为主体民族群体。《华阳国志·南中志》曰："句町县，故句町王国名也，其置自濮王姓母，汉时受封迄今。""濮王"，百濮之王也。今云南红河即汉时"仆水"。《水经·江水注》曰："仆水东至交州交趾郡麓冷县（今越南河内），南流入于海。"红河下游的今金平县在汉代为西随县，屏边、河口一带为进桑县，皆属牂柯郡。"这一带地方都有僚、濮，而濮族人口较多，所以水被命名为'仆水'，即'濮水'。"①

牂柯郡内同样源于百越系统的濮、僚民族群体，他们的生产生活方式主要为农业。关于牂柯郡的人口户数，《汉书·地理志》曰："户二万四千二百一十九，口十五万三千三百六十，县十七。"然而《后汉书·郡国五》则曰："十六城，户三万一千五百二十三，口二十六万七千二百五十三。"编户数量上升了三分之一，主要是西汉至东汉期间，牂柯郡内内地汉族移民的增加造成，并不能客观反映当地土著民族群体的人口变化。十六县应对应此十七县中之十六，或者说有十六个县是按十六城来设置的，数量上折射出，武帝时期牂柯地区的县级政区与城镇发展尚处于起步阶段。

2. 越巂郡

汉武帝元鼎六年（公元前111年）开邛都国而置。郡治在邛都县（今四川西昌市），西汉后期隶属于益州刺史部。南朝梁置巂州。隋唐时两度恢复越巂郡旧称。

越巂郡下辖十五县，其中大部分在今四川境内，只有四县位于今云南境内，分别是三绛县（东汉之三缝县，今元谋姜驿）、青蛉县（今大姚以北）、姑复县（今华坪）、遂久县（今永胜、丽江一带）。"汉以邛都地区设越巂郡，居民族属以邛族为主，尚有笮、旄、昆诸族，各成区域，与牂柯郡之同为僚族而以部族联结分作若干区域者不同。盖邛、笮、旄、昆同为古羌人之

---

① 尤中. 中国西南的古代民族 [M]. 昆明：云南人民出版社，1980：54.

分支，其差别较显著，唯地在大渡河南金沙江北，且此区域内各族居民之联系密切，故设为一郡，而各族则自成区域也。"① 方国瑜先生按上述邛、筰、嶲、昆四个民族群体的分布又分述越嶲十五县，归纳起来大概是：邛族居民主要分布在邛都、会无、卑水、台登、三绛、苏示六县；筰族居民主要分布在定筰、大筰、筰秦三县；嶲族居民主要分布于灵关、阑、灩街三县；昆明族则主要分布于遂久、青蛉县、姑复县三县。其中部族最大、分布最广的当系邛族，此可以与《史记·西南夷列传》之"自滇以北君长以什数，邛都最大"一句互为佐证。不难看出虽然西汉把这四个今川南地区较大的民族群体部落较为粗略地纳入一个郡级政区当中，但四个民族群体还是依据自己的族属特性自成区域，并不以政治上的划分而混为同一，依然较为独立而又相互联系地存在着，直到魏晋三国时期，统治者又不得不依照这些民族群体的实际分布状况重划政区。

越嶲郡大部分的辖县都分布在（四川）邛都地区，因为邛都一带的古羌民族群体早在先秦时就已受蜀文化之影响而进入半农半牧的文明形态，社会组织形式已进入部落联盟阶段，有较大的部族首领。《后汉书·南蛮西南夷列传》就曰："西南夷者，在蜀郡徼外。有夜郎国，东接交阯，西有滇国，北有邛都国，各立君长。其人皆椎结左衽，邑聚而居，能耕田。其外又有嶲、昆明诸落，西极同师，东北至叶榆，地方数千里。无君长，辫发，随畜迁徙无常。自嶲东北有莋都国，东北有冉駹国，或土著，或随畜迁徙。自冉駹东北有白马国，氐种是也。此三国亦有君长。"由于文化的特质不同，中原的强势农业文化进入邛都地区，与邛都当地固有的农业文化易于融合、同化，但进入嶲、昆明、莋都这些异质文明地区时，文化的涵化就需要漫长的过程。因此，西汉在嶲、昆明民族群体分布的地区，很难建立起较有规模的郡县和城镇群。另外，邛都地区"南山出铜"，在当时中原王朝的货币制度下，也成为一个被重点开发的原因之一。"嶲"字应源于当地的山水地理名称，《汉书·地理志》"越嶲郡"条下应劭注云："故邛都国有嶲水，言越此水，以章休盛也。"王莽时改越嶲为集嶲，仍然沿用"嶲"字。

需要特别注意的是，以"嶲"为名的民族群体在滇西永昌地区（今保山

---

① 方国瑜. 中国西南历史地理考释 [M]. 北京：中华书局，2012：38.

地区）也有分布。《史记·西南夷列传》曰："西自桐师以东，北至叶榆，名为嶲、昆明。"《索隐》引崔浩说："嶲、昆明，二国名。"《集解》引徐广语："永昌有嶲唐县。"桓宽《盐铁论·备胡篇》又说："氐、僰、冉駹、嶲唐、昆明之属。"以上诸家所言，嶲唐、昆明应为两个部族区域。然而，缪鸾和先生认为："《史》《汉》西南夷传所载'嶲、昆明'之'嶲'，注家多认为'越嶲'，《汉书》颜注：'师古曰：嶲，即今之嶲州也。'《补注》：'先谦曰：嶲，今宁远府西昌县。'……以习俗言，其叙邛都曰：'魋结，耕田，有邑聚。'其叙嶲、昆明曰：'皆编发，随畜迁徙，毋常处，毋君长'，显为两个文化类型，何可混为一谈？故知'嶲、昆明'之嶲，绝非越嶲。……嶲唐今地，据《一统志》，谓故城在今云龙州；《云南通志稿》谓：嶲唐虽在云龙州西南境，其地属永昌府保山县；……虽无定说，然以地望言，均在叶榆西南也。按本志多取材于《史》《汉》，其叙南中诸国，'嶲、昆明'易作'嶲唐'，盖有故矣。又《续汉书·郡国志》刘昭注：'嶲唐，本西南夷。《史记》曰：古为嶲昆明。'足为佐证。……而《史记》嶲、昆明并举，地当毗连，遂移昆明以就越嶲，另以宁远府盐源县当之。"① 缪鸾和先生的这一论断极为重要，他为我们缕清了秦汉时期，"越嶲"与"嶲唐"两个不同地域、不同民族群体的概念而不至于混淆。越嶲郡内以邛都（今四川西昌）为中心，向南辐射到定莋（今盐源彝族自治县）地区，除邛、笮有民族群体外，还有部分嶲、昆明民族群体分布，但受邛、笮文化的影响，已经发展进入半农半牧的社会阶段，虽与其西南方向的叶榆（今大理地区）、桐师（今保山地区）之嶲、昆明辖地"毗连"，但文化形态已经不完全同于叶榆、桐师"皆编发，随畜迁徙，毋常处，毋君长"的原始游牧类型。因此《史记·西南夷列传》所说："其外西自桐师以东，北至叶榆，名为嶲、昆明。编发，随畜移徙，亡常处，亡君长，地方可数千里。"其中的"嶲"应作嶲唐解，原为滇西与昆明相近的一个游牧部落，而非越嶲郡内的主要民族群体。

越嶲郡的民族群体组成较为复杂，主要分为氐羌、汉、百越和先秦当地土著，前后《汉书》的人口记述应该为当地农耕文明的民族群体人口。《汉书·地理志》说："越嶲郡，户六万一千二百八，口四十万八千四百五，县

---

① 缪鸾和.《华阳国志·南中志》校注稿［M］. 昆明：云南大学西南古籍研究所，2000：20-21.

十五。"《后汉书·郡国五》曰:"越巂郡,十四城,户十三万一百二十,口六十二万三千四百一十八。"从数字来看,自西汉至东汉,民户增加近一倍,人口增加近三分之一,反映农业文明在当地的发展和扩展。

3. 犍为郡

《华阳国志·蜀志》曰:"鳖(贵州遵义),故犍为地也。鳖有犍山。见《保乾图》。"《保乾图》虽已亡佚,无从定位此山之地望,但其字义还是可以说明犍为郡名的来历。犍山,任乃强疑为《汉志》之"不狼山"。"犍,即野牛。山即今遵义娄山,古以产野牛,称为犍山。为,治也。置郡于此,为开南夷道,故因其山名曰犍为。"① 对于汉武帝在西南夷地区的设郡时间,《华阳国志》也有较为明确的记述,其《蜀志》曰:"建元六年(公元前135年),分蜀、广汉置犍为郡。元封元年,分犍为置牂牁郡。二年,分牂牁置益州郡。"其《华阳国志·南中志》又云:"朱提郡,本犍为南部,孝武帝元封二年置,属县四。建武后,省为犍为属国。"如此,西汉于西南地区的置郡脉络也就清晰了。犍为乃是汉在西南最早的郡县设置地区,其他如牂牁、益州都是以犍为郡为基础而分割、合并的后续郡置。因此,犍为作为西南夷地区之"初郡"需要着重论述。

就犍为的郡治而言,经历数度变更。"汉武分巴割蜀,合夜郎之地以置犍为郡,除去僰道、符县旧属巴蜀而外,自其南皆为夜郎国"②,《汉书·地理志》颜注引劭曰:"故夜郎国。"这说明夜郎此时在犍为郡内。犍为初只领"南夷"之夜郎地两县,元鼎六年(公元前111年)郭昌、卫广平南夷并设牂牁郡后领县十二。《华阳国志·蜀志》记:"犍为郡,孝武建元六年置,时治鳖(今贵州遵义),其后县十二,户十万。"元光五年(公元前130年),移治南广县,昭帝始元元年(公元前86年),再迁治僰道城(今四川宜宾市市区)。王莽新朝改犍为郡为"西顺郡",徙治于武阳(今四川彭山),仍领前述十二县。东汉时,僰道仍为犍为郡治。

从《史记·西南夷列传》的记述来看:建元六年(公元前135年),西汉进击南越,唐蒙于南越吃到了产自蜀中的枸酱,由此打听出一条由巴蜀经

---

① 常璩.《华阳国志》校补图注 [M]. 任乃强,校注. 上海:上海古籍出版社,1987:173.

② 常璩.《华阳国志》校注 [M]. 刘琳,校注. 成都:巴蜀书社,1985:390.

夜郎至南越地区的军事通道，进而招徕了夜郎民族群体，置犍为郡，领县十二。后因南夷道不能通，且西南夷又数反，"耗费无功"而"上罢西夷，独置南夷夜郎两县一都尉，稍令犍为自葆就"。因此，"元朔三年（公元前126年）秋，罢西南夷城"（《史记·武帝本纪》）。犍为南部别设一都尉，治汉阳（今贵州威宁、赫章一带），辖县朱提（今昭通、鲁甸一带），即所谓"两县一都尉"。另外，在犍为郡所辖十二县中，位于今云南境内的有南广县（今镇雄、盐津一带）、郁鄢县（今宣威）、堂琅县（今会泽、巧家、东川一带），加上犍为南部都尉中的朱提，共有四县在今云南境内。由于犍为南部几个县的重要战略位置，西汉武帝并不曾放弃对它们的经营控制，对此前文已述，此处不赘。

犍为郡内的民族群体组成情况较为复杂，有夜郎、百越、氐羌、汉几个民族群体分块而成。原为"羌之别种"的僰人以及与之混居在一起的西羌民族群体，由于北方汉族的强势文化挤压，开始由僰道（今四川宜宾）附近逐渐向南迁移，进入今滇东北地区。《华阳国志·蜀志》曰："僰道县在南安东四百里，距郡百里，高后六年城之，治马湖江会，水通越嶲。本有僰人，故《秦纪》言僰僮之富，汉民多，渐斥徙之。"所谓"南夷之君，西僰之长"（《史记·司马相如传》），《索引》说："西夷邛僰。"司马相如入蜀招徕抚慰的对象之一就是僰人，原因就是中原强势的农业文明对僰人地区较为落后的农业文明的冲击。而且说明邛、筰地区也有僰人分布，他们和邛、筰地区的氐羌民族群体其他分支一齐并称为"西夷"。自邛、筰往东，僰道一带，至秦时仍是僰人的主要聚居地区。僰人的分布较广，自僰道以下一直延伸至古滇国的中心。但是，由于汉族的不断南迁进入四川地区，原本聚居于僰道周围的僰人至西汉武帝时已大部分南迁至犍为南部之朱提县（今昭通）附近。因此，《史记·西南夷列传》曰："及汉兴，皆弃此国而开蜀故徼。巴蜀民或窃出商贾，取其筰马、僰僮、髦牛，以此巴蜀殷富。"对僰僮的贩卖要从巴蜀"窃出"至滇东北，甚至滇中地区了。在汉初放弃对滇、夜郎等国的经略后，巴蜀民间依然私自保持与古滇国境内的经济文化往来。虽然古滇国的主体民族群体是自东南而来以农耕为主的百越民族群体，但同样以农业为主的僰人民族群体与之交错杂居于"滇国"地区，两大民族群体主要居住在坝区，而山区主要为与僰人同源的氐羌民族的叟和昆明民族群体居住，部分从事农耕，部分从事畜牧。这种立体性的杂居民族群体分布状态"往南延续至红河以北；往西延续至洱海周围地带"①。

另外，前文已提及的与百越有着密切的族属源流关系的夜郎民族群体（僚和濮）在牂柯郡与犍为郡及益州郡交界的今富源县和晋宁县一带都有分布。《华阳国志·南中志》曰："谈稿县，有濮、僚。伶丘县，主僚。"谈稿县在今富源一带，伶丘县即蜀汉时期的建伶县，在今晋宁、昆阳一带。在三郡交界的区域内，犍为郡和益州郡内源自氐羌系统的僰、叟、昆明与牂柯郡内出自百越系统的僚、濮交错杂居在一起，两大民族群体系统的文化产生了接触、融合。

值得注意的是西汉以前，僰人的族属源流、其特殊的地理分布位置和地缘政治条件，以及由此形成的特殊的民族群体文化，决定了"僰族是'西南夷'中经济、文化发展水平最高，与汉族直接接触的时间最早的一个民族（民族群体）"，从而，最晚至战国时代时，沿着僰人分布的地区，中原的部分民族群体开始向西南地区迁移，到了汉代，中原民族群体融合成了一个有统一文化属性的民族——古代汉族，也就是现代汉民族的先民，于是沿袭着西汉以前汉族先民向西南开拓的路径，汉族继续向西南移民。早在战国末期，楚将庄蹻"泝沅水出且兰以伐夜郎，植牂柯……（庄蹻）遂留王滇池"。最终，庄蹻所率楚军的一支只能"变服，从其俗，以长之"。如果说先秦时的楚人还不算严格意义上的"中原汉族"的话，那么，武帝建元六年（公元前135年）西汉置犍为郡的同时，"会唐蒙使略通夜郎西僰中，发巴蜀吏卒千人，郡又多为发转漕万余人……唐蒙已略通夜郎，因通西南夷道，发巴、蜀、广汉卒，作者数万人"（《史记·司马相如列传》）。又是一批巴蜀的汉族或僰人向南夷地区迁徙，当然，这批"治道"的外来民族群体最终是否滞留南夷之地，尚不清楚，但这已经显示出一个信号：随着中原文化圈层向西南夷地区的扩展、中原王朝在西南夷地区设郡置吏的增多、对西南夷各个民族群体经略的深入，势必有一批又一批的中原民族群体会随着军事、政治、经济的活动，官方性地、半官方性地或者完全民间自发性地向西南夷地区迁入。

按大致的时间先后顺序，除前述的官方治道所征发的"巴蜀吏卒"外，

---

① 尤中. 中国西南的古代民族 [M]. 昆明：云南人民出版社，1980：21.

还有"发巴蜀兵击劳浸、靡莫，以兵临滇"（《史记·西南夷列传》），终征服滇国；"遣武威将军刘尚等发广汉、犍为、蜀郡人及朱提夷"（《后汉书·南蛮西南夷列传》），镇压叛乱的栋蚕、姑复等西南夷帅。

于民间而言，中原汉族经巴蜀而入西南进行的经济文化活动也越发频繁，随着这些经济、文化的开展，进入或迁入西南夷地区的汉族或汉化了的民族也越来越多。

以"屯垦"方式进入西南夷地区的汉族也不在少数。"当是时，汉通西南夷道，作者数万人，千里负担馈粮，率十余钟致一石，散币于邛僰以集之。数岁道不通，蛮夷因以数攻，吏发兵诛之。悉巴蜀租赋不足以更之，乃募豪民田南夷，入粟县官，而内受钱于都内。"（《史记·平准书》）西汉的屯垦政策后能一直沿用至三国曹魏时期，原因就在于"租赋"不足以供给军粮，是一种解决战时军需供给的策略。可见西汉经营西南夷地区，军事占了极其重要的一个方面。"屯垦"分为军屯与民屯，显然，上文《史记·平准书》里提到的是"募豪民"的民屯政策，由富商大贾招募民众进入西南夷屯垦，将所获谷粮上交当地郡县，再凭借官府出具的凭证回到内地支取货币，这样既保证了西南夷郡县的稳固，又满足了民间对土地、财富的追求。这些汉族屯户主要分布在南夷道沿线的平坝地区，如文齐先后在今昭通、晋宁等地兴修水利，发展农业，就是服务于屯垦的。那么，"屯垦"尚未施行之时，又或不利于开展"屯垦"的非平坝地区，军用或官用的粮食，包括日常生活必需品就只能依靠从内地漕运供给了，于是，迁入西南夷地区的汉族当中又存在着专门负责运送粮食及生活必需品的"民夫"群体，如唐蒙初伐夜郎时，"将千人，食重万余人，从巴蜀笮关入，遂见夜郎侯多同"（《史记·西南夷列传》）。我们不难想象，在往来于内地与西南夷的过程中，肯定会有部分的民夫留居于西南夷地区。

此外，西南夷地区独特的物产，使得商贾有利可图，他们也不顾路途险峻，深入西南夷地区，进行贸易流转，为西南地区和内地的物质文化交流做出了贡献。"早在战国时期，就已经有了蜀商往来于西南夷地区。"① 最晚至秦时，巴蜀地区的僰人民族群体就沿着后来由秦开拓的"五尺道"深入西南

---

① 王文光，朱映占. 中国西南民族通史：第二卷［M］. 昆明：云南大学出版社，2015：263.

夷地区，开展丰富的经济、文化交往。当汉武帝决定关闭西南夷边境以后，仍然有"巴蜀民或窃出商贾，取其筰马、僰僮、髦牛，以此巴蜀殷富"（《史记·西南夷列传》）的状况。而后，随着南夷道、西夷道的开通，西汉朝廷"除边关、关益斥"，自然有更多的汉族或汉化了的商贾来到西南，从事更广泛的商贸经济活动，他们中有些在西南夷地区买房置地，设置了自己临时性或永久性的居所。

西汉朝廷在西南夷地区建置的几个政区，有来自中原或巴蜀的汉族军、政人员。《汉书·食货志》载曰：自元鼎六年（公元前 111 年）开始，"汉连出兵三岁，诛羌，灭两粤，番禺以西至蜀南者置初郡十七，且以其故俗治，无赋税，南阳、汉中以往往以地比，给新郡吏卒奉食、币物，传车马被具。"说明当时在西南夷地区留守的兵吏成为汉族聚居的核心。

《汉书·地理志》记述犍为郡的户数为十万九千四百一十九，人口为四十八万九千四百八十六。到了《后汉书·郡国五》就说："犍为郡九城，户十三万七千七百一十三，口四十一万一千三百七十八。"上文已提及由于西汉边地郡县的军、政所需之粮食不足，只能向内地募民屯田，而屯田交租的汉族"民户"无疑要编入户口计数，那些当地的夷户则不纳入编户，所以上述的户口数据基本可以认定为西南夷地区汉族或汉化了的民族大致数目。而前后《汉书》的数字变化应该表明：从西汉到东汉，犍为郡的汉族或汉化了的移民数量在增长，户数从十万多增至十三万多，而人口数量的减少可能由于犍为郡地区自西汉到东汉几次大的夷族叛乱，带来汉族人口减少，而更重要的原因则是西汉所设的犍为南部都尉至东汉"永初元年以为属国都尉，别领二城"（《后汉书·郡国五》"犍为属国"按语）。犍为属国分割了故郡的朱提、汉阳两县，户七千九百三十八，口三万七千一百八十七。自西汉始，迁入犍为郡的汉族或汉化民族是增多的。

以留守西南夷的兵吏为核心的汉族聚居区域不断扩大，形成分散的小的中原文化圈在西南夷的不同地区分布着，并入不同的西南夷郡县区划当中。在今天的四川西部、滇东北、滇中、滇西、贵州北部和东部都发现了汉墓，这些墓的制式和葬品与内地汉墓基本一致①。如果把这些汉墓出土的地点连

---

① 王文光，朱映占，等. 中国西南民族通史：第二卷［M］. 昆明：云南大学出版社，2015：264.

接起来，我们就会发现两汉时期西南夷地区的汉族移民并不只是在某个郡或县，而是跨越了个别的郡县，沿当时中原进入西南夷地区的主要交通干线（南夷道和西夷道）及附近的平坝地区分布。这些汉族或汉化了的民族进入西南夷地区，不仅带来了先进的农业生产工具和生产技术，如铁质农具、牛耕、灌溉技术等，而且还输入、推广了中原以儒家思想为核心的汉文化，西南夷各族尤其是其中的上层贵族开始了解、接受汉文化的影响。另外，由于建立在农业生产基础上的中原政治组织形式还不足以对西南夷地区原有的奴隶制造成颠覆性的冲击，所以，整个西南夷地区奴隶所有制的社会组织形式依然顽固地存在。但是，迁入西南夷地区的汉族或汉化民族群体聚族而居，他们与汉族官吏之间形成了强烈的封建依附关系，逐渐裹挟、盘结成了集官吏、军长、富商为一体的部曲，世袭罔替，控制了局部地方的经济、政治、文化，逐渐发展成了强势的地方家族集团——大姓。《华阳国志·南中志》"朱提郡"条曰："大姓朱、鲁、雷、兴、仇、递、高、李，亦有部曲。"可见，从西汉开始，汉族大姓开始发展起来，并逐渐控制了西南夷的局部地区，使得以农业经济为基础，以中央集权的皇权政治为社会组织方式（在地方则表现为郡县制），以儒、道为价值取向的中原文化圈层在西南夷地区开始了由点到面的局部扩展。然而，西南夷地区的大姓在人数上与西南夷相比毕竟是少数，且身处"异域"，受自然地理环境的限制及周围强烈的西南夷文化的影响，其生存方式改变，造成了文化上的变迁，代表汉文化圈的各个大姓集团不得不与西南夷各民族群体发生一些较低层次、较浅层面的文化接触，这时的文化涵化还处于初始阶段，作为核心的意识形态、价值取向，如政治、军事、法律、宗教、风俗习惯，以及蕴含于其中的道德伦理、心理判断等因素，仍是自成一体，没有质的变化。西汉汉族文化圈层与西南夷文化圈层的接触，主要以冲突和排斥的方式表现，具体为西南夷各民族群体对西汉的反抗。在这个阶段，文化的融合与涵化是有限的，但是经过后来长时间的持续性文化接触，到了东汉，最晚至魏晋期间，它为南中大姓的"夷化"奠定了基础。

4. 益州郡

武帝元封二年（公元前109年）开置滇池县（今晋宁），辖县二十四，全部在今云南省境内，大致跨越滇中、滇东南、滇西北的局部区域。《汉书·地理志》引劭曰："（益州郡）故滇王国也。"开置益州郡的过程大约是"（南越被攻破后）上使王然于以越破及诛南夷兵威风喻滇王入朝。滇王者，其众数万人，其旁东北有劳浸、靡莫，皆同姓相扶，未肯听。劳浸、靡莫数侵犯使者吏卒。元封二年，天子发巴蜀兵击灭劳浸、靡莫，以兵临滇。滇王始首善，以故弗诛。滇王离难西南夷，举国降，请置吏入朝。于是以为益州郡，赐滇王王印，复长其民"（《史记·西南夷列传》）。

从史料上看，中原民族群体最早与滇人发生大规模的民族关系是楚将庄蹻王滇（前已述），最终因民族群体人数比例上的关系，这批庄蹻所率的楚人放弃了本族大部分的文化特征，"变服，从其俗"，"夷化"融入滇人之中。但由此给滇族带来的巨大社会发展，特别是农业文明的进步，不容小觑，由此缩短了滇族文化圈与中原民族文化圈之间的距离。至武帝时，张骞使西域，发现并决定开拓蜀身毒道，虽未能成，但开通过程得到了滇人的大力支持。"及元狩元年，博望侯张骞使大夏来，言居大夏时见蜀布、邛竹、杖，使问所从来，曰：'从东南身毒国，可数千里，得蜀贾人市。'或闻邛西可二千里有身毒国。骞因盛言大夏在汉西南，慕中国，患匈奴隔其道，诚通蜀，身毒国道便近，有利无害。于是天子乃令王然于、柏始昌、吕越人等，使间出西夷西，指求身毒国。至滇，滇王尝羌乃留，为求道西十余辈。"（《史记·西南夷列传》）这是汉族官方与滇人的初次政治接触，经过汉使回长安对滇人的一番渲染之后，武帝开始对滇"注意焉"。从政治外交的接触发展到政治管辖是在武帝平叛南越后还兵北上的过程中，使王然于招降滇王，经过较为曲折的恩威招抚过程（击灭劳浸、靡莫）后，滇人举国降汉，于是设置益州。

依《汉书·地理志》和《中国历史地图集·益州刺史部南部》可考益州郡所辖二十四县分别是：滇池县（今晋宁）、双柏县（今易门）、同劳县（今陆良）、铜濑县（今马龙）、连然县（今安宁）、俞元县、收靡县（今寻甸、嵩明一带）、谷昌县（今昆明官渡区一带）、秦臧县、邪龙县（今巍山、漾濞一带）、味县（今曲靖、沾益一带）、昆泽县（今宜良）、叶榆县（今大理西北、洱源东南一带）、律高县（今通海、曲溪一带）、不韦县（今施甸）、云南县、嶲唐县（今保山）、弄栋县（今姚安、大姚南部一带）、比苏县（今云龙北部、兰坪以西一带）、贲古县（今个旧、蒙自一带）、毋棳县

（今开远、建水一带）、胜休县、健伶县（今昆阳、南涧一带）、来唯县（今巍山西南南涧一带），户共八万一千九百四十六，人口五十八万四百六十三。

表面上看，益州郡设立，古滇国的全境已经从此归入西汉的行政版图，纳入西汉郡县的管辖当中。滇王"请置吏入朝"，又授"赐滇王印，复长其民"，西汉向益州郡县委派官吏甚至派驻了军队。但实际上，西汉对西南夷地区的经略并不深入，统治并不稳固，原因还是在于中原汉族文化圈与"西南夷"文化圈本属不同类型，相互接触的时间、层次都还不够，彼此的了解、认同还远不充分，文化的涵化还处于初始阶段，汉族与西南夷各民族群体的社会类型及发展程度都还存在巨大的差距，民族群体之间的相互认同以及认同而形成的凝聚力和向心力尚未成形。这些经略和融合的不够深入、程度上的欠缺在益州郡建立后，就表现为西南夷对西汉的统治和其在西南夷地区所推行的郡县制度的激烈反抗。仅以益州郡为例，"孝昭始元元年（公元前86年），益州廉头、姑缯民反，杀长吏。羊牁、谈指、同并等二十四邑，凡三万余人皆反。……后三岁，姑缯、叶榆复反……"因为文化类型和样式的巨大差距，社会发展极不平衡，西汉云南境内的部分非农业民族与中原汉族之间发生了激烈的文化冲突，表现为对政区划分、郡县制度的排抗和对城镇的攻击，这即是秦汉以来，中原文化向云南腹地深入、较为全面地与云南各族接触后，异质文化碰撞的结果，也是云南开始全面纳入中原"文明"体制的开始。此后，随着中原文化对云南的不断辐射与涵养，云南开始被动或主动地接纳、学习中原的文化，开始自觉地整合本土较为分散的文化圈，直到南诏、大理实现了云南局部的统一，接受和仿照中原王朝的制度进行统治，中原文化在云南地区得到了空前的传播和扩展，它与其他云南固有的本土文化一起融合进了后世的民族文化当中。

文化冲突从来不可能波澜不惊。虽然，用西汉统治者的视角看，当时对西南夷的经略似乎困难重重，但如果转换用西南诸夷的视角，西南夷地区经由西汉官方较为强势地进入，其内部也开始发生政治整合与民族融混，使原有的西南夷南部地缘政治格局发生改变，同样有脱胎之痛。以古滇国为例，一方面，滇王授封后，特别是滇人参与的廉头、姑缯反叛被西汉镇压后，其在滇池地区的统治被削弱，因此，滇西的昆明、叟，滇东北的僰人，由巴蜀而入滇的汉族在滇池地区开始激烈的民族融合，开始酝酿新的民族群体政

149

权；另一方面，势力被削弱了的滇贵族带领部分滇人继续南迁，来到阿腊维地区（今西双版纳）逐渐与当地傣族的先民融混①，先后在澜沧江西岸建立了4个邦，加上原有的8个邦，组成12个"傣邦"②，从而为西南夷地区下一个局部的政治统一和民族群体融合准备着条件。

对于益州郡境内的民族群体构成，相关文献有较为翔实的记述。《史记·西南夷列传》曰："西南夷君长以什数，夜郎最大；其西靡莫之属以什数，滇最大；自滇以北君长以什数，邛都最大：此皆魋结，耕田，有邑聚。其外西自同师以东，北至楪榆，名为嶲、昆明，皆编发，随畜迁徙，毋常处，毋君长，地方可数千里。……滇王者，其众数万人，其旁东北有劳浸、靡莫，皆同姓相扶。"可看出在今滇池周围的民族群体有滇及"同姓"之劳浸、靡莫，而"西自同师（今保山地区）以东，北至楪榆（今大理地区）"还有嶲、昆明民族群体，此外益州北部与越嶲郡交界的区域，还有部分筰、冉駹等氐羌民族群体的分支。对于滇人、夜郎、僰人、嶲、昆明的族属源流，前文"秦在云南的设郡置吏"章节已经述及，而筰、冉駹的族源应属氐羌族系的一支③。

从族属构成的复杂程度不难发现：西汉在今云南地区的政区划分不仅体现了西汉在这个区域的战略考虑和目的，客观上，也受此区域内各民族群体文化类型、社会发展程度以及民族群体之间的相互关系的影响。以益州郡为例（因益州郡属县全在今云南省境内，是西汉在今云南设立的主要政区），境内自先秦时就迁入、繁衍着百越、氐羌的几个支系，加上原有的土著民族群体，他们共同创造着不同的文化类型，形成不同的文化圈层，通过相互间的接触、交往，彼此发生着联系，结成了关系不同但都日益密切的民族纽

---

① "据《帕萨坦》记载，傣族先民从远古时期开始，就居住在勐些（昆明）、浓些（滇池）、南太（通海）一带和滇西地区。当东方强大的民族（汉族）进行掠夺性的'奴隶战争'时代，战祸到来前夕，于是，王族中另一个年轻有为的女首领婻罕捧，便率领傣渤各部沿江河通道往南迁徙，经过多年的辗转跋涉，终于来到了阿腊维（今西双版纳）地区。"（王懿之. 论滇越族属及其社会经济形态［C］//王懿之学术文选：傣族基诺族历史文化论. 昆明：云南人民出版社，2014：137.）

② 王懿之. 云南民族源流考［M］//民族历史文化论. 昆明：云南美术出版社，2000：509-510.

③ 王文光、朱映占主编的《中国西南民族通史》说："筰都当是羌人的一支。"……"秦汉时期，源于氐人的冉駹民族，主要分布在岷江上游一带……"（见于王文光，朱映占. 中国西南民族通史：第二卷［M］. 昆明：云南大学出版社，2015：184，189）

带。面对进入西南地区的较为强势的中原汉族文明，益州境内的各个民族群体表现出不同的态度，他们或接纳或反抗，或与他族融合，或选择迁往其他地区，整个益州境内的民族关系发展进入了加速时期。在这种急剧发展的民族关系背景下，各个原有的民族群体又都得到了不同的社会发展，他们中有的在其后的发展中消失了，融入其他民族群体当中，有的仅是族名改变，但原有民族群体依然存在。在这种民族发展加剧的地缘环境中，西汉在今云南地区划分的政区是不可能足够稳定的，它必然随着当地民族群体的发展、相互关系的变化（主要是西南各"夷"与汉族关系的变化）而进入下一个调整期。

二、东汉时期云南的政区设置

随着西汉在西南夷地区的开拓和统治，西南各夷对汉王朝的反抗就兴起了。起初西南各夷可能忌惮于汉之兵威或贪图汉之财货，更重要的是他们认为中原距西南山高水远，汉不能够长期持续地经营统治西南各"夷"，"南夷"[1]诸部遂暂且接受汉之封号，被接纳进汉的政区设置当中。而后，随着汉王朝在西南夷地区的开城置县、通道移民，建立自己的郡县统治，"南夷"诸部开始意识到当初的权宜之计将要化为世代为臣，才从唐蒙筑南夷道时，开始"数反"。

是时，南夷诸部已发展至部落联盟阶段，有自己较为强大的政权组织形式。建立在氏族血缘关系上的土酋统治已在这些民族群体当中稳定地运行了很长时间，当汉之郡县制度确立起来后，两种制度之间的关系，在汉代就主要表现为对抗和战争。《汉书·西南夷两粤朝鲜传》载曰："孝昭始元元年，益州廉头、姑缯民反，杀长吏。牂柯、谈指、同并等二十四邑，凡三万余人皆反。遣水衡都尉发蜀郡、犍为奔命万余人击牂柯，大破之。后三岁，姑缯、叶榆复反，遣水衡都尉吕辟胡将郡兵击之。辟胡不进，蛮夷遂杀益州太守，乘胜与辟胡战，士战及溺死者四千余人。明年，复遣军正王平与大鸿胪田广明等并进，大破益州，斩首捕虏五万余级，获畜产十余万。上曰：'句町侯亡波率其邑君长人民击反者，斩首捕虏有功，其立亡波为句町王。大鸿胪广明赐爵关内侯，食邑三百户。'"西南夷不仅仅对抗汉在此地区的统治，

---

① 《汉书·地理志》第八曰："巴、蜀、广汉本南夷……南贾滇、僰僮，西临邛、莋马牦牛。"可知南夷主要指在巴蜀之南，分布在今贵州、云南，或者说成都以南的各民族群体，包括僰人、夜郎、滇、靡莫之属，生活方式"耕田、有邑聚"，社会发展已进入部落联盟阶段。

其各个部族之间也会爆发战争，使得汉王朝在此地区的统治权威和维持西南各夷秩序的能力受到挑战，《汉书·西南夷两粤朝鲜传》记载："夜郎王兴与句町王禹、漏卧侯俞更举兵相攻。牂柯太守请发兵诛兴等，议者以为道远不可击，乃遣太中大夫蜀郡张匡持节和解。兴等不从命，刻木象（像）汉吏，立道旁射之。……这大将军凤于是荐金城司马陈立为牂柯太守。立者，临邛人，前为连然长，不韦令，蛮夷畏这。及至牂柯，谕告夜郎王兴，兴不从命，立请诛之。未报，乃从吏数十人出行县，至兴国且同亭，召兴。兴将数千人往至亭，从邑君数十人入见立。立数责，因断头。邑君曰：'将军诛亡状，为民除害，愿出晓士众。'以兴头示之，皆释兵降。句町王禹、漏卧侯俞震恐，入粟千斛，牛、羊劳吏士。立还归郡，兴妻父翁指与兴子邪务收余兵，迫胁旁二十二邑反。至冬，立奏募诸夷与都尉长史分将攻翁指等。翁指据厄为垒，立使奇兵绝其饷道，纵反间以诱其众。都尉万年曰：'兵久不决，费不可共。'引兵独进，败走，趋立营。立怒，叱戏下令格之。都尉复还战，立引兵救之。时天大旱，立攻绝其水道。蛮夷共斩翁指，持首出降。立已平定西夷，征诣京师。"此番情形正是西汉在西南夷地区初行郡县制度尚未深入、稳固的体现，当地土豪酋长依然势力强盛、我行我素，视汉吏如摆设，西南各夷之间的战和关系依然照旧，西汉政权在此地区的权威尚未真正建立。正如杜钦所说："太中大夫匡使和解蛮夷王侯，王侯受诏，已复相攻，轻易汉使，不惮国威，其效可见。"（《汉书·西南夷两粤朝鲜传》）可见，西汉在西南夷地区设立的郡县制度是不稳固的，其政区的划分在后面的时期也多有嬗变。

公元1世纪初，王莽立新，篡改汉制，具有强烈大民族主义思想的王莽在对待边疆民族的态度上一改怀柔招抚为歧视，刚猛粗暴地贬罚边疆地区的民族群体首领。在西南夷地区，以公元9年贬句町王为侯①为起点，西南诸夷反抗激烈，虽屡遭残酷镇压，但反抗一直持续到了新朝的灭亡。

---

① 《汉书·西南夷两粤朝鲜传》载曰："王莽篡位，改汉制，贬句町王以为侯。王邯怨恨，牂柯大尹周钦诈杀邯。邯弟承攻杀钦，州郡击之，不能服。三边蛮夷愁扰尽反，复杀益州大尹程隆。莽遣平蛮将军冯茂发巴、蜀、犍为吏士，赋敛取足于民，以击益州。出入三年，疾疫死者什七，巴、蜀骚动。莽征茂还，诛之。更遣宁始将军廉丹与庸部牧史熊大发天水、陇西骑士，广汉、巴、蜀、犍为吏民十万人，转输者合二十万人，击之。始至，颇斩首数千，其后军粮前后不相及，士卒饥疫，三岁余死者数万。而粤嶲蛮夷任贵亦杀太守枚根，自立为邛谷王。会莽败汉兴，诛贵，复旧号云。"（汉书［M］.中华书局标点本，1965：3846.）

　　"莽败汉兴，诛贵，复旧号云"，东汉统治者虽恢复了部分边疆民族首领的名位，但中原的制度在西南夷地区还是遭到了强烈的反抗。《后汉书·南蛮西南夷列传》记载："建武十八年，夷渠帅栋蚕与姑复、楪榆、桥栋、连然、滇池、建伶、昆明诸种反叛，杀长吏。益州太守繁胜与战而败，退保朱提。十九年，遣武威将军刘尚等发广汉、犍为、蜀郡人及朱提夷，合万三千人击之。尚军遂度泸水，入益州界。群夷闻大兵至，皆弃垒奔走，尚获其羸弱、谷、畜。二十年，进兵与栋蚕等连战数月，皆破之。明年正月，追至不韦，斩栋蚕帅，凡首虏七千余人，得生口五千七百人，马三千匹，牛羊三万余头，诸夷悉平。"另外，在西南夷反抗汉朝郡县制度的大背景下，有个别派驻西南夷的官吏采用较柔抚的民族政策则可以"夷俗安之"，获得较为短暂的和平发展，如任永昌太守的郑纯。

　　前文"西汉越嶲郡"一节已提到：嶲唐、昆明为两个部族区域。又据《史记·大宛列传》所说可知：昆明西向千余里，有乘象国，名曰"滇越"。其所言"滇越"与嶲唐即是往蜀身毒国之通道，为澜沧江以西哀牢地之一部分。

　　（一）永昌设郡

　　《华阳国志·南中志》记述哀牢地域广袤："东西三千里，南北四千六百里"，大约于今澜沧江以西逾怒江至伊洛瓦底江地带，其南当至怒江下游两岸而近于入海地带。对于"古哀牢国"，任乃强注说："哀牢，为一民族部落之旧称，殆亦如'夜郎''滇''邛'之已进入奴隶社会，有具备国家形式之政权组织，故古人称之为国也。其地与今保山、德宏、临沧、怒江、耿马、思茅、西双版纳等专区与自治州相当。阿谷郁热，山原凉爽，垂直气候具备寒温热三带，人有'隔里不同天'之感。如此地文，为形成多种民族错居之因素；今此地区，住民、习俗、语言，尤多歧异，但由于地当中华与印度两大古国从来商旅往来所必经，经济、文化在滇缅间民族杂错地带显得先进，故能较易形成统一的政治组织，不似其南之怒江、澜沧江数百里山谷，及其北之怒、澜数百山谷地带之长久闭塞落后。此哀牢国克以形成独早之原因也。……哀族乃为此国之统治者，或与后之孟族（与崩龙人和高棉人语言接近的古民族）、掸族（今云傣族）、佤族、克钦等族同源。要是自马来半岛，北向移进之渔业民族，故有股臂刻文之俗，而自称为龙之裔孙也。此族由于接受汉文化最早，故在西南山谷地区中，建置郡县亦独早。"① 可见，"哀牢国地之广大如此岂惟腾越哉"②，在如此广袤的区域内其民族群体构成较为复杂，盖以百越系统之泰掸支系为主，受汉文化影响较早，已发展进入农业文明，并控制哀牢的平坝地区，对周围的山地与河谷民族形成控制。

早在先秦时，中原地区，特别是巴蜀地区与哀牢民间的经济文化往来就随蜀身毒道③开始，这条道路的存在即为中原至印度及沿线周边民间商贸繁荣的最好例证。"益州西部，金、银、宝货之地"（《华阳国志·南中志》），中原王朝对于益州西部哀牢国的官方政治经略最晚应至汉武帝时。《华阳国志·南中志》"永昌郡"条曰："孝武时，通博南山，渡兰沧水、渚溪，置嶲唐、不韦二县。……行人歌之曰：'汉德广，开不宾。渡博南，越兰津。渡兰沧，为他人。'渡兰沧水以取哀牢地，哀牢转衰。"对此，任乃强先生认为："《后汉书·哀牢传》不言汉武通博南山渡兰沧水，置嶲唐不韦二县；而谓此歌出于明帝时。李贤注引《古今注》以实其说。若《常志》文误而范晔订正之者，其实范晔、崔豹皆误矣。考嶲唐县治在今保山市境，已在博南山与兰沧江外矣。其所辖境甚广远。《前汉志》云有：'周水，首受徼外。又有类水，西南至不韦，行六百五十里。'《水经注》卷三十六：'兰沧水又东北经不韦县与类水合，水出嶲唐县，……西南流，曲折又北流，东至不韦县注兰沧水。'并谓'嶲唐、不韦二县皆汉武帝置。'是兰沧水即今澜沧江，周水即今怒江（萨尔温），类水即今保山河，即常氏所云"渚溪"。足见汉武帝拓境，已经踰博南、渡澜沧，以二县为益州郡西境矣，何待明帝置郡时始有歌哉？盖汉武因求通身毒道，曾向极西深入。但拓展至哀牢山止。外以委于哀牢王国，与之互市，以收珠宝、罽氆之利。哀牢虽失两县之地，而绾互市之利，藉互市以控制诸夷商贾，益臻富强。故汉民间商贾作《行人歌》曰'渡兰沧，为他人'也。若后汉时，则哀牢亦已收入郡县，其王同于属国，无所

---

① 常璩.《华阳国志》校补图注 [M].任乃强，校注.上海：上海古籍出版社，1987：286-287.
② 乾隆.腾越州志 [M] //中国地方志集成：卷39.南京：凤凰出版社，2014：9.
③ 《华阳国志》云："身毒国，蜀之西国，今永昌徼外是也。"身毒国，即今印度地区，蜀身毒道，即秦汉时，由巴蜀往来于身毒的商贸通道，它自先秦民间自然形成。

利于其间，则安得有此歌哉?"① 这段注释极为重要，任乃强先生通过运用人文地理方面的史料，不仅为大家解答了《后汉书》："永平十二年（公元69年），……显宗以其（哀牢国）地置哀牢、博南（今云南永平县）二县"记述之困惑，也确证了"嶲唐、不韦二县"的设置应在西汉"渡博南，越兰津"的"开不宾"大背景下。《旧唐书·张柬之传》曰："（《行人歌》）盖讥汉贪珍奇盐布之利，而为蛮夷之所驱役也"②，西汉开辟哀牢地的目的更多是为通身毒道的经贸往来，当然也有进一步经略滇西地区的政治考量。但因财货动机而引发的历史效应却是深远而厚重的。任乃强先生更进一步阐释了"蜀身毒道"对于西南夷哀牢地区在政治、经济、文化各方面的重要影响。通过这条道路，西汉王朝开始认知西南夷地区，为把自己对西南的人文地理知识用于王朝的边疆开拓提供了可能，同时，开始用中原农业文化圈层的视角和标准审视西南夷地区，从此，秦汉的统治者们开始把西南夷地区的"哪些区域纳入版图? 在哪些区域设置政区?"的问题提到国家层面的政治日程中来。

参照《中国历史地图集·益州刺史部南部》的图解，我们可较为清晰地看到西汉之嶲唐县处于博南山西北，夹于南北走向的类水（今保山河）与澜沧江二河之间；不韦县则愈加往博南山之西南面靠近一些，位于今保山市治偏东北的区域。然而，武帝时的嶲唐、不韦"二县"与东汉永平时的哀牢、博南二县虽同于哀牢国境内，但前后地望又有别，前后两组并非同一"二县"。前者嶲唐、不韦地望均于澜沧江—博南山一线以西，不出今保山市区，对此，任乃强先生曾有精辟的论述：

1. 汉、晋，永昌郡治不韦县，故城是今何地，由于陷没历久，沿革断绝，明、清诸家推断不一。大都谓是今保山市区内，而故城位置莫能详矣。《读史方舆纪要》卷百一十八《永昌府》"保山市"云："附郭，汉不韦县地。……旧系土城，唐天宝中南诏皮罗阁所筑。西倚大保山麓。段氏因之。元至元间复修筑。明洪武十五年，又因旧址重修。寻废。十八年改筑，瓷以砖石。又于大保山绝巘为子城，设兵以守。二十八年，复辟地，西罗大保山

---

① 常璩.《华阳国志》校补图注 [M]. 任乃强，校注. 上海：上海古籍出版社，2015：288.

② 刘昫. 旧唐书 [M]. 列传第四十一. 北京：中华书局，2011：2940.

于城内。设八门。……今城周十四里有奇。不韦废县，在府东北。……《史记·正义》：'不韦县，北去叶榆六百里。'"此系依《明统志》改定永昌府城沿革，明其非汉不韦县治，但以"北去叶榆六百里"推，定其是汉不韦县界内而已。

《清一统志》卷三百八十《永昌府》"古迹"云："不韦废县在保山市。汉置，晋废。"又引《永昌府志》云："不韦县，相传在凤溪山下。"同卷"山川"云："凤溪山，在保山市东北三十里，与安乐山并峙。上有吕公台。《府志》：'不韦县在其麓'。"又云："安乐山，在保山市东二十五里，夷语讹为哀牢。孤峰秀耸，延袤三十里。绝顶有石，巉岩如人坐怀中。《府志》：'绝顶一石，有二穴，相去一寸二分名天井。'……山下有一石，二泉出焉，一温一凉，号为玉泉，故又名玉泉山。"其地图，绘哀牢山于青华海与澜沧江之间。又别有九隆山，在易罗池与潞江之间。"青华海"者，《一统志》云："在保山市东五里。广十余里。""易罗池"即九龙池。《读史方舆纪要》："（保山）城西南七里，山势起伏凡九，分为九岭，一名九坡岭。其麓有泉，自地涌出，凡九窦，土人瓷石为池承之。其下汇为大池，可三十亩，名曰九龙池，或谓之易罗池。相传蛮妇沙壹（壶）者浣絮池中，感沈木而生九隆。种类遂繁，世居山下。诸葛亮南征时，尝凿断山脉以泄其气，有迹存焉。"今按：池水盖即郑纯所开水稻田处也。纯以益州西部都尉为永昌首任太守，"在官十年"（《先贤志》），卒于官，深为哀牢人所称颂。其治绩盖有此也。又按《清志》只二泉，号为玉泉。是《明志》九泉之说，亦徒缘"九隆"之字所传会，非实然也。由此可定今保山市区为汉益州之巂唐县，本西部都尉治。改郡时，郡治仍是此处。郑纯后或有迁徙。《后汉志》永昌郡治不韦，是顺帝永和五年（140年）簿，上距置郡（69年）已七十余年，不知何时徙也。徙治后，直至晋世，皆治不韦，故《常志》云郡治。

今保山市区为汉巂唐县，旧说皆可证定。不韦是今何地，迄今无人能定。杨守敬《晋地理图》以今保山市区为哀牢，而绘永昌郡与不韦县在其东北。谢种英《三国疆域表》谓："不韦县为保山市治，哀牢县在保山市治东。"皆依《一统志》"凤溪山在保山市东北三十里"文，以推测为汉开两县之位置。夫汉开夷县，皆相距百里以外，安有此近距三十里间置两县之例乎？《新纂云南通志》引《道光志》云："案凤溪，《旧志》作凤栖。不韦废县，在今施甸、姚关等处。"意谓《永昌府志》所云"相传在凤溪山下"之凤栖山，非只在保山市治东北三十里，而是在保山市区南百余里外之施甸与百五十里之姚关两地之间。此说最有意义。澜、怒二水之间保山以北地势狭促，保山以下开始宽展。故保山市治东、西、北三面皆不可能更开县治。唯其南面枯柯河纡曲流数百里注于怒江，两侧地势开展为施甸小平原，气候温和无瘴，宜水稻，饶农产。旧时自大理下关西行，渡澜沧江桥至保山，为出西徼唯一要道，自保山入缅甸，则有两道：一经蒲缥，渡怒江经腾冲、盈江至八莫，入缅界；一经施甸，渡怒江经龙陵、芒市（今潞西），至南坎入缅界。汉武渡澜沧江，取哀牢周水（怒江）以东之地置二县，以为巂唐、哀牢一路（通身毒正路），别以不韦绾鹿茤（今龙陵）一路（通掸国小道）。此理所必然也。此二县中，巂唐地位重于不韦，故初置益州西部都尉治巂唐。其后迁郡治于不韦者，盖由吕氏聚居所在，官利在依近大姓以制蛮夷，因吕氏之请而徙治也。及汉之末，卒赖功曹吕凯保守此郡，以牵制雍、孟叛党，克成武侯南征之功，此其验矣。本书叙述哀牢侵鹿茤事。足见哀牢初丧怒江以东地方时，亦曾与汉对立。后虽内附，仍每有劫略吏民情事，不可胜究。中、印、缅商道，似亦曾经改从不韦、芒市、南坎循瑞丽江往来，绕避哀牢、大盈江一路。迨至既灭哀牢，以其地全为郡县之后，乃还取大盈江路。而不韦已为郡治，不更徙还巂唐矣。近世拟修滇缅公路，选线结果，证明自保山经龙陵、芒市（今云潞西）、木邦、腊成至曼德勒一线最平易（腊成已通铁路），即施甸故道也。唯因施甸下达怒江桥路过陡峭，乃绕山避开施甸县城耳。施甸之为汉不韦县，已可定矣。

2. 巂唐县为今保山市治，改订不韦县时（参见上述第1条）已有说明。就汉世形势言，其北澜沧江内为叶榆县之巂、昆明民族。其南澜沧江以外，为哀牢故地，内地移民与牢、孟、僰、掸错居。巂唐居中，控驭商道、盐道最便，故以为益州西部都尉治。刘昭引《古今注》谓"益州西部都尉治巂唐，镇慰哀牢人、叶榆蛮夷"是也。

巂唐因巂族为名。"巂"者，旧叶榆县属之游牧民族，与昆明同类，故《史记》连称之。昆明在北，近盐泉区。巂在南，为山牧地区。今巍山、南涧两县仍为彝族聚居地。汉世盖尤集中于保山地区，故置县以巂唐名。《史》《汉》曰巂，《常志》云裸濮，今世曰彝族。"唐"者，《尔雅·释宫》云：

"庙中路谓之唐。"谓自庙堂出庙门之大路也。此地聚居嶲族而当内地门户，故县名以嶲唐也。旧地理书因《哀牢传》，言郑纯为西部都尉课民以盐，遂因盐泉所在拟嶲唐于云龙者，并非。

汉嶲唐县与不韦县同在澜、潞二水之间，相距不过百里。故嶲唐县辖境绝大部分皆在澜沧江内。县治虽在澜沧江外，西界至周水（潞江）而止，不过百余里。南界不韦，仅有枯柯河（永昌河）上游数十里地。过此即为不韦县境。澜、潞二水之间，保山以上甚狭。保山以南渐扩展至数百里，民族小部落甚多，包括诸孟（闽濮），皆附属于不韦。吕氏世以盐、布市易羁縻之。故闽濮叛而郡治徙。今施甸以南至西双版纳地方犹多有孟族。

周水即潞江，字亦作怒，缅甸语曰萨尔温。①

有了以上两部分任乃强先生对汉时不韦、嶲唐两县的注述，我们就可以较为清晰地获得两点认知：

1. 西汉时，滇西之不韦县治以及东汉永昌之郡治，其地望并非今天的保山市城，而是保山以南的施甸县；西汉之益州西部都尉治嶲唐并非如《中国历史地图集·益州刺史部南部》所标注一样，在类水（后世之枯柯河、今保山河或永昌河）与澜沧江之间、二水汇合口的北部，而应于二水南部之今保山市治②。施甸、保山无疑都位于今保山市范围内，按照缪鸾和先生的推断："如以不韦、嶲唐在今保山地（保山市范围内），则通博南、渡兰沧当在汉武帝时也。"③ 无论从不韦、嶲唐的地望而言，还是从此地"吕氏市盐，羁縻夷群"的历史以及其他任乃强先生所说的人文地理特征来看，汉武帝置不韦、嶲唐二县当可信。进而，一段描述西汉王朝经由蜀身毒道西进至哀牢地区的开拓经略史就可能被忽略了。

2. 至少至西汉时，哀牢之不韦、嶲唐地区，已经有相当规模的汉族移民

---

① 常璩.《华阳国志》校补图注 [M]. 任乃强, 校注. 上海：上海古籍出版社, 1987：291-293.

② 方国瑜先生也通过文献考释，支持此观点。《中国西南历史地理考释》"永昌郡不韦条"曰："按：《汉志》'类水西南流至不韦'，则不韦应在嶲唐之西南，征之地理，当即今之施甸。施甸平原为富庶之区，自此而南，则姚关、小猛统，亦当为不韦之地。""嶲唐条"："按：是知太守居嶲唐，其地当在今之保山市治。……今保山市西临潞江，即嶲唐县之西界，而治所当在保山平原也。"中华书局, 2012：97-98.

③ 缪鸾和.《华阳国志·南中志》校注稿 [M]. 昆明：云南大学西南古籍研究所, 2000：171.

进入，"与牢、孟、僄、掸错居"。他们中的一些人借助嶲唐县的地理优势，"控驭商道、盐道最便"，从而较为成功地掌控住滇西各民族群体生活必需的食盐，因此，汉武帝置益州郡西部都尉，要把其治所设于嶲唐，即通过盐道"镇慰哀牢人、叶榆蛮夷"。在不韦县周围，汉族移民则由中原世家大族构成。《一统志》引孙盛《蜀谱》曰："初，秦徙吕不韦宗族子弟于蜀。汉武帝开西南夷，置郡县，徙吕氏以实之，因置不韦县。"但是，《后汉书·郡国五》"不韦出铁"条注引《华阳国志》曰："孝武置不韦县，徙南越相吕嘉子孙宗族实之，因名不韦，以彰其先人恶。"两说的时间、人物都大不相同。对此，任乃强先生分析说："吕嘉虽可能是中原之人，未必即不韦之后。常氏之说与不韦县名不相应。且武帝初平南越时，南中尚无永昌郡县。南越亦无路可通永昌地区。则何能徙吕嘉族人至不韦。不韦迁蜀，其子孙族党耻为迁虏，因其善贾长技，远贸于此国际商道之边裔地区，以工商立业，财雄一方，子孙发展，蔚为邑落，汉武因之以置不韦县，此理之可能也。徙吕氏以实其县之说，必非。吕不韦，在秦有罪，在汉无罪。汉世人士无所憎恶于不韦，故其书全传，汉儒且取之作《月令》，入于《礼经》。是谓'以彰其先人之恶'者，亦必非矣。谓因其人先祖之名以名县，乃实然也。……此二县中，嶲唐地位重于不韦，故初置益州西部都尉治嶲唐。其后迁郡治于不韦者，盖由吕氏聚居所在，官利在依近大姓以制蛮夷，因吕氏之请而徙治也。"[①] 诚然，汉族移民进入不韦、嶲唐地区，不仅带来了中原较为发达的农、工、商业的生产经营方式，也一定带来了中原文化，在此二县地区形成了一定的文化影响力，影响着当地"西夷"对中原文化圈的认知直至认同，更重要的是"官利在依近大姓以制蛮夷"，汉王朝要通过拉拢哀牢大姓才能有效牵制"蛮夷"，至汉末战乱时期，当地大姓吕凯甚至成为"牵制雍、孟叛党"、保全此郡的关键（前文引任乃强之不韦注已述）。由此也可以看出，两汉时，在西南夷地区的汉人集团（非官方），往往成为该地区稳定和繁荣的积极主导因素。

秦汉时之嶲唐、不韦两县均于怒江东部，怒江以西逐渐进入缅甸，再及印度。汉时之嶲唐、不韦二县即为洱海以西，通身毒国的两个重要枢纽，集

---

① 常璩.《华阳国志》校补图注［M］.任乃强，校注.上海：上海古籍出版社，1987：288，292.

政治、经济、文化及宗教为一体，战略地位极为关键。南亚次大陆的民族群体、经贸、宗教思想都通过此地区进入滇中、滇东北，进而经巴蜀而至中原；反之，中原汉族之商贸物资，特别是巴蜀之特产也经此线路输出到南亚各国，正因如此，"元狩元年（公元前122年），张骞使大夏来，言居大夏时见蜀布、邛竹、杖"（《史记·西南夷列传》），所以，无论是出于财货经济的目的，还是以农业文明为标准的视角①，汉王朝都把滇西保山坝区视为有政治功业可为之的区域。只是当时，汉武帝采用的政治处理方式未必需要实质性地征服，正如任乃强先生所说："其（汉王朝）征服力不全恃于武力，主要在于商业经济，挟其物资，以财雄相招诱，仍以附于大汉作威势。"② 距离西汉王朝山高水远的哀牢国借助大汉之威势，极其有利于其在当地壮大发展，有此内因，武帝才有条件"外以委于哀牢王国，与之互市，以收珠宝、翡翠之利。哀牢虽失两县之地，而绾互市之利，藉互市以控制诸夷商贾，益臻富强"，扶植当地哀牢国的势力，置嶲唐、不韦"二县"，在滇西边疆上，培植一个名义上属汉而"外以委于哀牢"的滇西边疆"经贸特区"——在当时，所谓的"二县"可能还不是真正的政区郡县设置，只是在当时，还没有一个像"自由贸易区"这样的现代特区概念，在这种情况下，借用政治上属"县"的名称而于境外划定了一个经贸上的特定区域，为下一个官方更高层次的政治联系作出准备。至元封二年（公元前109年）开益州郡，治滇池县（今晋宁），辖二十四县，嶲唐、不韦两处已经作为正式县级政区纳入其中。从而，可以肯定武帝"通博南、渡兰沧"事应不晚于元封二年。

至于东汉所开之哀牢、博南，二县地望并不同于上文之嶲唐、不韦。

依《后汉书·郡国五》云："哀牢，永平中置，故牢王国。"《华阳国志》也曰其系："故哀牢王邑。"要理清哀牢县的地望，必须先分清一组相对

---

① 《后汉书·南蛮西南夷列传》载曰："（哀牢国）土地沃美，宜五谷、蚕桑。知染采文绣，翡翠帛叠，兰干细布，织成文章如绫锦。有梧桐木华，绩以为布，幅广五尺，洁白不受垢污。先以覆亡人，然后服之。其竹节相去一丈，名曰濮竹。出铜、铁、铅、锡、金、银、光珠、虎魄、水精、琉璃、轲虫、蚌珠、孔雀、翡翠、犀、象、猩猩、貊兽。云南县有神鹿两头，能食毒草。"说明哀牢国地区不仅适合农业生产发展，符合汉王朝的对外开拓价值标准，而且，此地区本身就矿藏丰富、特产繁多，是富饶的手工业、商业之地。

② 常璩.《华阳国志》校补图注 [M]. 任乃强，校注. 上海：上海古籍出版社，1987：289.

的概念。方国瑜先生认为：哀牢作为地名，《华阳国志·南中志》所说："永昌郡，古哀牢国。"是广义也；而《续汉志》言永昌郡有哀牢县，并不包括巂唐、不韦、博南等县，这是狭义而论。引万历《云南通志》曰："哀牢县在永昌府治东。"《通志》又言永昌府治东北三十里为不韦县，同时府治东十五里为哀牢县，两县相距不过十里，不合常理；东汉设哀牢县于不韦之东十里，则当初为不韦地，然而《后汉书·西南夷传》曾有曰："哀牢夷，生人以来未尝交通中国"，此可证哀牢与不韦并非一地。① 《旧唐书·张柬之传》云："前汉唐蒙开夜郎、滇、筰，而哀牢不附，东汉光武季年，始请内附，汉置永昌郡以统理之。"② 而西汉已设巂唐、不韦二县，故哀牢不应在巂唐、不韦故地。《后汉书·南蛮西南夷列传》载曰："建初元年，哀牢王类牢与守令忿争，遂杀守令而反叛，攻巂唐城。太守王寻奔叶榆。哀牢三千余人攻博南，燔烧民舍。"类牢的反叛线路是从杀守令，次攻巂唐，再扰博南，一路自东向西叛杀过来。守令即居于哀牢县，所以方国瑜先生疑哀牢地在今保山潞江以西一带之地，即腾冲、龙陵、德宏州及以西一带。

《新纂云南通志·地理考·永昌古迹》驳斥《永昌府治》"哀牢废县是永昌府治"的说法，引"扈栗攻鹿茤"的史实也推断哀牢地应在潞江以西，即腾冲、龙陵并其附近土司地。任乃强先生赞同此说，并断言："自汉武取其地为巂唐、不韦二县，驱哀牢于潞江以外，则必更建国邑于腾冲耳。"③ 乾隆《腾越州志》卷一《建制沿革考》曰："当年哀牢籍其众户五万二千口，五十五万三千余，仅分二县（哀劳、博南）则知汉时之县幅员极广，今腾越及顺宁暨诸土司之境，大金江内外至于南海，皆哀牢、博南地。"④ 此说可以旁证方国瑜先生之推论。值得注意的是，哀牢、博南为分别两地，古人著述，尚无标点，"哀牢、博南"书写相连，易为一处；而更重要的原因在于，魏晋南北朝时期，中原混乱，多无力顾及西迤，元康末年，永昌又值南夷叛乱，郡治南移永寿（今镇康、耿马、孟定，于普洱境内）⑤，"去郡千里，遂

① 方国瑜. 中国西南历史地理考释［M］. 北京：中华书局，2012：99.
② 刘昫. 旧唐书·列传第四十一［M］. 北京：中华书局，2011：2939.
③ 常璩.《华阳国志》校补图注［M］. 任乃强，校注. 上海：上海古籍出版社，1987：293.
④ 中国地方志集成：卷39［M］. 南京：凤凰出版社，2014：9.
⑤ 方国瑜. 中国西南历史地理考释［M］. 北京：中华书局，2012：101.

与州隔绝"(《华阳国志·南中志》),而与中原失去了联系,不再受统治①。故此,后世有永昌郡治东有哀牢山的舛讹(如万历《云南通志》),或云哀牢废县曾是永昌府治(《清一统志》《永昌府治》),更误认为哀牢民族群体发源于永昌郡治之嶲唐(今保山)之易罗池(《白国因由》)。任乃强先生对于哀牢的地望考证结论也同于方国瑜先生:"自汉武取其地为嶲唐、不韦二县,驱哀牢于潞江之外,则必更建国邑于腾冲耳。"②

依《后汉书·郡国五》云:"博南,永平中置。南界出金。"注引《华阳国志》曰:"西山高三十里,越之得兰沧水。有金沙,以火融之为黄金。有光珠穴。"引《广志》曰:"有虎魄生地中,其上及旁不生草,深者四五八九尺,大者如斛,削去外皮,中成虎魄如升,初如桃胶凝坚成也。"博南县以博南山得名③,山在县之西,故称"西山","博南者,本作'薄澜',取薄临澜沧江之意,踰山而下,即澜沧江桥,故取此为名。从俗省便,写作博南。夷人不习其称,故自汉世后,山名竟不著。人言博南,皆指县城焉。"④至少到汉时,博南"南界出金"已为人所知,六朝时更是闻名于内地。金沙江与澜沧江一并从青藏高原之产金地区流出,沿岸本就多金沙,周兴嗣《千字文》所谓"金生丽水"即是。博南南界之澜沧江,江流有较大回折处,水流减弱,金沙被冲击、沉滞于岸上,久而构结成金穴,"层层皆然,亘古未已",成为我国天然金矿盛产之地,故《华阳国志》特述曰:"有金沙,以水洗取,融之,为黄金。"正是由于博南周围出产黄金、光珠、虎魄等被中原内地汉人视为财宝的特产,更加之其地所处"蜀身毒道"沿途的特殊战略地理位置,因此早在"孝武时,(就已经)通博南山,渡兰沧水"(《华阳国志》)了,而并非如《后汉书》所言:直到东汉显宗置哀牢、博南二县,合为永昌郡时,才"始通博南山、度兰仓水"。⑤

① 《南齐·地理志》虽然还有"永昌"条目,但已注曰:"有名无民,曰空荒不立。"
② 常璩.《华阳国志》校补图注 [M]. 任乃强,校注. 上海:上海古籍出版社,1987:293.
③ 《水经·若水注》曰:"博南,山名也,县以氏之。"
④ 常璩.《华阳国志》校补图注 [M]. 任乃强,校注. 上海:上海古籍出版社,1987:294.
⑤ 方国瑜也同意此说:"谓通博南在孝武时者甚是。惟博南设县,则始于永平也。"(中国西南历史地理考释 [M]. 北京:中华书局,2012:99.)

那么，博南县之地望为何地呢？若依《水经·若水注》曰："博南，山名也，县以氏之。"那么，博南县与博南山当连在一起。《华阳国志·南中志》云："孝武时，通博南山，渡兰沧水、渚溪，置嶲唐、不韦二县。"方国瑜、任乃强两位先生均认为由此渚溪即为类水（后世之枯柯河、今保山河或永昌河），那么，"由博南而后至嶲唐、不韦，是知博南在嶲唐、不韦之东也"①。又有《后汉书·南蛮西南夷列传》云："建初元年，哀牢王类牢与守令忿争，遂杀守令而反叛，攻嶲唐城。太守王寻奔叶榆。哀牢三千余人攻博南，燔烧民舍。肃宗募发越嶲、益州、永昌夷汉九千人讨之。明年春，邪龙县昆明夷卤承等应募，率种人与诸郡兵击类牢于博南，大破斩之。"方国瑜先生由此推断："博南在嶲唐之东，邪龙之西，今已考订嶲唐在保山，邪龙在巍山、漾濞，则博南应在今永平。"② 再有万历《云南通志》也说："永平县，东汉置博南县，属永昌郡，晋因之，后改永平县。"③ 故此，东汉之博南县地望应在今滇西永平一带无疑。

梳理清楚以上几个东汉永昌置郡的关键问题，我们才可以继续运用史料，做如下的叙述。

随着汉王朝对西夷地区经略的不断深入，东汉王朝借助哀牢王贤栗内附的契机，明确了哀牢与东汉的政治隶属关系。《后汉书·南蛮西南夷列传》有载："建武二十三年（公元47年），其王贤栗遣兵乘箄船，南下江、汉，击附塞夷鹿茤，鹿茤人弱，为所擒获。于是震雷疾雨，南风飘起，水为逆流，翻涌二百余里，箄船沉没，哀牢之众，溺死数千人。贤栗复遣其六王将万人以攻鹿茤，鹿茤王与战，杀其六王。哀牢耆老共埋六王，夜虎复出其尸而食之，余众惊怖引去。贤栗惶恐，谓其耆老曰：'我曹入边塞，自古有之，今攻鹿茤，辄被天诛，中国其有圣帝乎？天祐助之，何其明也！'二十七年（公元51年），贤栗等遂率种人户二千七百七十，口万七千六百五十九，诣越嶲太守郑鸿降，求内属，光武封贤栗等为君长。自是岁来朝贡。"《华阳国志·南中志》则于扈栗（贤栗）"率种人归义奉贡"后多了一句"世祖纳

①　方国瑜. 中国西南历史地理考释［M］. 北京：中华书局，2012：99.
②　方国瑜. 中国西南历史地理考释［M］. 北京：中华书局，2012：99.
③　李元阳.（万历）云南通志［M］//大理丛书·方志篇. 北京：民族出版社，2007：265.

之，以为西部属国"，此句至关重要，说明：至此，哀牢在名义上已是东汉的一个附属王国。但东汉对哀牢国地区建立实质性的政治统治，是在哀牢国地区被划定为永昌郡之后。另外，从以上"附塞夷"三字可知："哀牢王不敢犯汉，但侵略其旁附汉诸夷落（微）。……足见哀牢初丧怒江以东地方时，亦曾与汉对立。后虽内附，仍每有劫掠吏民情事，不可胜究。"① 由此也可看出两汉王朝在哀牢境内拉拢、培植汉族移民大姓的重要作用及积极意义。

《后汉书·显宗孝明帝纪》载曰："（永平）十二年春正月，益州徼外夷哀牢王相率内属，于是置永昌郡，罢益州西部都尉。"至此，由汉武帝所置之益州西部都尉已经完成了边地民族自治政区向正式政区过渡的使命，哀牢地区被正式纳入东汉的郡县体制当中，然而，由于这一地区的民族社会发展依然不平衡，与中原内地甚至与滇中地区仍然有较大的差距，不同的民族群体文化圈层相互融合尚需时日，所以到了两晋时，永昌地区的政区又陷入了动荡和分裂，尽管如此，我们并不能忽视了"永昌置郡"的历史作用。《后汉书·郡国五》刘昭注引《后汉书·南蛮西南夷列传》又云："永平十二年（公元69年），哀牢王柳貌遣子率种人内属，其种邑王者七十七人，户五万一千八百九十，口五十五万三千七百一十一。西南去洛阳七千里，显宗以其地置哀牢、博南（今云南永平县）二县，割益州郡西部都尉所领六县，合为永昌郡。"正因为有先秦以来，围绕在"蜀身毒道"周边的民间经济、文化及宗教往来，汉王朝才引起对滇西哀牢地区的经略意图，也因为有武帝时对哀牢"经贸特区"的设置，才让哀牢民众，甚至身毒之民知道汉之强盛，感叹"中国其有圣帝乎"，由此产生了归附向心的心理。《华阳国志·南中志》也记载："孝明帝永平十二年（公元69年），哀牢抑狼遣子奉献。明帝乃置郡，以蜀郡郑纯为太守。属县八，户六万，去洛六千九百里，宁州之极西南也。有闽濮、鸠獠、僄越、裸濮、身毒之民。"对于《后汉书·南蛮西南夷列传》提到的"割益州郡西部都尉所领六县，合为永昌郡"一句，李贤引《古今注》曰："永平十年（公元67年），置益州西部都尉，治嶲唐。"引《续汉志》曰："六县谓不韦、嶲唐、比苏、叶榆、邪龙、云南也。"任乃强

① 常璩.《华阳国志》校补图注［M］.任乃强，校注.上海：上海古籍出版社，1987：289、292.

先生认为此注释与常璩说世祖时不合，为误①，认为："《续汉志》永昌郡八县，自哀牢、博南外，六县皆前汉益州旧县。盖汉武帝时，已置益州郡西部都尉，领此六县。光武时，哀牢内附，以为益州西部都尉领之属国。至明帝，又乃以西部都尉所领六县与新开哀牢、博南两县，合至永昌太守，改都尉为太守也。"至此，永昌置郡的脉络就大致清晰了：

1. 西汉元封二年（公元前109年），益州置郡，辖二十四县，其中就有不韦（今施甸）、嶲唐（今保山）。联系《华阳国志》之"孝武通博南、渡兰沧，然后置嶲唐、不韦"的记述，不难判断其事当于元封二年（公元前109年）之前。同为《华阳国志》作注的刘琳则认为："汉武帝通博南、渡兰沧事《史记》《汉书》未载，当在元封六年郭昌征昆明之后。"② 这与元封二年（公元前109年）设郡，辖县二十四，其中已经包括嶲唐、不韦二县之史实相左，"通博南、渡兰沧"事应不晚于元封二年。

2. 大概是出于民族群体政治的考虑及区域性族属经济文化差距的现实影响，西汉朝廷于武帝时就在民族区域广置都尉，如广汉郡之北部都尉，治阴

---

① 前文已数次提及：置益州西部都尉的时间应在汉武帝元封二年置益州郡后不久。《华阳国志·南中志》载曰："至世祖建武二十三年（公元47年）……（贤栗率众）即遣使诣越太守，愿率种人归义奉贡。世祖纳之，以为西部属国。"如此，西部属国才可以隶属于西部都尉，关于"西部（属国）都尉"，李贤所注与常《志》所载除时间相隔较远外，还可能混淆了都尉与属国都尉的概念。《汉书·武帝本纪》颜师古有注曰："凡言属国者，存其国号而属汉朝，故曰属国。"《后汉书·百官五》云："每属国置都尉一人，比二千石，丞一人。……又置属国都尉，主蛮夷降者。……唯边郡往往置都尉及属国都尉，稍有分县，治民比郡。"又云："属国，分郡离远县置之，如郡差小，置本郡名。"可见"属国"是中央王朝为安置归附的边疆民族而依边缘诸郡设置的一种行政建制，"主蛮夷降者"，与郡同级。大郡割边远县置属国，如割广汉北部都尉所治为广汉属国，割蜀郡西部都尉所治为蜀郡属国，割犍为南部都尉所治为犍为属国，割辽东西部都尉所治为辽东属国。小郡则属国置于本郡之内，不另标名称，如龟兹属国只作为上郡的一个县而存在。都尉、属国于武帝时已经设有，西汉属国之长官为"典属国"，东汉虽无典属国，但另置"属国都尉"掌。据《汉书·百官公卿表第七》曰："典属国，秦官，掌蛮夷降者。武帝元狩三年昆邪王降，复增属国，置都尉……"任乃强先生考证："汉制，部都尉与属国都尉秩皆比二千石，其不同处为部都尉但主军、刑事，属国都尉则领县，兼理军、民、财、刑各政如太守。'属国'谓少数民族部落，自有君长，虽内附而不隶于县官之部落，置吏则比于县官，不置吏，则只管都尉铃束者也。"（《华阳国志》校补图注 [M].任乃强，校注.上海：上海古籍出版社，1987：198.）

② 刘琳.《华阳国志》校注 [M].成都：巴蜀书社，1985：427.

平道；犍为郡之南部都尉，治汉阳。汉武帝在开设嶲唐、不韦二县之后不久，于益州郡西部割置六县，别置都尉，治嶲唐。不韦（今施甸）、嶲唐（今保山）、比苏（今云龙北部、兰坪以西一带）、叶榆（今大理西北、洱源东南一带）、邪龙（今巍山、漾濞一带）、云南六县均位于洱海周边及洱海以西，与哀牢国相连。其间主要分布着昆明、嶲（叟）民族群体，他们与东端的农业民族群体滇人、西端的农业民族群体哀牢分属不同的民族群体文化圈层，后二者系百越系统支系，而前者系氐羌系统支系，两个系统民族群体之间的文化属性及社会发展类型、程度都存在着较大的差别。如果把上述六县继续归入益州郡，不仅政区内部不能稳定发展，而且，由滇族统治的益州范围较大，也不利于整个益州刺史西部的稳定发展。所以，需要把由昆明及叟分布的益州郡西部单独划出，建立都尉，施行军事为主、军政合一的治理。更者，"益州西部，金、银、宝货之地。居其官者，皆富及十世"（《华阳国志·南中志》），蜀身毒道又穿插其间，对于此区域的掌控加强，符合汉武帝朝廷对西域财货的追求初衷。故此，武帝在益州这个大郡西部开置了西部都尉，治嶲唐，单独对之进行重点管辖，直到东汉初年，条件成熟又升格为（益州西部）属国都尉。《后汉书·郡国五》"嶲唐"条刘昭引《古今注》曰："永平十年，置益州西部都尉，居嶲唐，镇尉哀劳人、叶榆蛮夷。"虽然，如前文所述，此注对于"置益州西部都尉"的时间有误，但是后半句"镇尉哀劳人、叶榆蛮夷"，却明确了都尉的上述目的和性质。

3. 至东汉光武建武二十三年（公元47年）哀牢贤栗（《华阳国志》扈栗）"率种人归义奉贡，世祖纳之，以为西部属国"，附属于益州西部都尉。此时的西部属国应该已经包括了哀牢王国之故地——哀牢、博南两处，只不过，此时的哀牢、博南可能还未具备县治的条件和设施，尚还处在部落都邑的形态①，因此，光武帝暂且置为两县以"羁縻之"，两县之地的属国尚属"小郡属国"，故不另设郡置，而只附属于相邻之益州西部都尉。

---

① 对于汉代都尉属国郡县的设施条件可以参考《汉书·西南夷两粤朝鲜传》载曰："上罢西夷，独置南夷夜郎两县一都尉，稍令犍为自葆就。"颜师古注曰："令其保守，且修成其郡县。"（汉书 [M]. 北京：中华书局，2011：3840.）可见，有些边远民族地区的都尉属国县城，被纳入郡县制度初期，极可能还只是族群聚邑的形态。

4.《后汉书·南蛮西南夷列传》曰："永平十二年（公元 69 年），哀牢王柳貌遣子率种人内属，其种邑王者七十七人，户五万一千八百九十，口五十五万三千七百一十一。"如此众多的邑王和人户，包括了"闽越、濮、鸠僚"（《华阳国志》）等许多部族，分布在澜沧江以西"东西三千里，南北四千六百里"（《华阳国志》）的广阔区域。如此人口众多、地域广袤的辖地就不能再由"益州西部都尉"来管辖了。益州西部都尉本就系益州大郡之附属，随着附属的辖区不断扩展，原有的"都尉"行政级别就不能适应其扩大的管辖范围。于是汉明帝永平十二年（公元 69 年）哀牢抑狼（《后汉书》柳貌）"遣子奉献"，再次表示内附心愿，于是汉明帝才割益州西部都尉六县合哀牢、博南（今云南永平县）二县置永昌郡。

只有如此叙述，武帝"通博南，渡兰沧，置嶲唐、不韦"一事才能与哀牢国王世系相符。

《后汉书》注引杨终《哀牢传》云："九隆代代相传，名号不可得而数。至于禁高，乃可记知。禁高死，子吸代；吸死，子建非代；建非死，子哀牢代；哀牢死，子桑藕代；桑藕死，子柳承代；柳承死，子柳貌代；柳貌死，子扈（栗）代。"① 扈栗，东汉初王，其第四世王名哀牢，任乃强先生疑其"哀牢王"之名即最先徙邑于哀牢山下者，而作为百越支系的哀牢民族群体以前国邑并不在此，"由于祀哀牢山而得子，故以哀牢名子，其时则已避汉，定居于哀牢山下，不更徙也"；自元封二年下至建武二十三年，为 156 年，任乃强先生疑当是哀牢第三世王建非时，被西汉经略招徕②，而第四世哀牢王在汉武大帝"渡兰沧水以取哀牢地"的威势力压下，"转衰"；又后延至第八代扈栗时，即当东汉初光武帝在位时，"（扈栗）建武二十三年（方国瑜先生原作二十七年，现更正）遣使至洛阳求内附，杨终即得哀牢使者所述，其说可信。所载哀牢世系，在扈栗之前有八代（应为七代），以二十五年为一代推之，禁高生于汉景帝之世"③，那么第四世哀牢约略与汉武暮年相当，距武帝置嶲唐、不韦二县的时间（公元前 109 年）不远。

---

① 范晔. 后汉书 [M]. 北京：中华书局，2011：2848.

② 常璩.《华阳国志》校补图注 [M]. 任乃强，校注. 上海：上海古籍出版社，1987：287.

③ 方国瑜. 中国西南历史地理考释 [M]. 北京：中华书局，2012：21.

总之，永昌置郡是一个动态渐进的过程，漫长而艰难。它启于汉武、进于光武、成于明帝，只是可能被晚作于《华阳国志》的《后汉书》给简化了。我们看待东汉设永昌郡不应该回避西汉武帝对此地区的经略开拓历史。其实，研究永昌郡的设置和发展要用的不仅是跨越两汉的视角，其设置之初是渐进性促成的结果，而在东汉完成设置以后，南北朝时又经历了政区存废的反复。当代有不少学者，在引用永昌置郡的史实时，都偏于只说"永平置郡"，而不顾之前汉之经略及缘由，不言其间"西部属国"与"西部都尉"之过渡，这是不符合民族历史发展规律的。

永昌郡除上述雟唐、不韦、哀牢、南博四县外，还有比苏（今云龙北部、兰坪以西一带）、叶榆（今大理西北、洱源东南一带）、邪龙（今巍山、漾濞一带）、云南四县。其中需要注意的是比苏县，《华阳国志·南中志》曰其"有盐"，两《汉志》则无注。对于比苏的地望，方家诸说各异，现从《新纂云南通志》云"（比苏）在云龙州西一百二十里"，暂拟其故城为今云龙县。永昌首任太守郑纯，为官清廉，深谙民族宽松之道，采用清廉薄赋的民族政策，《后汉书·南蛮西南夷列传》载曰："纯与哀牢夷人约，邑豪岁输布贯头衣二领，盐一斛，以为常赋，夷俗安之"，"衣二领，盐一斛"显然是象征性的赋税，而且只限于当地部族"邑豪"，而汉廷给予他们的封赏又远不只如此，于是"夷俗安之"。更为重要的是，由上述材料还可知哀牢地区本就产盐。任乃强先生推断其产盐地，主要就在今兰坪河沿岸地区，正是汉代的比苏县境①。关于比苏县之沿革，《读史方舆纪要》卷百十七"云龙州"条云："唐初，为匡州西境。蒙氏谓之云龙甸，段氏因之。元至元末，立云龙甸军民府，明初改为云龙州，属大理府，土知州段氏。万历四十八年改流官，又裁五皆提举司，以盐课归州。"又"五井条"云："诺邓井，州西北三十五里，盐井也，置盐课大使于此，所辖又有石门一井。又大井在州东南三十五里，产盐。所辖又有山井及天耳井。又师井在州西北百三十里，顺荡井在州西北二百五十里，俱有盐课大使，旧属五井提举司，万历末废提举司，

---

① 常璩.《华阳国志》校补图注［M］.任乃强，校注.上海：上海古籍出版社，1987：292.

改属州。其井新、旧互异，仍与浪穹境内洛马盐课使统为五井云。"① 云南境内自古属于缺盐的高原地区，因此，零星分布的几个井盐产地，其经济、民生而至政治、军事的战略价值尤为重要，直至明清时，常设盐课大使统之。可见汉代的连然（今安宁地区）盐井、比苏（今云龙、兰坪一带）盐井、姑復（今华坪地区）这些井盐产地都为汉之西南夷的重要属县，井盐的控制对于管控当地的民族群体有至关重要的作用。

两汉朝廷对永昌地区经营的循序渐进、稳步深入，使得东汉明帝时在永昌地区有了一个较为良好的郡县设置局面，加之柳貌内附的契机，永昌终于置郡。后由于郑纯都尉此地得当，轻徭薄赋、安边宁境，终使哀牢地区的"君长感慕"而纷纷请求"内属"。《后汉书·郡国五》载曰："永昌郡，八城，户二十三万一千八百九十七，口百八十九万七千三百四十四。"如此众多的人口，"在东汉一百零五个郡国中居第二位"②。从此，经由这个汉朝最西南偏远的大郡而来的朝贡遣使络绎不绝，《后汉书·南蛮西南夷列传》云："永元六年，郡徼外敦忍乙王莫延慕，遣使译献犀牛、大象。九年，徼外蛮及掸国王雍由调遣重译奉国珍宝，和帝赐金印紫绶，小君长皆加印绶、钱帛。永初元年，徼外焦侥种夷陆类等三千余口举种内附，献象牙、水牛、封牛。永宁元年，掸国王雍由调复遣使者诣阙朝贺，献乐及幻人，能变化吐火，自支解，易牛马头。又善跳丸，数乃至千。自言我海西人。海西即大秦也，掸国西南通大秦。明年元会，安帝作乐于庭，封雍由调为汉大都尉，赐印绶、金银、彩缯各有差也。"《赞》曰："俾建永昌，同编亿兆。"永昌开郡遂成为东汉朝野的一件大事，班固《东都赋》曰："绥哀牢、开永昌、春王三朝，会同汉京。"自此永昌各部族与中原人民成为一体，巩固和发展了中原王朝的西南边疆。

永昌郡的设置，用政权的形式把自先秦时就开始逐渐形成的蜀身毒道往滇西方向大大推进了一步，从此蜀身毒道沿途的大部分区域都控制在了"中华民族"的手中，使得蜀身毒道沿途的各个民族群体，特别是西南夷各民族群体与汉族的交往、融合极大地加强。伴随着政区设立的是古哀牢国内的哀

---

① 方国瑜. 云南史料丛刊：卷五 [M]. 昆明：云南大学出版社，1998：772.

② 方国瑜主编. 云南郡县两千年 [M]. 昆明：云南广播电视大学，1983：18.

牢（濮、百越）、掸人（傣族先民）、寻传（景颇先民）等哀牢民族群体开始加剧与其他民族群体，特别是与汉族的交往、融合，同质或异质的民族群体文化圈层之间随之开始了涵化，逐渐培植出相互文化之间的认知乃至认同，产生出共同的心理倾向。尽管之后的南北朝时期，永昌郡地区又陷入了政治动荡和割据，但东汉的永昌设郡无疑为下一个更高层次的统一与整合奠定了坚实的基础，其积极的历史作用影响深远。

（二）犍为属国都尉的设置

东汉犍为属国都尉的设置是继永昌置郡之后的又一件大事。前文西汉置犍为郡时，已部分提及，现略述如下：公元前135年，汉武帝"开蜀故徼"，派唐蒙修筑南夷道，并置犍为郡，继续将朱提等地纳入管辖范围。《华阳国志·蜀志》载曰："建元六年（公元前135年），分蜀、广汉置犍为郡。……犍为郡，孝武建元六年置，时治鳖（今贵州遵义），其后县十二，户十万。鳖（贵州遵义），故犍为地也。……后蒙为都尉，治南夷道。元光五年，郡移治南广。太初四年，益州刺史任安城武阳。孝昭元年，郡治僰道，后遂徙武阳。至晋，属县五，户二万。去洛三千二百七十里。东接江阳。南接朱提。北接蜀郡。西接汉嘉。"犍为置郡之初并不包括今滇东北朱提地区，但因朱提地区矿产丰富，土地肥沃，唐蒙积极"治南夷道"，后因"发巴、蜀卒治（南夷）道"成本过高又收效不明显，更重要的原因是：此时西汉要"专力事匈奴"，于是武帝采纳公孙弘的建议，遂"罢西夷，独置南夷两县一都尉，稍令犍为自保就"（《汉书·西南夷两粤朝鲜传》）。此处所谓"两县一都尉"可推测为"南夷"故夜郎国两地——治汉阳（今贵州威宁、赫章一带），辖县朱提（今昭通、鲁甸一带），由于今天滇东北（朱提、堂琅）一带出产白银、铜、铅等金属矿藏①，更重要的是南部犍为南部特殊的地理位

---

① 《华阳国志·南中志》载曰："朱提县，郡治。山出好银。……堂螂县（汉志作琅），因山名也。出银、铅、白铜、铜、杂药。"任乃强更注云："朱提银，秦汉已驰名于内地，则汉民到此矿冶之早可知。……堂琅，夷语铜之义也。……堂琅物产，不专言铜。首举有银者，时人所重，朱提山空，则匠工趋向于堂琅一侧也。次铅者，银与铅恒伴生。秦以前匠工唯重银与铜（金），未知取它金属。秦汉间已知用铅。……又次白铜，即汉世所称之白金。"（《华阳国志》校补图注［M］.任乃强，校注.上海：上海古籍出版社，1987：280-281.）

置，构成了对于西汉王朝东可进南越、西可控西夷的重要战略影响，所以，在武帝"罢西夷"的大背景下，独置"南夷都尉"。到了元封二年（公元前109年），这个独置的辖两县的"南夷都尉"又扩大为"犍为南部"四县。

《华阳国志·南中志》云："朱提郡，本犍为南部，孝武帝元封二年置，属县四。建武后，省为犍为属国。"元封二年（公元前109年），武帝命郭昌、卫广平滇乱毕，益州郡始得开，益州东北之犍为郡则早在建元六年（公元前135年），唐蒙使夜郎，置犍为郡，遂发巴蜀戍卒治道，通僰道至牂牁江，因此"自僰道至朱提，有水、步道"（《华阳国志·南中志》）。元鼎五年（公元前112年）南越反，"上使驰义侯因犍为发南夷兵"，诛头兰，"遂平南夷为牂牁郡"（《史记·西南夷列传》），此时距开朱提道已有二十余年，道应已通，所以此间西南夷部族——"头兰"能"常隔滇道"，《汉书》却讹作"且兰"，误将夜郎境内的且兰部族与以朱提为都邑的头兰混为一谈，此为"大非"①。故此，朱提地区至元封二年时已在犍为南部都尉的控制范围以内，《汉书·地理志八》把汉阳（今贵州威宁、水城）、郁鄡（今宣威）、朱提（今昭通、鲁甸地区）、堂琅（今巧家、会泽一带）置于最后，可见应为后置。所以元封二年所置之犍为南部都尉所辖四县即为此四县，治汉阳。

《后汉书·郡国五》云："犍为属国，故郡南部都尉，永初元年以为属国都尉，别领二城。户七千九百三十八，口三万七千一百八十七。"后列二城：朱提、汉阳。对比《汉书·地理志》所记，少了堂琅、南广及郁鄡，方国瑜先生认为《后汉书》"或有堂琅县，而《续志》失载耳"，并推断："郁鄡②本属犍为，后属建宁，知其地在犍为最南，与益州郡接壤。……蜀以犍为属国置朱提郡，然《晋志》朱提无郁鄡，而以郁鄡属建宁，是又知其地应在朱

---

① 常璩.《华阳国志》校补图注［M］.任乃强，校注. 上海：上海古籍出版社，1987：280.

② 《华阳国志·南中志》曰："郁鄡县雍阊反，结垒于县山，系马柳柱生成林，今夷言（无雍梁），夷言马也。"方国瑜《中国西南历史地理考释》记为"郁鄡"，现从《汉书·地理志》仍记为郁鄡。

提郡之东南。……郁鄢地，当今北盘江源，则在今宣威"①。任乃强先生又言："二城，朱提与汉阳也。后汉无堂琅县，盖已并于朱提，亦无南广县，盖已并于汉阳也。《前汉志》南广、汉阳与郁鄢，叙朱提、堂琅前，明其置县较早，盖三县本僰侯地，只朱提、堂琅是头兰地。置犍为南部都尉时，僰国已不存在，故割彼二县合头兰地为都尉领耳。"② 方国瑜先生对犍为南部的设置沿革也有与任乃强先生相似的观点，并分析其后的民族群体变迁原因：

> 《汉书·地理志》犍为郡领县十二，列在最后的南广、汉阳、
> 郁鄢、朱提、堂琅五县，为西僰区域。汉阳县说："都尉治"，即犍
> 为南部都尉治，为此五县之首邑。《续汉志》犍为属国只领朱提、
> 汉阳二县，而南广县属犍为郡。其余，疑堂琅并于朱提，郁鄢并于
> 汉阳。《晋志》朱提郡属宁州刺史，领朱提、南广、汉阳、南秦、
> 堂狼五县，而郁鄢县属建宁郡。《宋志》分作二郡（朱提郡与南广
> 郡）……又郁鄢仍属建宁郡。在此地区设置郡县的改变，即在两汉
> 为犍为郡附庸，至蜀汉属庲降都督，晋以后属宁州。其所以如此，
> 当与族属居民的改变有很大的关系。何以言之? 在早期，这地区的
> 居民，是岷江流域的僰人逐渐迁来，为犍为郡的一部分，而处在比
> 较落后阶段，别设都尉，自成区域。自东汉末年，益州郡争扰，渐

---

① 方国瑜. 中国西南历史地理考释［M］. 北京：中华书局，2012：71，104. 任乃强《校补图注》注释说："汉郁鄢县属犍为郡，故治当在今雷波县马湖附近……《后汉书·郡国志》无，盖已因乱荒废矣。蜀汉时曾于故墟置马湖县。晋乃更置郁鄢县于建宁郡界，用汉旧名，非汉旧地也。其故城《杨守敬图》定于贵州之威宁县（旧《云南通志》定汉阳于威宁）。《新纂云南通志》则定之于云南宣威县（《杨图》定宛温于宣威）。后者于形势为合。"（《〈华阳国志〉校补图注》，第276页）刘琳《校注》说："（郁鄢）西汉置，属犍为郡。东汉省，地并入汉阳。……《水经·存水》：'存水出犍为郁鄢县'。存水即今北盘江北源可渡河，出宣威西北山中，东流经宣威、威宁二县界。据此，道光《云南通志稿》、杨守敬《历代疆域沿革险要图》定郁鄢于威宁，《新纂云南通志》定于宣威。按当以定宣威附近较合，威宁应属汉阳县地。"（《〈华阳国志〉校注》，第409页）
② 常璩.《华阳国志》校补图注［M］. 任乃强，校注. 上海：上海古籍出版社，1987：280.

有叟人迁到这个地区，已有叟邑（叟人聚居的部族），后愈增多。
僰人被排挤迁出到洱海区南部，即所谓云南郡"下方夷"，所以犍
为南部的居民初以僰人为主，后以叟人为主。由于居民族属关系，
初为犍为附庸，后与建宁联结。①

　　方国瑜先生的此段论述至为精当，自西汉武帝置犍为"南夷两县一都
尉"至东汉永初元年，改置属国，再到建安二十年，分设朱提郡，割置渐
细，别置级别遂升，不仅有原犍为郡南部的分割别置，也有领县的合并和辖
属调整，如此"分和不常"，究其原因当是不同的族属群落"自成区域"又
不断变迁。故此，东汉永初元年（公元 107 年），改犍为南部都尉作犍为属
国都尉时，重新调整并合了原有属县，并堂琅于朱提，并南广于汉阳；同
时，郁鄢县"其地在犍为最南，与益州郡接壤"，虽史书无载，但我们依然
可以推断：东汉安帝或者并郁鄢入朱提、汉阳二县辖区，又或单割郁鄢合至
益州郡，到了蜀汉时，才最终割至建宁郡。

　　关于犍为属国的开设，《后汉书》与《华阳国志》的记述，就像"永昌
置郡"的过程一样，依然相异。一说为东汉"永初元年正月戊寅，分犍为南
部为犍为属国都尉"（《后汉书·安帝纪》），"别领二城"（《后汉书·郡国
五》）即朱提和汉阳。而《华阳国志·南中志》言："朱提郡，本犍为南
部，孝武帝元封二年置，属县四。建武后省为犍为属国。至建安二十年，邓
方为都尉，先主因易名太守。属县五，户八千，去洛五千三百里。先有梓潼
文齐，初为属国，穿龙池，溉稻田，为民兴利，亦为立祠。""平帝末，梓潼
文齐为益州太守。""平帝末"当为公元 6 年左右，王莽为平"滇乱"遣文齐
治滇，文齐治滇有方，出任益州太守，公元 25 年左右归顺光武帝，维护了益
州的稳定和平及东汉王朝的国家统一。"永初"为东汉安帝刘祜的第一个年
号，"永初元年"即公元 107 年，距离建武年间（公元 25 年—56 年）近半个
世纪，"建武后"至哪年虽不详，可当作"永初元年"。那么，《华阳国志·
南中志》所言文齐治滇之时，"初为属国"当是"初为南部"之误②。西汉

　　①　方国瑜. 中国西南历史地理考释 [M]. 北京：中华书局，2012：44.
　　②　方国瑜主编. 云南郡县两千年 [M]. 昆明：云南广播电视大学，1983：22.

武帝所设犍为南部都尉是犍为太守之分职,军事为主,由于犍为南部之朱提地区的人群族属和经济文化的类型及发展程度与犍为郡"正区"部分存在差异,因此别置都尉,分开管理。到了东汉永初元年,改"南部"为"属国"。管理方式虽皆为都尉,但政区的级别显然有所提高,是向更高级别的郡级政区发展的一个重要过渡。至东汉建安二十年(公元 215 年),原犍为属国改设朱提郡,正式成为一个郡级的政区,行政长官也由都尉升格为太守。

犍为南部都尉及后置犍为属国的郡治辖县存在移变。建元六年(公元前135 年),犍为郡初治鳖县,元光五年(公元前 130 年),移治南广县。"南广者,唐蒙时所命名,取向南拓展之义也。"①《中国历史地图集·益州刺史部南部》将其标注于今盐津县东,位于犍为西南边缘,南中最北,故《汉书·地理志》将其置于犍为郡最后五个属县之首,《华阳国志·南中志》叙其在朱提郡之次,并言:"南广县,郡治。汉武帝太初元年置。有盐官。"方国瑜先生据其出盐的特点,推断其在今镇雄北之盐津县一带②。《汉书·西南夷两粤朝鲜传》载曰:"建元六年,大行王恢击东粤……当是时,巴、蜀西郡通西南夷道,载转相饷。……弘等因言西南夷为害,可且罢,专力事匈奴。上许之,罢西夷,独置南夷两县一都尉,稍令犍为自保就。"武帝建元六年所置的"南夷两县一都尉"即犍为南部之前身,乃是一个特殊的犍为郡内部军事准政区——都尉,虽治汉阳,但其政治建设明显落后于犍为郡治地区,又位于西汉之最南部边境,所以武帝要划其特区,"令自保守,且修成其郡县"③;元封二年所设之犍为南部都尉依旧治汉阳,只是此时辖县已由二县扩为五县,其中朱提、堂琅、南广、汉阳位于今云南境内;到了东汉永初元年,犍为南部都尉升格为犍为属国,四县又合并为朱提、汉阳二县,并移治朱提。

就其原因,不外乎当时当地土著族属的变迁。大概是受到中原汉文化圈的扩张影响,犍为南部都尉设置初期,自僰道南来的僰人聚居此地,是犍为

---

① 常璩.《华阳国志》校补图注 [M]. 任乃强,校注. 上海:上海古籍出版社,1987:282.
② 方国瑜. 中国西南历史地理考释 [M]. 北京:中华书局,2012:106.
③ 班固.《汉书·西南夷两粤朝鲜传》 [M]. 北京:中华书局,2011:3840 颜师古注曰:"稍令犍为自保就"条.

南部区域的主要居民，自成区域，与原僰人分布区犍为联系紧密。但随后，原处滇中、与昆明混杂一处的叟人逐渐向北迁移进入此地区，且愈聚愈多，僰人逐渐被挤出此地区而向滇西洱海地区迁徙，而由叟人构成的犍为南部民族群体主体，与其族源地——南中建宁联系紧密。故此当是方国瑜先生所说犍为南部地区"由于居民族属关系，初为犍为附庸，后与建宁联结"的根本原因。此片区域最南之郁鄢，蜀汉时已并于建宁郡，又设朱提郡作为南中七郡之一。而在朱提地区，南广自成区域，又与朱提之关系密切，所以行政区划屡经改变。《续汉志》中言南广县不在犍为属国都尉。《水经·江水注》说："南广县，刘禅延熙中分以为郡。"《宋志》说："南广令汉旧县属犍为，晋《太康地志》属朱提。"又说："南广太守，晋怀帝分朱提立。"《晋书·王逊传》说："分朱提为南广郡。"《华阳国志·南中志》说："刺史王逊移朱提郡治南广，后刺史尹奉却郡，还旧治。"此两郡分和合不常，赵一清《〈水经注〉释》说："似是蜀置，西晋废，东晋复立也。"盖南广地在朱提之北，与犍为接，族属居民迁徙与朱提不尽相同，故朱提、南广的行政区划也不固定了。

汉献帝建安二十年（公元 215 年），西蜀安远将军邓方改犍为属国为朱提郡，领五县，分别是朱提、堂琅、汉阳、南昌、南秦，治朱提县（今昭通、鲁甸一带）。

（三）东汉云南其他郡县的因革

《汉书·地理志》言："来唯，从陟山出铜。劳水出徼外，东至麋泠入南海，过郡三，行三千五百六十里。"此后的东汉、晋、宋、齐之《地理志》再无此县记载。"劳水"即今澜沧江，《汉书·地理志》又言："青蛉县北僕水出徼外，东南至来唯入劳。""僕水"即今漾濞江，可知漾濞江流入澜沧江处即为来唯县故地。方国瑜先生据此分析：今巍山县西南之南涧，即为来唯县故地，并且，《后汉书》以后再无来唯县记载，疑其（西汉末）已废置，其地盖已并入邪龙县矣。[①] 西汉益州郡"户共八万一千九百四十六，人口五十八万四百六十三"，属大郡之列，至东汉辖县只减其六，然而"户二万九千三十六，口十一万八百二"，户口数锐减了近四分之三，原因应在于汉武

---

① 方国瑜. 中国西南历史地理考释［M］. 北京：中华书局，2012：88-89.

以来，益州郡内各民族群体对中原汉族统治的反抗，反抗不仅表现为战争对抗，也表现在这些民族群体的逃避和迁徙。原居住于僰道周围的僰人本已经进入农业文明时代，但在汉族文化圈的冲击下还是不得不沿今滇东北进入云南，继续向西洱海地区迁徙，叟人则陆续迁入滇东北犍为属国地区。因此，在两汉及两汉交替时期，犍为属国地区的居民由以农业为主的僰人渐变为以畜牧为主的叟人，在汉代政区编户齐名进行农业人口统计的制度下，众多非农业人口就自然被排除在户籍之外，因此，登记在册的户口数锐减。

此外，两汉牂牁郡也有局部辖县有所因革。《汉书·地理志》曰："牂牁郡，户二万四千二百一十九，口十五万三千三百六十。县十七：故且兰，镡封，鐅，漏卧，平夷，同并，谈指，宛温，毋敛，夜郎，毋单，漏江，西随，都梦，谈稟，进桑，句町。"其西部的十一县分布在今云南省的东南部。《后汉书·郡国五》则言："牂牁郡，十六城，户三万一千五百二十三，口二十六万七千二百五十三。故且兰，平夷，鐅，毋敛，谈指，夜郎，同并，谈稟，漏江，毋单，宛温，镡封，漏卧，句町，进乘，西随。"除进桑县（今马关、河口一带）改名进乘以外，少了都梦县。《汉书·地理志》"都梦"条言："壶水东南至麋泠入尚龙溪，过郡二，行千一百六十里"，《晋书·地理上》"兴古郡"有都篖（县），道光《云南通志》卷二一八《存疑辨证》云："《后汉》无都梦，想并入西随"，或以为都篖即都梦，宋、齐《地理志》亦无此县记载，方国瑜先生引《晋起居注》所记载："太康二年置兴古之都篖县"，疑其为《宋州郡志校勘记》之都阳所改，且"壶水"为开化境南流之水，则都梦当与进桑近，即在今西畴、砚山、麻栗坡诸地。方国瑜先生又引道光《云南通志》语："都梦，当自开化以东至广南南境。"再引胡蔚《牂牁丛考》曰："都梦，窃以为汉武开郡时原置此县，至昭帝时同并二十四邑反，都梦或在其中，而句町助汉削平大乱，亡波受宠封王，疑其地与句町接壤，遂为句町兼并，故不复置。"方氏认为"作此推测，可备一说"[1]。

两汉越嶲郡的郡县变动较小。东汉越嶲郡领十四县，少了西汉灊街县（今四川雷波一带），该县是旄民族群体聚居地区之一，东汉初年疑已被并入

---

① 方国瑜. 中国西南历史地理考释［M］. 北京：中华书局，2012：83.

相邻的属县，东汉末期则已不受越嶲郡统辖而多与汉嘉郡联系，为汉嘉郡界地①，因其地在今四川境内，与本书主题关系不大，此不再赘述。

第三节　两汉时期民族文化圈层云南政区的发展特点

先秦时期，由于中原与西南夷地区的交流早已开始，民间自然形成了一条贯穿古印度、云南、四川，进而与中原相通的整个南亚次大陆的商贸文化通道——蜀身毒道。然而，中原王朝对云南的官方认知到了秦汉才围绕蜀身毒道逐渐展开。这条自蜀入滇东北、经滇中、过滇西而进入缅甸，最终到达印度的文化商业通道周围分布着大小不等、文化类型各异、社会发展程度不同的众多民族群体，这些民族群体分布的地区，有些是适合农业发展的湖泊坝区，有些则自然矿产丰富，有些的战略地位则尤为重要。

在以农业文明为价值评判标准的中原统治者看来，上述两种类型的区域都符合中原王朝开拓边疆的需要。于是，自秦汉开始，中原王朝对云南的认知和开拓就围绕着蜀身毒道进行。秦开五尺道，进入滇东北及滇中地区，置吏设官，开始开发这一区域的自然矿藏；西汉武帝更是沿蜀身毒道向纵深发展，自巴蜀之南向西南深入到洱海区域，出于农业价值和帝国财富及政治军事战略的需要，在通道周围选择性地招徕土著，设吏置郡；后汉续前汉之"余烈"，把中原汉族之文化圈由洱海周围向西推进到哀牢怒江地区，终置永昌郡。随着对蜀身毒道沿边民族群体认知的不断深化，汉朝官方逐渐认识到一些同源的大民族群体内部尚有小的部族区别，他们与其他同源之部族"差别显著"，各部族之间天然形成了"自成区域"的有差异的族属分布格局，因此，在两汉于云南地区设置郡县的过程中，有局部的调整，即部分都尉与属国的设立及割置合并。虽然如此，我们仍应该看到，秦汉对于西南的民族群体了解尚不够深入，且所有认知几乎全部集中于蜀身毒道的周边区域，对西南未知区域的开拓也仅是沿蜀身毒道发展，没有拓展到今天更为广阔的西南边疆地区，对滇南、滇西南片区的未知区域之民族群体文明的探究尚留有

---

① 方国瑜. 中国西南历史地理考释［M］. 北京：中华书局，2012：39.

巨大的空白。西南，特别是云南地区的政区设置、划分只是粗略地回答了沿蜀身毒道周边区域"在哪里设、该不该设"的问题，至于"如何设置、怎样划分"才更为合理、统治管辖才更为有效的问题，则留到后面的历史时期来回答。因此，可以说两汉在今云南地区的政区划分是整体粗略性的设置，还只停留在用中原农业文明的价值标准，把汉王朝认为有价值的西南部分地区纳入中央的郡县管辖范围当中，并且略有局部的政区调整。

秦汉对西南夷地区输出郡县制度，中原农业文化也通过官方形式正式向西南夷地区扩展圈层，于是秦汉时期，今天云南境内众多民族群体开始较为广泛、快速地与中原文化圈接触、融合，进而开始发生涵化。这个过程不仅表现为和平交流，也表现为对抗冲突，还具有反复性。来自中原中央集权统辖下的郡县制度与本地的部族土长制度既冲突又妥协，激荡着西南夷地区固有的民族群体文化（文明）格局。在这种文化格局激烈变动的过程中，一些民族群体从先秦时的聚居故地向别处迁徙，同时又有外来的民族群体迁入这些地区，从而造成了西南夷地区不同类型民族群体文化的移动，最终，再次影响行政区划的因革，导致下一个历史时期的政区调整反复。需要注意的是政区的调整期漫长而复杂，不仅是魏晋南北朝时期，直到唐初，"即其部落列置州县"依然是西南夷地区郡县设置调整的政策。而那些最先由中原王朝进入、控制，又由移民汉族迁入填充的，沿主要交通沿线，特别是沿蜀身毒道周边设置的郡县则较为稳定。原因就在于西南夷各民族群体固有的多元类型文化（文明），还较为分散，虽然彼此联系紧密，但西南夷内部的文明整合、政治统一还未形成，西南夷各民族群体文化圈层的自我涵化还远未完成，彼此依然"差别显著"，不相统属，"自成区域"，因此在面对"外来的"中原郡县制度时，各自反应不一；而中原汉族政权代表了整齐划一的单一文化类型，其政治势力向西南夷地区的进入和汉族移民的迁入，都为中原汉族的郡县制度在西南夷地区的设置和发展提供了坚实的基础。

第三章

两汉时期的云南城镇

汉承秦制。在秦王朝于邛、筰设置政区，于"诸此国"的夜郎、滇、邛都、嶲、昆明等部族地区委任官吏，开始推行郡县制度的基础上，出于财货和边境安全的战略目的，西汉时期的云南城镇基本建立在以"通道"（南夷道、西夷道）为目的的政区治所上，确立和进一步巩固了云南的郡县制度。东汉对滇西、滇西南的开拓，把城镇建设略微向新置的永昌郡境内拓展，建立寥寥数城。两汉的云南城镇建设主要集中于财富集聚和军事戍守上，由于这些治所城镇受到了中原文化的巨大影响，它们成了中原文化向整个西南夷地区辐射的文化能量策源地，这些零星的汉代城镇镇戍广远，对当地部族的文化冲击和影响强烈①，从而在中原与西南的民族文化圈层的融合、涵化进程中起到了极为重要的作用。

第一节　西汉时期云南的主要城镇

虽西汉政权在云南的政区经营中有罢废（武帝元朔三年秋，罢西南夷），但经过三十多年的开拓经略，其先后在西南夷地区设置了牂牁、越嶲、沈黎、汶山、武都、犍为、益州七郡，其中的沈黎、汶山、武都皆在大渡河以北，其余牂牁、越嶲、犍为、益州四郡唯益州郡所领全部县城建立在今云南省境内。以益州为主的四郡设置标志着郡县制度在云南的确立，随之而来的城镇建设也开始在云南的局部区域发展起来。

---

① "汉时之县幅员极广"为乾隆《腾越州志》卷一语，详见中国地方志集成：卷39 [M]．南京：凤凰出版社，2014：9.

　　牂牁郡西部的十一属县城镇分布在今云南省的东南部，分别是谈槁县、漏江县（今泸西、师宗）、同并县（今弥勒一带）、毋单县、宛温县、漏卧县（今罗平）、句町县（今广南）、都梦县（今麻栗坡）、镡封县（今邱北）、西随县、进桑（东汉改称进乘县，今马关、河口一带）。

　　越嶲郡只有四个属县城镇位于今云南境内，分别是三绛县（今元谋姜驿）、青蛉县（今大姚以北）、姑复县（今华坪）、遂久县（今永胜、丽江一带）。

　　犍为南部别设一都尉，治所于汉阳县（今贵州威宁、赫章一带），下辖朱提城（今昭通、鲁甸一带），即所谓"两县一都尉"。另外，在犍为郡所辖十二县中，南广县（今镇雄、盐津一带）、郁鄢县（今宣威）、堂琅县（今会泽、巧家、东川一带），加上犍为南部都尉中的朱提，在今云南境内。

　　益州郡所辖二十四县分别是：滇池县（今晋宁）、双柏县（今易门）、同劳县（今陆良）、铜濑县（今马龙）、连然县（今安宁）、俞元县、收靡县（今寻甸、嵩明一带）、谷昌县（今昆明官渡区一带）、秦臧县、邪龙县（今巍山、漾濞一带）、味县（今曲靖、沾益一带）、昆泽县（今宜良）、叶榆县（今大理西北、洱源东南一带）、律高县（今通海、曲溪一带）、不韦县（今施甸）、云南县、嶲唐县（今保山）、弄栋县（今姚安、大姚南部一带）、比苏县（今云龙北部、兰坪以西一带）、贲古县（今个旧、蒙自一带）、毋椶县（今开远、建水一带）、胜休县、健伶县（今昆阳、南涧一带）、来唯县（今巍山西南南涧一带），户共八万一千九百四十六，人口五十八万四百六十三。

第二节　东汉时期云南的主要城镇

　　西汉武帝于公元前109年前后置嶲唐、不韦二县，东汉明帝又于永平十年（公元67年）置益州西部属国都尉，在此基础上，东汉王朝的势力继续向云南西部边陲挺进，进一步加强了对故哀牢地区自治部族联盟的统治，许其"存其国号而属汉朝"（颜师古《汉书·注》），建立归附部族的自治政区，设"都尉"而以军事管辖政区，即所谓"属国都尉主蛮夷降者"（《后汉书·百官志五》），并管理建武二十七年（公元51年）的内附哀牢诸部。

随着到任官吏的治理有道，永平十二年（公元 69 年），东汉王朝以益州西部属国都尉之地设立永昌郡，永昌郡脱离益州管辖，成为单独的一个边疆行政区划，根据《续汉书·郡国志》的描述，当时地广人稠的边疆永昌郡户数达二十多万户，人口达一百八十九万多人，其规模在东汉全境一百零五个郡中，居第二位。究其原因系永昌"郡县设置的改变，是逐渐扩大设置区域"① 使然。

在东汉王朝的文化辐射、影响下，中原的城镇建设也向永昌郡地区推进。永昌郡地区除西汉所设的嶲唐、不韦、哀牢、南博四县外，还有比苏（今云龙北部、兰坪以西一带）、叶榆（今大理西北、洱源东南一带）、邪龙（今巍山、漾濞一带）、云南四县。

原犍为属国改为朱提郡，领五县，分别是朱提、堂琅、汉阳、南昌、南秦，治朱提县（今昭通、鲁甸一带）。

益州郡原有的二十四个辖县缩减为十七县，《后汉书·郡国五》曰："益州郡，十七城，户二万九千三十六，口十一万八百二。"十七城即指下辖之十七县，分别是滇池县（今晋宁晋城）、谷昌县（今昆明市城东一带）、连然县（今安宁）、建伶（今晋宁昆阳）、俞元县、秦臧县、双柏县（今易门）、味县（今曲靖、沾益一带）、同劳县（今陆良）、铜濑县（今曲靖西北马龙一带）、昆泽县（今宜良）、收靡县（今寻甸、嵩明一带）、弄栋县（今姚安、大姚南部）、律高县（今通海、曲溪一带）、贲古县（今个旧、蒙自一带）、毋棳县（今开远、建水一带）、胜休县。除去永平十二年（公元 69 年）被东汉明帝割至新设永昌郡的原益州西部都尉之叶榆等六县，比较《汉书·地理志》所记述之西汉益州二十四县，尚缺来唯县。疑其（西汉末）已废置，其地盖已并入邪龙县矣。

"牂牁郡，十六城，户三万一千五百二十三，口二十六万七千二百五十三。故且兰，平夷，鳖，毋敛，谈指，夜郎，同并，谈棄，漏江，毋单，宛温，镡封，漏卧，句町，进乘，西随。"东汉除进桑县（今马关、河口一带）改名进乘以外，少了都梦县。方国瑜引胡蔚《牂牁丛考》曰："都梦，窃以为汉武开郡时原置此县，至昭帝时同并二十四邑反，都梦或在其中，而句町

---

① 方国瑜. 中国西南历史地理考释 [M]. 北京：中华书局，2012：43.

助汉削平大乱，亡波受宠封王，疑其地与句町接壤，遂为句町兼并，故不复置。"

越嶲郡则有四县位于今云南境内，分别是三绛县（今元谋姜驿）、青蛉县（今大姚以北）、姑复县（今华坪）、遂久县（今永胜、丽江一带），其中三绛县（今元谋姜驿）于此时更名三缝。

不难看出，东汉云南的城镇发展与西汉的格局基本相似：除永昌郡内略有城镇增加外，朱提、益州、牂牁、越嶲四郡内的云南城镇基本与西汉的城镇分布吻合，虽略有析并，但都与政区治所重合，或者说两汉的云南城镇基本是作为政区的治所而出现，从而，我们可以说两汉的云南城镇几乎全是中原文化向云南辐射、影响的产物，这些城镇自然成为中原文化的文化据点，它们与西南境内固有的民族聚落并列存在着。但是，随着城镇经济、文化的发展，到了魏晋时期，南中的城镇已经从较为单一的中原文化集结"孤岛"转为了多元文化的集聚、交流的场所。

第三节　两汉时期中原文化圈层对云南城镇发展的影响

出于财货及军事、政治的考虑，西汉的城镇高度与政区治所对应，而且显著地分布于蜀通身毒国的通道周围，靠汉族移民开辟城镇周围的农业生境，并未深入当地部族聚落当中，虽招徕部分部族首领，委以官职，但城镇的发展还只能局限于中原文化"孤岛"之中。相比于西汉，东汉的云南城镇依然延续西汉以来占据交通要道、驻扎政区治所的战略设置，但是我们应该看到由于永昌郡的设立，东汉的云南城镇设置推进到了滇西、滇西南片区，但设置并不密集，只是零星地设立了几座城镇。这就反映出至少到东汉末，中原文化圈层对云南的扩展虽然较西汉更广，但是文化的影响还不够深入，作为中原农业文化在政治上的一种表达——城镇，还没有在永昌地区广泛推行设置。原哀牢王国内的几个民族部族，除临近永昌郡治的濮部、僄越部新置城镇外，滇西南的闽濮部、鸠僚部以及澜沧江中下游地区都没有设置城镇，说明至东汉时，中原文化还未与当地的民族文化发生较多的接触与融合，涵化还远未深入。因此，作为城镇的雏形——原始部族的聚落依然是这片区域较为普遍的人口和物资集聚的存在方式。

当中原文化脱离了其文化生境，进入云南的异质文化生境后，通常面临为了适应异质文化生境而产生文化调整和融合，文化的调整反映到政治层面上来，就是调整对当地的民族治理策略，增强对当地部族的有效管理。我们可以看到，东汉云南地区的城镇由于郡县的缩减和合并，数量已减少，究其背后的民族文化原因就在于，中原文化凭借其较为强大的文化代偿力向云南地区扩张的初期过程中，常常遇到当地民族异质文化的排抗，从而对搭建在中原文化基础之上的政区与城镇造成一定的冲击，进而使得一些与当地民族文化以及区域民族政治格局相抵触的政区与城镇设置做出调整，以便这些区域的政区和城镇设置更为合理，从而更为有效地统治、管理当地部族。更为重要的是中原文化的圈层辐射影响力随着中原王朝的政权动荡、衰落而减弱，但由中原文化的影响、刺激而引发的云南境内各部族的社会发展却没有衰退，反而急剧地发展起来。到了蜀汉南北朝时期，南中的土著部族成为发展南中政治势力圈和城镇聚落群的主体，从而酝酿、预示着云南民族文化圈整合时代的到来。

郡县的设置、汉族的迁入以及西南夷当中农业民族群体的迁徙，极大影响着郡县政区内的农业人口比例和户口数量，农业民族群体的迁徙还带来一个重要的后果——以云南原始民族群体聚落的快速发展为基础，促成了早期城镇的形成和成熟。

农业文化的特点之一就是文明财富和人口的集聚，那么随之而来的文化要求就是要对农业产品和财富进行有效保存和保护。对农业劳动人口的集聚管理和有效组织，修筑有军事防御功能的邑聚坞堡显然可以一定程度上满足农业民族群体这一生产生活需要，但还不够，比如：为了农业文化的运行需要，建立必要的社会运行制度和权力组织，必然要求有上下各级行政执行和管理机构，这些行政层级需要有一定规模的功能设施和行政及军事处所。因此，秦统一六国后建立了被后世王朝延用千年的中央集权制和郡县制，这是中原文化在政治方面的表现和要求。所有这些设施、处所无一不是为了服务于农业文化的运行和发展，增加文化的富积程度，增强文化的实力影响。这种文化运行的需要客观上推动了城镇乃至于城市的出现和发展。①

两汉王朝,继承中原先秦以来的农业文化,不断吸收其他文化的因子,形成了一个以农业文化为核心,兼容其他文化类型的庞大、成熟的中原文化。中原文化发展到西汉武帝时,已经表现为一个强大的中央集权帝国形态,帝国的行政组织形式通过郡县制度来实现,而围绕着郡县制度的施行,城镇治所的建设也磅礴兴起②。由于文化的特性和要求,武帝之后的中原城镇已经不仅局限于军事镇尉和行政治所的军政功能,而是开始向着人力、物资、技术等生产生活资料集聚的民用工商业建筑设施群发展。"西汉城市发展的一个重要特征,即城市的经济职能加强,一大批规模较大的工商业城市勃兴。"③ 由于农业、手工业、商业的发展以及交通网络的开发,汉代中原的经济区域成形,中原的城镇逐渐整合了"市"的功能而不断向城市发展。

西南地区的城镇发展显然要滞后于中原。从史料看,西南夷有较为固定的生活区域,有从事一定程度的农业生产的几大民族群体:由僰道向西南迁徙,最终进入洱海的僰人;聚居于滇池周围的古滇人;较早进入农业文明的邛笮民族群体;以及哀牢民族群体。他们都有自己的聚落和都邑(前文已述)。这些地区的民族群体,其早期的原始聚落还有后来的方国都邑都成为秦汉西南夷地区城镇出现的重要来源,也是两汉在这一地区建立郡县治所的主要依据。另一方面,两汉经略"西南夷"地区,主要出于通身毒道和控制珠江上游航道的目的,因此,两汉对云南过境开发的经营方式造成了所筑城镇集中于以这两条通道为主的交通线上,其余的城镇几乎都是两汉时期,依据云南部族分布而划分的政区之治所而筑,这些治所又往往与本土的部族聚

---

① "秦朝中央集权制的确立和郡县制的建立,也推动了城市行政管理职能的发展。城市为各级封建统治中心,因而对城市的管理,主要是治安管理,成为统治者十分重视的一个问题,采取了一系列措施:1. 派驻重兵守卫城镇,设置负责治安的官吏;2. 设立司法机构,加强专制统治和对城市的控制。"何一民. 中国城市史 [M]. 武汉:武汉大学出版社,2012:137.

② 公元前201年,汉高祖刘邦下诏"天下县邑城"。见于汉书·高帝纪 [M]. 北京:中华书局,1982."如果仅以一县范围内有一城计算,那么西汉的城市数量约为千余个。其中,具有一定规模的城市有670多个,比秦代增加了一倍多,而作为城市行政等级体系中第二层级的郡国城市的数量也较秦增加一倍多。"何一民. 中国城市史 [M]. 武汉:武汉大学出版社,2012:149.

③ 何一民. 中国城市史 [M]. 武汉:武汉大学出版社,2012:154.

落或都邑重合。综上而言，两汉时期，在中原文化圈层影响下，云南城镇主要分布于围绕蜀身毒道的郡县治所和农业较为发达的本土部族据点。

根据《汉书》《后汉书》的地志记载，对比两汉云南及周边的郡县设置，可以发现一些城镇与农业定居人口的变化情况（见表3-1）：

表3-1 两汉云南郡县城镇与定居人口数量列表

西汉	犍为郡（城12）		越嶲郡（城4）	牂牁郡（城17）	益州郡（城24）	
	户 109419		户 61280	户 24219	户 81946	
	口 489486		口 408450	口 153360	口 580463	
东汉	犍为郡（城9）	犍为属国（城2）	越嶲郡（城4）	牂牁郡（城16）	益州郡（城17）	永昌郡（城8）
	户 137713	户 7938	户 130120	户 31523	户 29036	户 231897
	口 411378	口 37187	口 623418	口 267253	口 110820	口 1897344

西汉益州刺史南部四郡到东汉时增至六郡，统辖范围也增加了滇西、滇西南一片广大地域，因此，出于"编户齐名"的中原传统价值甄别需要，仅从中原官方史料上看，益州刺史南部的农业定居户数总体上增加了127471户，1715641口。这种户口数量远少于西南这一片区的实际人口数量。在引论部分，笔者已经一再强调过人都有自己的文化群体属性，人类群体都有自己的文化归属，人自然也成为文化的载体，由此，我们可以进一步认为，两汉时，西南的农业定居户口的增长表明了中原文化进入西南地区后的巩固和壮大，定居人口所在的城镇遂成为中原文化的文化据点和辐射源，这在两汉的越嶲郡、牂牁郡两郡的户、口数量发展增长中表现得较为明显。另一方面，中原文化进入新的文化生境，必然受到环境的抑制，也必然与当地固有的民族文化发生接触和互动，因此，农业定居户口可能会发生削减。例如：西汉犍为郡领十二城：僰道、江阳、武阳、南安、资中、符、牛鞞、南广、汉阳、郁鄢、朱提、堂琅。至东汉犍为郡剩余九城：武阳、资中、牛鞞、南安、僰道、江阳、符（节）、南广、汉安，分析出朱提、汉阳二城合为犍为属国，郁鄢、堂琅并入朱提城，新增汉安城（今四川内江），因此，东汉之犍为郡加上犍为属国的地域范围大致与西汉时的犍为郡相同。东汉这片区域

的农业定居户数较西汉增长了 36232 户，但农业定居人口却减少了 40921 口。犍为郡即今滇东北地区，其北接蜀地，是西南片区较为临近中原文化腹地的北部区域，属于较早被中原文化影响、开发的地区。出于中原王朝开发、开辟西南民族地区的需要，两汉时期，大量的人口被征调甚至强行迁往中原王朝对西南的经略前沿区域，因此人口数量发生了削减。但是，中原文化对西南地区的深入开发和城镇拓展又带来了其他地区人口户数的增长。譬如原属益州西部都尉的叶榆等六县划入新置的永昌郡后，合嶲唐、不韦为八县城，后更添哀牢、博南，实为十城，必然引入大量的农业人口定居，所谓"开拓夷荒，稍成郡县"（《南齐书·地志七》）说的就是增加农业人口定居点的开发模式。因此，原西汉益州郡之地至东汉时加上永昌的广袤地区就使得户数增加了 178987 户，人口增加了 1427701 口，比西汉益州郡的户数增加了两倍多，农业人口更是增长了近 2.5 倍。

可以说两汉云南城镇的建设、发展是前所未有的，它的发生、发展既是中原文化经略、开发西南地区的结果，同时又带来了中原文化在西南生境中的扎根稳固和影响辐射，此后的云南城镇发展都离不开两汉的云南城镇格局，正是两汉的云南城镇格局奠定了中原农业文化在云南的发展根基，它为云南此后的政区、城镇内地化发展提供了途径。另一方面，中原文化以农业人口集聚的城镇嵌入两汉的西南地区，并不总表现出强劲的增长态势。这在两汉时期的个别郡级政区中可以看出，在东汉以后中原陷入较长的南北分裂时期，更是表现得尤为突出。中原王朝的政区、城镇以及农业定居人口都表现出收缩的态势，究其原因就在于，中原文化失去了一个强大的政权依托而转向弱势，在西南地区开始了"夷化"的发展倾向。

第四章

蜀汉两晋南北朝时期云南的政区

东汉末年，中原土地兼并日益严重，社会矛盾激化，黄巾寇中原，地方豪强割据，加之"五胡乱华"，造成了整个中原的政治分裂、军事割据、经济萧条。在随后长达400年的战乱纷争中，中原行政区划名存实亡，黄河流域的一批大中型城市遭严重破坏，北方的城市开始走向衰落，而在南方随着农业人口的大量迁入，其中原文化得到发展和强化，经济得到休养生息和提升。但同时，由于北方游牧民族群体南下进入中原，打破了秦汉以来中原文化中汉文化一家独大的局面，中原的文化圈构成了新的格局。南朝政权在与北朝政权的相互攻伐中，都试图控制南中边疆的民族政治区域，把这些区域作为自己的物资后方，但这一时期的中原文化势力显然受到削弱，文化代偿力不足以强劲有力且持续地对南中输入，对南中地区的文化开发不能有序展开，中原文化的辐射圈层缩小。而与此相对的是，南中地区各民族集团经秦汉以来受中原文化影响，各自的文化都有不同程度的发展甚至跃迁，对中原文化的排抗力有所增强，各自形成的民族文化圈结构更为牢固，文化实力增强。在这种历史背景下，南中由秦汉以来建置沿革的行政区域受到空前的挑战，进入了动荡和调整时期，调整的动力就来源于南中区域内各民族群体的壮大和自觉，在中原王朝对南中治理能力下降的过程中，本土民族群体产生了越来越强烈的重新划定各自势力范围的要求，于是，中原羸弱的文化影响与本土崛起的文化要求之间势必造成文化的冲突和调适，调适的结果是南中本土文化圈得到重构和稳固，以新的民族文化圈格局迎接下一个强大、统一的中原文化圈层。

总体上，从蜀汉到南朝的400年间，任何一个中原政权对西南边疆的开发已失去两汉时期的稳定和持久。表面上是因为没有一个统一而强大的中央集权政府存在，就难以全面地对云南的政区和城镇作出全面系统的规划，也难以实施持之以恒的有效建设。实质上是因为没有整合统一的中原文化必然暗弱，它对周围的异质文化影响力也必然削弱，云南地区的本土文化圈也因之此消彼长，妄自尊大。然而，在中原长期的大分裂背景下，在短时期的西南局部范围内，中原文化的影响还是存在加强的情况，政区和城镇的建设还较为合理。蜀汉政权控制下的南中地区就是其中一例。诸葛亮平定南中后，施行较为宽松、平等的民族政策，在"西和诸戎，南抚夷越"（《三国志·诸葛亮传》）的战略方针下，开创了相对平等的民族双向开发的文化互动方式。诸葛亮一改秦汉时期，中原文化在与西南联系互动中的领导地位和"持强凌弱"的开发方式，虽主动经略，但并不"霸道"开发，充分认识西南，特别是云南各族所处的特殊生存生境，高度认可各民族的文化独立和区域自治系统，不索贡、不拓地、不强征劳役和兵役，与云南各民族政治集团达成各领疆域、互保安宁、人才互通的政治协约关系，从而与各民族政权建立互为依存的政治联系。这种文化联系是双向互动的，与此前秦汉的过境开发、通道开发有本质的区别，从此，中原文化圈层与云南民族文化圈的互动联系进入了一个新的发展阶段——代理开发阶段，这一开发云南的经营制度到了隋唐时期发展成熟，史称"羁縻制度"。蜀汉对云南的文化经略和开发具有划时代的意义，从此，一种更加有效促进民族文化融合、增进民族互动、促成各民族共同体形成的模式产生，它对"多元文化起源—文化圈层融合一体"的国家形成意义深远。

第一节　蜀汉时期云南的政区设置

公元184年，中原黄巾军揭竿而起，四方诸侯趁平乱之机壮大自己，割据称雄，处在激烈社会矛盾中的东汉王朝摇摇欲坠。巴蜀地区也同全国其他地方一样动荡不安。公元194年，领益州牧的刘焉死，其子刘璋继任，内存纷争，外有强攘，已无力经营南中越嶲、益州、牂牁、永昌四郡了。在这种背景下，南中大姓势力急剧膨胀，开始执掌南中的地方政权。此时的南中已经不再是秦汉西南夷地区各个民族群体不相统属的、简单的区域政治格局，而是在中原王朝的影响下，南中萌生出一些地方政治军事势力，他们对外与中原王朝抗衡，企图摆脱中原政权的控制而自立独大；对内则相互倾轧，相互争夺地盘。这些势力不但影响南中地区的和平与发展，而且，阻碍国家整体发展的历史潮流。

一、蜀汉时期云南的文化圈层发展

三国鼎立，相互征伐，中原政权由两汉之统一进入了割据分裂的时期，文化上的统一也由政治上的分裂而变为多元状态，魏、蜀、吴三方都把与自己政权相邻的民族地区看作自己的势力范围，伺机扩大领土，曹魏远征羌人，东吴吞并夷越，西蜀平定南中。南中作为西蜀政权的后方，对西蜀的战略意义非凡，因此，西蜀对南中的经略是加强的，而正是这种强力的经营促成了南中一些民族群体社会的巨大发展和进步，从而刺激了南中民族文化圈的整合及成形。

公元221年，刘备称帝，国力与曹魏、东吴相比尚处劣势。为此，蜀汉政权积极经略原两汉之益州西南——南中地区，以壮大自己的实力，丞相诸葛亮遂定下了"西和诸戎，南抚夷越"的总方针。而东汉末年以来的南中地区，表面上看从两汉陆续进入的汉族移民在风俗、习惯上逐步完成了"夷化"的过程，但其从中原带来的封建生产生活方式、精耕农业的技术和运转方式已经在当地建立、发展起来，本质上还是属于与中原同质的文化，即相同的以农业为主的文化类型，只是由于生境的变化，同类文化发展出了不同的文化样式。这些"夷化"了的汉族与本土民族联系密切，有了自己的经济、政治势力，发展为"南中大姓"。据《华阳国志》记载，牂牁郡有大姓龙、傅、尹、董、谢；永昌郡有大姓陈、赵、谢、杨；朱提郡有大姓朱、鲁、雷、兴、仇、递、高、李；建宁郡有四姓；蟥县有王姓；同乐县有爨氏。我们不妨把与中原魏晋南北朝以及隋代同期的时段称为南中大姓称雄时期，对于南中大姓及爨氏文化圈的发展将在两晋时期讨论。

东汉末期，南中的城镇建设是有一定发展的，因为城镇的本质属性就是物资和人力以及财富的集聚，在南中大姓称雄的蜀汉时期，各个大姓都为了壮大自己的实力而积累、增加自己的战略储备，从而，建立在农业基础上的大姓们都重视对自己资源的保护和防御，同时也注意自身军事实力的储备。

南中地区的另外两股统治势力——中原政权的统治势力和民族群体的首领分别代表不同的民族文化圈，他们在南中也要求增强自己的统治，客观上也都有强化自身政治、军事安全的需要，因此必然在自己可控制的势力范围内，深沟高垒，积极修筑城镇堡垒以抵御敌方的进攻。总之，在大姓称雄的时期，南中大姓文化圈依然促进了南中地区城镇的发展和开拓。

在南中大姓与"夷帅"相互勾结、势力膨胀，与中原冲突加剧、文化离心的背景下，蜀汉政权为了自身后方的长治久安，于建兴三年（公元225年）春，由诸葛亮亲率大军分三路南下，以军事的手段解决中原与南中之间较为极端的文化冲突。蜀汉南征，客观上造成了几个方面的结果和影响：①以高定元部曲斩杀胁从助阵的雍闿及士足为例，蜀汉军威迫使南中大姓与本土叟帅的联盟破裂，由两个异源同质的文化圈组成的强大文化联盟解体；②诸葛亮采取"攻心为上，攻城为下，心战为上，兵战为下"① 的战略，不仅征服了几个"文化离心"的大姓和夷帅，而且还赢得了南中各民族的支持，稳定了南中与中原的文化纽带；③由于以武力为后盾，文化安抚为主，恩威并施以及民族平等的方针政策使用得当，蜀汉既削弱了当地夷帅的异质文化力量，同时又收买笼络了文化同源的南中大姓，从而巩固了自己在南中的统治，维护和加强了中原文化在南中地区的影响，增强了当地的文化向心力和凝聚力；④在以上三个成效的基础上，蜀汉政权进一步扩大自己在南中的文化影响和文化控制。诸葛亮"即其渠帅而用之"② 重新调整了南中的官吏和政区，更好地执行了较为宽松开明的民族政策，因俗而治；更为细致地根据当时、当地的民族分布情况，把南中四郡调整为七郡，有效牵制了当地大姓和夷帅文化圈的膨胀，对过于膨胀、不服管制的民族群体则采取强制迁徙的方式，迫使其改变自身的文化生境，降低文化的适应度和驭能水平，从而削弱其文化实力；重新修筑被战乱毁坏的城镇，开通中原进入南中的通道，比如张嶷通旄牛道。

从以上四个方面的影响不难看出，中原文化经过蜀汉时期的诸葛亮南征，重新成为南中地区文化互动中的主导一方，对南中的文化影响一改东汉以来的低谷，开始回升，在这场激烈的文化互动中，蜀汉代表的中原文化把

---

① 陈寿. 三国志·蜀书·马良传 [M]. 北京：中华书局，2011：983.
② 陈寿. 三国志·蜀书·诸葛亮传 [M]. 北京：中华书局，2011：921.

原本已经产生背离倾向的大姓文化圈拉回了中原文化的文化辐射、控制圈内，同时，也使得作为中原文化运行方式之一的政区和城镇重新得到复苏和发展。

二、蜀汉云南的政区发展

公元 211 年，蜀汉政权的领袖刘备率军入益州，历经三年，成功消灭、接收了刘璋势力，占领益州大部分地区，从此巴蜀进入较为稳定的"治世"时期。南中则继承秦汉传统，作为巴、蜀的附庸之地。刘备建立西蜀政权后，也顺应时世，依然以蜀地为基础，积极经营南中。但此时的南中大姓崛起，称雄一方，当蜀汉政权势力指向南中时，双方就爆发了冲突。刘备刚入蜀时，根基未稳，又急需应对荆州的争夺，因此对于南中虽有"西和诸戎，南抚夷越"（《三国志·蜀书·诸葛亮传》）的战略方针，但未得以开展，无暇平复南中大姓豪强，只派遣一些贤明之官吏施行一些招抚的措施。

《华阳国志·南中志》载曰："建安十九年（公元 214 年），刘先主定蜀，遣安远将军邓方，以朱提太守瘐降都督治南昌县，轻财果毅，夷汉敬其威信。"《三国志·蜀书·杨戏传》载《季汉辅臣说》又言邓方："随先主入蜀。蜀既定，为犍为属国都尉，因易郡名，为朱提太守，选为安远将军，瘐降都督往南昌县。"东汉之犍为属国位于今滇东北昭通地区，原为西汉之犍为南部，社会经济在南中地区较为发达，区内民族群体与巴、蜀联系较为密切，是南中地区民族群体文化最早与巴、蜀，乃至中原内地发生接触与涵化的地区，所以，蜀汉政权又再次以朱提地区为前沿据点，向南中各部族展开政治招徕、抚慰攻势，以期扩大蜀汉在南中的势力影响，最终，将南中整体纳入蜀汉的政区管辖之中。由此战略决策出发，蜀汉在犍为属国地区专设瘐降都督，临时负责对南中的一系列政治活动。《华阳国志·南中志》开篇曰"蜀之南中诸郡，瘐降都督治也"，即为此意。《三国志·蜀书·李恢传》裴松之《注》云："臣松之讯之蜀人云：'瘐降地名，去蜀二千余里，时未有宁州，号为南中，立此职以总摄之。'"说的就是当时，蜀汉势力还未完全深入南中，南进只达朱提地区，就任命邓方为都督，治所先驻南昌后徙朱提。南昌县亦作南秦县旧称，归属朱提郡，在今威信，而与南秦区别的新南昌县则在今彝良一带，即为《季汉辅臣说》之"南昌"地望。① 邓方任庲降都督，对南中之经略虽无史料具载，但从"轻财果毅，夷汉敬其威信"可见其对当地，乃至南中的部族招徕安抚是有成效的，且从其官拜"安远将军"便可推知其政治目的不仅是朱提一郡，乃"安柔怀远、意在南中"之意。

---

① 对于蜀汉朱提之南昌与南秦，方国瑜引《华阳国志·南中志》语："建安十九年，，刘先主定蜀，遣安远将军南郡邓方，以朱提太守庲降都督治南昌县。……南昌县，故都督治，有邓安远城也。"引《三国志·蜀书·杨戏传》载《季汉辅臣赞》《邓孔山赞》注言："庲降都督住南昌县。"引《宋志·南秦》长注曰："本名南昌，晋武帝太康元年更名。"认为南秦地在今贵州毕节，进而认为蜀汉初置郡治于南昌县，系庲降都督之重镇，后晋太康改名南秦，因"秦""昌"二字读音相近，故《华阳国志·南中志》朱提郡条"南秦""南昌"二县并提，当误。(方国瑜. 中国西南历史地理考释 [M]. 北京：中华书局，2012：105.) 任乃强则认为："南秦县位置，旧籍无言及者，按常氏文，当在僰道与平夷县间。……晋世改（南昌县）为南秦县，取秦世已为南徼之意。……《宋书·州郡志》宁州朱提郡南秦县云：'本名南昌，晋武帝太康元年更名。'查《三国志》，邓方'往南昌县'。而《晋志》，朱提郡有南秦，无南昌。沈约所云，当有确据。《常志》则于朱提郡分出南广后，仍有五县，南秦与南昌并列，均有文记。当是分郡后，更增南昌县于朱提至犍为道上，而旧县仍曰南秦，亦仍隶朱提郡也。……南昌县故城，在南广、平夷道上，晋改南秦，以上详。此处之南昌县城，即邓安远城，在南广、朱提道上。改其地，即今彝良县也。……方当刘备初得蜀地时为都督，抚循南中。时南中一片混乱，政令不行。方初注意于抚定牂牁。牂牁郡治故且兰，在鳖县更东，故方驻旧南昌县（南秦）以经营东道。且兰接近武陵、长沙，宜先抚定也。东道已通，且兰既定，乃谋通西道，以抚定牂牁西部夜郎诸县，与益州郡。于是徙驻此间，筑城居之，兴屯垦殖，俾军食自给。南昌县治亦随之而徙。因其为都督治，而方为'安远将军'，故人呼为邓安远城也。"(常璩.《华阳国志》校补图注 [M]. 任乃强，校注. 上海：上海古籍出版社，1987：282.)《三国志·蜀书·诸葛亮传》："(建兴)三年春，亮率众南征，其秋悉平。军资所出，国以富饶。"任乃强认为这二十个字，合《裴注》不足三百字，而"其（蜀汉征南中的）进军路线、战斗形式，与善后措施，牵涉地方民族情俗，与社会经济、文化方面者，惟赖此书（《华阳国志》）存其梗概。常璩撰此书时，上距南征，不过百年。故老口谈，时人文记，多所收辑，应可成为一代信史。谓为南征最原始的资料亦可也"[常璩.《华阳国志》校补图注 [M]. 任乃强，校注. 上海：上海古籍出版社，1987：242.]。方国瑜先生认为南昌县位于今贵州毕节，并从文献、音韵学的角度出发，认为《华阳国志·南中志》之"南昌""南秦"二县同一，怀疑其分述则有误，此说稍显疑古之过，此外，从辖县名目来说，方国瑜先生认为朱提郡所领五县除朱提、堂琅、汉阳、南秦外，另增一临利县（方氏认为即今彝良），理由也较为勉强。相较而言，任乃强先生认为邓方仿照汉武经略南中的战略路线，先抚东道且兰，后定西道夜郎，由东到西逐渐移治，由旧南昌县（后改名南秦，今威信）徙治南昌（今彝良），沿袭县名，屯垦治军，安远南中的战略实施过程。现从任乃强说。

　　章武二年（公元 222 年）李恢继任庲降都督，移治平夷，乃今贵阳以西之普定。蜀汉希望以此为据点与东吴争夺交州，并命李恢于平夷遥领交州刺史，但其实际的主要任务还是招徕南中。这是因为李恢不仅是南中大姓，且与南中另一大姓——雍闿集团存有间隙，可以拉拢利用，以此实现控制南中。然而，雍闿集团日愈坐大，发展成为南中实际的掌控者。雍闿集团不仅拥有雄厚的经济，组织有强大的武装部曲，操纵着南中官吏的任免，而且，外与东吴联络，内与诸夷渠帅合谋，对抗蜀汉的招抚和吸纳。蜀汉曾数次派遣益州太守至南中，但先后被大姓废除，"杀太守正昂，缚太守张裔于吴"（《华阳国志·南中志》或《三国志·蜀书》之《马忠传》《张裔传》），又派龚禄、王士为益州太守，但二人于途中"为蛮夷所害"（《三国志·蜀书·杨戏传》转载《季汉辅臣说》）。可见，南中大姓是横在蜀汉经略南中道路上一个难以逾越的障碍。

　　建兴元年（公元 223 年）刘备死，刘禅继位，孔明主政。是时，"南中诸郡皆叛乱"（《三国志·蜀书·后主传》），企图脱离蜀汉政权的控制影响，"高定恣睢于越嶲，雍闿跋扈于建宁，朱褒反叛于牂牁"（《三国志·蜀书·李恢传》），南中数郡对蜀汉的反抗并不始于建兴元年，但在建兴三年，由牂牁杀常房、越嶲杀焦璜、益州虏张裔而达到叛乱的高潮，整个南中形势急剧变化，对蜀汉十分不利。而从战略后方的角度来看，南中于蜀汉又是攸关生死的地位，"定南中，然后可以固巴、蜀；固巴、蜀，然后可以图关中"（《读史方舆纪要·陕西纪要》）。作为蜀汉政权的领导核心，诸葛亮看到政治招徕的途径已经无望，为了安定后方南中，最终实现北伐中原的战略构想，便决定对南中诉诸武力，经过一年多的充分准备，蜀汉对南中的军事征讨才成行。

　　《三国志·蜀书·诸葛亮传》曰："建兴三年（公元 225 年）春，亮率众南征。"《华阳国志·刘后主志》更详细地讲："建兴三年春，三月，丞相亮南征四郡。"《华阳国志·南中志》又言："建兴三年春，亮南征，自安上由水路入越嶲。别遣马忠伐牂牁，李恢向益州，以犍为太守广汉王士为益州太守。高定元自旄牛、定筰、卑水多为垒守。亮欲俟定元军众集合，并讨之，军卑水。定元部曲杀雍闿及士庶等，孟获代闿为主。亮既斩定元，而马忠破牂牁，李恢败于南中。夏五月，亮渡泸，进征益州。生虏孟获……秋，遂平四郡。改益州为建宁，以李恢为太守，加安汉将军，领交州刺史，移治味县。分建宁、越嶲置云南郡，以吕凯为太守。又分建宁、牂牁置兴古郡。以马忠为牂牁太守。"诸葛亮由成都出发，循岷江而下，经武阳至僰道，分三路进军：诸葛亮向越嶲、马忠向牂牁、李恢走益州。亮率众循马湖江水路而下，经安上（四川新市镇）登陆进发，驻军卑水（今四川昭觉），与高定会战，破之，追至邛都（四川西昌），乃南下经会无（四川会理）至三绛县（今元谋姜驿）。五月渡泸水（今金沙江）至青蛉（今大姚）、弄栋（今姚安），招徕白崖（今弥渡、祥云一带）、永昌（今保山），进击南中大姓孟获集团，攻战至滇池附近，与已破牂牁的马忠、进军至盘江的李恢胜利会师。经过诸葛亮近一年的南征，蜀汉沉重地打击了南中大姓，大姓们悉数归降了蜀汉①。为了进一步巩固对南中后方的统治，诸葛亮在军事征服南中后，集中力量恢复重建南中的郡县制度和行政治所。《三国志·蜀书·后主传》言："（建兴）三年春三月，丞相亮南征四郡，四郡皆平。改益州郡为建宁郡，分建宁、永昌郡为云南郡，又分建宁、牂牁为兴古郡。十二月，亮还成都。"《华阳国志·南中志》曰："（建兴三年）秋，遂平四郡。改益州为建宁，以李恢为太守，加安汉将军，领交州。刺史，移治味县。分建宁、越嶲置云南郡，以吕凯为太守。又分建宁、牂牁置兴古郡，以马忠为牂牁太守。"东汉时，南中设置越嶲、牂牁、益州、永昌四郡，蜀汉在此基础上，设置南中七郡，重新规划政区：

把益州郡更名为建宁郡，把郡治从滇池县（晋宁）移至味县（曲靖）。原益州所辖十七县，割出一县（弄栋）归入新设之云南郡，划出四县（贲古、律高、胜修、毋掇）隶属新设之兴古郡；以原益州所剩之十二县，加上新设之郁鄹（鄹）、修云、新定三县，并同由原牂牁郡划入之同并、毋单二县，建宁郡仍系十七县；从原永昌郡辖县中，割洱海区域的叶榆、邪龙、云南三县，加上从原益州割出的弄栋县，从原越嶲郡中划出的遂久、姑复、青蛉三县，共有七县设云南郡，治云南县；从原牂牁郡属县中，划出宛温、镡封、句町、漏卧、进桑（更名进乘）、西随六县，加之从原益州郡所属辖县中划出的贲古、律高、胜修、毋掇四县，更添新设之西丰、汉兴二县，共合

---

① （晋）陈寿，撰．（宋）裴松之，注的《三国志·蜀书·诸葛亮传》载曰："三年春，亮率众南征，其秋悉平。"

十二县置兴古郡，治宛温；在原犍为属国的基础上，蜀汉于建安二十年（公元 215 年）设置朱提郡，领五县，分别是朱提、堂琅、汉阳、南昌、南秦，郡治朱提县（今昭通一带）；原永昌郡划出三县于云南郡后，又补设雍乡、永寿、南涪三县，此三县不是通过向外扩展而新添的地域，而是原永昌郡内的自我增设。

从上述的蜀汉郡县整合情况也可以看出，不仅在原永昌郡地区，就是在原益州地区也有新县增设，由此反映出：自秦汉以来，郡县制度在西南夷地区，或者更确切地讲，在南中地区的推行发展颇有成效，不仅促进了当地社会经济，特别是农业经济的发展，也使得更多包括汉族在内的众多西南夷民族群体纳入农业文明的政治体系当中来，这就导致南中地区郡、县两级政区的设置密度增加，郡县的治所增多，作为治所的城镇也相应地发展了起来；另一方面，大概出于民族群体迁徙和部族间融合的原因，农业文化圈层开始在南中地区逐步确立起来，作为农业文明要求和表现之一的城镇也随着由聚落、都邑变化、发展起来。值得注意的是从汉代开始，由于中原王朝政治势力的进入，南中地区的民族群体迁徙开始从过去的单纯部族自主迁徙演变为杂以部族自主与民族群体被迫迁徙的情况。这种被迫的民族群体迁徙现实表现往往是中原王朝政治势力为了建构南中地区的某种民族群体政治格局，或构成某种政治统管的局面，官方组织特定区域中的某些部族实施大规模的民族群体迁徙。其效果除当时达到了某种政治统治目的以外，长期来看，民族群体聚居地空间上的改变，往往促成了不同民族群体文化圈的流转和融合，导致了不同民族群体文化的涵化，孕育了新的民族群体文化圈，总体上提高了南中各民族群体的交流水平和融合层次。《华阳国志·南中志》"永昌郡"条载："章武初，郡无太守，值诸郡叛乱，功曹吕凯奉郡丞蜀郡王伉保境。六年（建兴三年），丞相亮南征，高其义，表曰：'不意永昌风俗敦直乃尔。'以凯为云南太守，伉为永昌太守，皆封亭侯。李恢迁濮民数千落于云南、建宁界，以实二郡。"永昌百濮民族群体以农业为主，兼以渔猎，到两汉时社会经济已经较为发达，在中原农业文化的角度看来，已是"风俗敦直"之地，而蜀汉新置云南、建宁两郡内还分布着大量的"随畜迁徙，毋常处，毋君长"的游牧民族群体，与农业文化不仅分属不同类型，且社会发展程度存在较大差距，因此，代表较为先进农业文化的中原政权不仅难以将之纳入郡县管理，甚至威胁到中原政权在南中的统治，进而需要"迁濮民数千落于云南、建宁界，以实二郡"进行编户齐民，实施有效统治。这样一来，无形当中就造成永昌百濮与云南、建宁境内诸氐羌支系的民族混合与文明涵化，从而加速了民族群体间的联系和融合。

蜀汉共设五个都督于边地，除庲降都督外，尚有汉中、巴东、关中、江州四地，但五个都督中唯有庲降都督领郡，而且领郡数量达七个之多，囊括了今四川南部、贵州西部、云南全境，虽不是州名，但已与州级相差无几，大致相当于两汉之益州刺史部。南中七郡当中，辖地除越嶲、牂柯两郡之辖县全部分别分布于四川、贵州外，余下五郡之辖县分别全部或部分位于今云南境内，此之史料主要载于《华阳国志·南中志》，现按《华阳国志·南中志》记述之顺序，并结合方国瑜、任乃强两位先生的考释研究，分列如下：

1. 建宁郡

建兴三年"改益州郡为建宁郡"（《三国志·蜀书·后主传》），治味县，共领十七县，分别是味县（今曲靖）、滇池县（今晋宁晋城）、谷昌县（今昆明）、连然县（今安宁）、建伶县（又名伶丘县，今晋宁昆阳）、俞元县、秦臧县、双柏县（今易门）、同劳县（今陆良）、同濑县（今马龙）、昆泽县（今宜良）、牧靡县（今寻甸、嵩明一带）、郖鄢县（今宣威）、新定县（今宣威以东、北盘江上游一带）、修云县（今通海河西）、同并县（今弥勒）、毋单县（今华宁）。

2. 朱提郡

建安二十年所置，郡治朱提县（今昭通、鲁甸一带），共领五县，其余四县分别是堂琅县（今会泽、巧家一带）、南秦县（今贵州毕节）、汉阳县（今贵州威宁、水城一带）、南昌县（今彝良一带）。

3. 永昌郡

建兴三年重置，领八县，治不韦县（今施甸），其余辖县分别是比苏县（今云龙、兰坪一带）、博南县（今永平）、嶲唐县（今保山）、哀牢县、永寿县（今镇康、耿马一带）、雍乡县（今临沧、孟勇一带）、南涪县（或名南里县，今瑞丽）。

4. 云南郡

建兴三年置，属县七，郡治云南县，辖青蛉县（今永仁、大姚一带）、弄栋县（今大姚以南、姚安一带）、姑复县（今华坪）、遂久县（今永胜、丽江一带）、邪龙县（今巍山、漾濞一带）、叶榆县（今大理、洱源一带）六县。

5. 兴古郡

建兴三年置，属县十一，郡治句町县（今广南、富宁）①，所辖余县为宛温县、漏卧县（今罗平）、汉兴县（今贵州兴义）、律高县（今通海、曲溪一带）、毋掇县（今建水、开远一带）、贲古县（今蒙自、个旧一带）、胜修县、镡封县（今丘北）、都唐县（今西畴、文山一带）、进乘县（今河口、马关一带）。

从上述五郡可以较为清晰地看出在蜀汉时今天云南境内的城镇分布情况，其大部分依然同两汉时一样，分布于蜀身毒道的沿线，他们构成了唐宋时云南城镇的基础。庲降都督的设立，是南中社会经济向前发展、政治联系进一步加强的产物，南中逐渐向一个单独的政区单元发展，为后来的西晋在南中设立宁州奠定了基础。庲降都督虽无"州"名，但已具有"州"之实质，是秦汉以来云南地区郡县制度不断发展进步、调整合理的必然结果。从这个意义上讲，我们可以说，庲降都督的设立，把秦汉时期在西南夷地区设置的行政区划带到了一个新的发展阶段和层次，"标志着云南郡县制度的全面确立"②。

南中七郡的设置，使得南中地区的郡县设置进一步合理，郡县制度进一步稳固，进一步适应了各部族分布的各地区的社会经济发展水平。"这是各地区部族社会经济发展在政治上的反映，同时又反过来促进了各地区部族社会的发展"③，从而进一步加强了南中与蜀地的联系，使得当时代表中原王朝之一的蜀汉政权在南中的统治得到了加强和巩固。

---

①　任乃强认为："蜀兴古郡治，在律高，晋太康时同。东晋世治宛温，如《常志》。其后治句町，如《宋志》。渐东徙者，攻守形式重点转移也。"（常璩.《华阳国志》校补图注［M］. 任乃强，校注. 上海：上海古籍出版社，1987：306.）然而方国瑜认为："蜀置兴古郡，郡治应在句町县。……惟《华阳国志·南中志》兴古郡，治宛温县，当是东晋时事。而《永昌郡传》作于蜀汉，兴古郡治句町县，当可确定。"（方国瑜. 中国西南历史地理考释［M］. 北京：中华书局，2012：82.）. 现从方说。

②　方国瑜主编. 云南郡县两千年［M］. 昆明：云南广播电视大学，1983：52.

③　方国瑜主编. 云南郡县两千年［M］. 昆明：云南广播电视大学，1983：29.

　　在南中七郡的建设过程中南中大姓和夷帅土长们受到了沉重的打击。蜀汉通过把南中诸如"四姓五子"的一些豪强大姓调至蜀中，为郡县制度在南中的重施和稳定扫清了障碍。同时，南中大姓拥有雄厚的基础，蜀汉的南征虽一时压倒了其势力，却不能将之根本取缔，更重要的原因在于蜀汉急于北伐，南中征讨只以安抚为战略目标，征讨过程也难免采取一些权宜之计，为达长久安定，还不得不借助一些愿意合作的地方势力，任用他们为郡县长官。《华阳国志·南中志》就载曰："改益州为建宁，以李恢为太守。……置云南郡，以吕凯为太守"，还让爨习、孟琰出任地方长官。诸葛亮首创地方大姓担任南中郡县要职，一方面由于南中大多数地区已经改变了秦汉时"无大君长"的落后社会局面，出现了兼有实力和武装的豪酋夷帅，对之拉拢抚慰，是快速安定此地的有效手段；另一方面因为蜀汉能从实际出发，突破"夷夏大防"的锢垒，认可夷帅的统治权力而加以分化利用，所以，蜀汉的民族矛盾没有像秦汉时尖锐，蜀汉派往南中的汉官能与留任南中的大姓夷帅较好地协调，维持着较为安定的局面。但是同时，一些亲近蜀汉的大姓，也借蜀汉的支持而迅速壮大，既加重了其统治下当地人民的负担，也隐藏了后来他们割据称雄、尾大不掉的消极因素。

　　另外，由于史料的缺乏，我们不能确定各郡县的编户民数，但按照两汉时期的编户情况可推测，蜀汉时期南中各郡县的人口编户仍然少于实际的人口存在，原因依然是沿袭秦汉的编户制度并没有把为数众多的南中非农业民族群体居民纳入户籍当中，这些非农业的民族群体当然也就不能享有"齐民"的政治经济权利，也造成了南中地区的不稳定因素。这就反映出一个问题的实质：至蜀汉时，南中地区的政区划分虽在秦汉初创的基础上开始了局部的调整，但是，由于各个民族群体"差别显著"，其"自成区域"的实际分布情况依然存在，并没有因为"官方"政治权力的介入（包括政治权力的整合、农业文明的涵化以及蜀汉政权主导的移民）发生多少改变，因此，为了适应这些处于不同文化圈层中民族群体的客观分布，作为民族群体文化（文明）的最高表现形式——政治版图的划分，其有效或者说是最为常见的表达——政区划分当然要继续调整，而且还有很大的调整空间。故此，我们可以说，就整个西南夷地区（蜀汉以后的南中地区）的政区而言，秦汉时期粗略地完成了开设步骤，简单回答了"设不设、在哪设"的问题，而从蜀汉开始，除在开设的进程上继续向南中地区腹里和边境地区深入外，更多的区划工作逐渐转移到在已有的政区当中调整、整合上来，试图回答"如何设置"才更加符合不同民族群体的实际分布格局这一西南政区历史上的重要问题。

总之，庲降都督和南中七郡的设置促成的积极效果是主要方面，它们的设置既加强了蜀汉对南中的统治，也促进了南中与蜀汉乃至与中原的经济文化交流，促进了南中各民族群体文化类型的相互融合和转变，促进了南中农业社会经济的向前发展，同时还向蜀汉提供了人力和物质供给。《旧唐书·张柬之传》转载《奏罢姚州疏》曰："诸葛亮五月渡泸，收其金银盐布，以益军储，使张伯岐选其劲卒搜兵，以增武备。故《蜀志》称亮南征之后，国以富饶，甲兵充足。"更为重要的是，从历史的发展进程看，由于庲降都督和南中七郡的设立，中国西南地区的社会经济获得发展，对于加强中国国家历史发展的整体性，对于中国西南边疆的形成和巩固具有非凡的意义。从此以后，西南地区局部的政治格局无论是作为中原王朝的附庸，抑或作为相对独立的政权形式存在，都完全纳入了中国历史的整体发展格局当中。

第二节　两晋时期云南的政区设置

从三国到公元5世纪初近两个世纪的时期内，中原的汉族先民与进入中原的各民族集团相互征伐不止，无暇也无力全面经营西南地区。西南地区原所置之边郡边县也往往空存其名，任由西南的各民族首领世袭统治，自治程度较高，中原王朝对之则处于政治遥领但控制不足的状态。

魏灭蜀汉、西晋替魏，都继承了前代对西南地区的统治，延续了蜀汉的民族政策，任用南中大姓霍弋代为治理，取得"夷晋安之"（《华阳国志·南中志》）的效果。西晋是中国历史上十个大一统王朝之一，但随着西晋王朝国力稍有恢复，急于求成的晋武帝开始试图强化对南中的控制，分益州置梁州，分南中相关的郡县而置宁州，对南中实行严格的军事统治，同时还不断削弱南中大姓们的权力，卖官鬻爵，任用贪暴，加重了南中各民族的负担。这一治理策略的改变，不仅没有削弱南中大姓膨胀自立的状态，反而失去了中原王朝在南中原有的统治基础。因此，整个西晋时期，由南中大姓挑头的民族叛乱在宁州地区此起彼伏。

公元 317 年，晋室南渡，遂偏安江南，其统治疆域大为减少，但仍为中原文化的代表政权，对南中地区仍有一定的文化影响。永嘉四年（公元 310 年），南夷校尉、宁州刺史王逊从交州辗转至宁州，对宁州各族一律采取军事高压的政策；永昌元年（公元 322 年），东晋命尹奉为南夷校尉、宁州刺史，加安西将军，然而尹奉"威刑缓顿，政治不理"，逐渐丧失了东晋在宁州的统治基础，中原文化对宁州的辐射日渐式微，咸和八年（公元 333 年），由巴氏民族群体建立的成汉攻取了除牂牁以外的宁州大部分地区，从此"南中尽为雄所有"（《华阳国志·南中志》）。从此一直到隋重理南中，包括今天云南在内的南中地区受到中原政权的管辖越来越少，根源就在于魏晋以来，中原没有一个强大、统一的政权长期、稳定地代表中原文化而存在，无法像秦、汉政权那样整合形成一个强大、统一的文化实体，对文化流播区之外的非中原文化流播区域——"蛮夷"文化区产生强烈的文化影响和强大的文化辐射，形成中原文化的圈层式运动结构。秦、汉时期，强大的中原文化圈向四周辐射、散延的文化影响，客观上造成了那些受中原文化辐射影响的地区民族对中原文化产生认同并不断增强，进而对代表中原文化的中原政权产生认同并不断增强。反之，魏晋以来，中原除西晋有较为短暂的统一政权存在，达到了短期的"夷晋安之"效果之外，其余的大部分时期，中原文化对云南地区的影响都呈弱化的趋势。原因就在于中原文化圈层对外辐射影响程度，除根本性的文化代偿力之外，还必须通过一个统一的较为强大的中原政权付诸实施和表现。这是内与外的关系，文化的属性及代偿力是文化影响的内核，政权影响波及范围以及施行强度则是文化影响的表现方式。两晋时期，中原文化圈层对云南地区的影响明显弱于之前的秦汉时期。

两晋的政治体制为世族政治，是隋唐三省六部制的基础。其在地方的行政区划分为州、郡、县三级，泰始七年（公元 271 年），为削弱益州刺史的行政权力和管辖范围，晋武帝"以益州大，分南中四郡（云南郡、兴古郡、建宁郡、永昌郡）为宁州"；太康三年（公元 282 年），又"罢宁州，置南夷，以天水李毅为校尉，持节，统兵镇南中"（《华阳国志·南中志》），随后，由于两晋朝廷不能像蜀汉一样选拔能吏治理南中，代之以贪暴之人，如南中大姓吕凯之子吕详等，压榨南中各族人民，南中各族开始了摆脱中原王朝统治的斗争，已经本土化的南中大姓和南中土著各族人民一起进入本土民族文化的强化时期，造成南朝以后"开门节度，闭门天子"的局面①，从而孕育着南中地区本土民族文化的崛起，最终由南诏完成这一地区的文化整合和政权统一。

一、两晋时期云南的文化圈层发展

虽然在整个魏晋南北朝，长达将近400年的时期，政治分裂是主题，政治上的分裂会削弱文化上的联系，但是，以西南与中原的文化关系为例，我们必须认识到，无论是"夷化"了的南中大姓还是那些深受中原文化影响的南中土著群体，由于民间的文化交流从未断绝，自先秦以来一直受到中原文化的影响甚至涵化，由他们自主形成的民族文化圈一直存有中原文化的文化因子，正是这些文化因子的存在、流变才让南中与中原地区的民族群体始终存在无法割断的文化认同和联系。正是这个因素为后来统一多民族国家共同体的形成奠定了基础，预示着多元文化统一体系的最终形成。

两晋时期，中原文化对西南地区的影响显然不如秦汉时期强烈，以政治、军事为主要手段的文化扩张，在这个时期显得无法深入南中地区，而只能依靠南中大姓勉强维持中原政权对南中名义上的统治。中原与西南民间的文化交往依然频繁，未能断绝。在包括今天云南全境的南中地区内，本土的民族文化圈不断强大起来，一种本土民族文化的领域意识似乎在这个时期觉醒，无论南中大姓，还是夷帅都开始强化本土文化的特征，强调自身包括语言、习俗、宗教在内的文化的完整性，完善本土文化的发展。《华阳国志·南中志》云：南中土著"论议好譬喻物，谓之'夷经'。今南人言论，虽学者亦半引'夷经'。与夷为姓曰'遑耶'，诸姓为'自有耶'。世乱犯法，辄依之藏匿。或曰：有为官所法，夷或为报仇。与夷至厚者谓之'百世遑耶'，恩若骨肉，为其逋逃之薮。故南人轻为祸变，恃此也。其俗徵巫鬼，好诅

---

① "乃观于《德化碑》文，爨氏之官，充塞境内，朝命置府，徒遭诸爨之劫，盖自梁、陈之世，爨不知有中朝，及于隋唐，虽稍惧兵威，称强如故，殆所谓闭门天子，开门节度，唐无如之何矣！"见于袁嘉谷《滇绎·爨世家》，摘录于方国瑜. 云南史料丛刊：第一卷［M］. 昆明：云南大学出版社，1998：344.

盟，投石结草，官常以盟诅要之"。说明"夷人典故"已经成为南中地区社会交往，特别是上层贵族交往的引用经典；原中原汉姓也发生转变，以至于进入南中的汉族先民与夷人交往至厚者被称为"百世遑耶"。秦、汉时的汉族先民带着中原文化的基因，至两晋时已完全融入南中诸夷的文化圈当中，从而规范、完善出了一整套既不同于中原文化源头文化，又不同于南中土著原生文化的一种合成文化，从文化形态上看，它是既有中原汉文化的因子，又高度融合了南中的众"夷文化"。大姓文化是一种新的跃迁文化，是一种经文化涵化以后的新复合文化，从民族文化学的角度看，这种文化的产生与完善，起到了紧密连接中原文化和南中夷文化的积极作用，是中原与西南的民族文化链接。大姓文化为西南多元文化圈的最终成形准备了条件。

正因为如此，可以说魏晋至隋，南中地区民族多元文化的发展特征突出地表现为南中大姓的崛起。

南中大姓的产生是两汉中原文化对西南夷地区开发的结果，汉王朝原本的目的是通过对之扶持、利用来统治西南诸夷，但实际效果却因生境的改变和大姓尾大失控改变。大姓开始对抗汉朝的统治，而且大姓通过与南中各民族群体的首领——夷帅的结盟、通婚联结在一起，共同对抗中原政权的统治，这说明处在分裂状态下的同源文化也会相互对抗，甚至与异源文化联合在一起。于是，中原王朝希望在南中建立的整齐划一的行政管理和政区划分受到了空前的挑战，两晋在南中的政区设置和划分屡立屡废、数度更改，其深层的原因就在于中原文化圈层与西南夷文化圈此消彼长造成的文化冲突，以及对南中开发的文化主导权的争夺。以农业为基础的南中大姓，其文化渊源依然是中原文化，依然代表中原农耕民族文化在西南的流播结果，只是由于特定的地缘政治历史格局，以及处在特殊的生存生境当中，南中大姓在文化的融合和向心力上与中原文化走向了反面。从文化双重进化论的角度来看，即便在文化发展的纵轴上处于相同发展阶段的同类型文化，也会因为文化生境改变造成的文化适应度的不同而演化出不同的文化样式，于是产生同源的丰富多彩的异质文化。南中大姓文化圈与中原文化圈本属相同的文化圈中，但由于一方进入了新的生存生境——南中地区，文化的生境适应度开始重新调整，遂融合了南中本土的"夷"文化①，在文化横向进化的过程中与同源或者同类型的中原文化越走越远，产生了离心力，这是不利于文化融合的，也是违背中华多元文化统一发展规律的。这种消极的发展方向必然影响中原政权在西南地区的政区建设和发展，因此，在大姓称雄时期，这种南中与中原之间同源文化的对抗，导致包括今天云南大部分地区在内的南中地区，其中原政权设置的郡县和政区受到了空前的挑战。倘若南中大姓通过相互兼并，最终摆脱中原政权的控制，建立自己的局部统一政权，但因为文化同源，南中大姓依然会发展接近于中原的生产生活方式，推行和中原较为接近的社会制度，规划出自己内部的政区设置，此后的南诏、大理政权便是例证。蜀汉、西晋初期，由于诸葛亮善于笼络南中大姓，南中大姓的势力得到一定的发展，对中原文化也没有表现出过多的离心倾向，政治上依然归附蜀汉政权。但是东晋及南朝时期，中原战乱分裂，实际控制南中的大姓及后来的爨氏开始表现出抗拒中原政权，强调自身文化独立性的特点，南中民族文化圈开始了内部强化，朝着多元文化方向发展的变化。变化的关键因素在于中原文化圈层由秦汉时的统一格局走向了分裂，对南中地区的文化辐射和文化开发已经没有了往日的强势，而南中的大姓文化圈和传统的"夷帅"文化圈又在不断地壮大和增长，进而，各种同源异流或异源同流的民族文化圈都出于自身文化发展和延续的考虑，开始主动或被动地对南中的原有地缘政治格局做出调整，以期朝着有利于自己的方向发展。这种文化分裂的局面势必阻碍中原王朝在南中的行政体系和政区发展。

同时，我们必须认识到，在魏晋到隋统一的近400年时间里，中原文化由于政权上的暗弱和分裂，减弱了对"西南夷"地区的文化影响，但是，自先秦以来，中原文化对这片地区持续影响辐射，更重要的是，魏晋以后实际掌控南中的大姓文化同源于中原，因此，魏晋至隋，南中地区在文化上开始融入中原文化的流播圈层中，表现在政治上是开始了内地化的倾向。这种转

---

① 《华阳国志·南中志》曰："今南人言论，虽学者亦半引'夷经'"，讲的就是包括有文化的"学者"在内的"南人"，已经开始使用夷人的经典来言论，可见文化渊源于中原文化的南中大姓已经与南中的土著文化发生文化融合，而且，这种文化的融合是以南中本土文化为主导的涵化，中原文化则退于从属的地位，于是，这种文化的涵化被概称为"夷化"。

变在魏晋至隋的中原王朝官修史书当中有明确的表现：《史记》《汉书》记述的秦、汉时的中原文化之徼外"西南夷"地区，到魏晋时已变为大姓掌控的南中地区，包括今天滇中、滇东北的云南大部分地区在三国到隋的中原官修史书当中已经将之视作内地。进而，先秦时的"九服之外"（《华阳国志·南中志》）经秦、汉经略变为西南徼外的南中地区，其大部分已经成为魏晋至隋时的中原文化流播区；秦汉时期的政治边境已经向西南再次推进到了魏晋至隋时史书所记述的"林邑""扶南"王国（今越南、老挝腹里地区）。尽管，魏晋时期的南中地区实际受控于大姓，南朝及隋归制于爨氏①，自立一方，但是如前文所说，包括爨氏在内的南中大姓文化渊源于中原，是生境变至南中后的中原异流文化分支，文化的特质中所包含的中原文化因子是不随人的主观意志而改变的。所以，尽管南中大姓，甚至"开门节度，闭门天子"的爨氏常怀自立的"不臣之心"，但从人类文化归属的角度来看，他们与中原王朝依然处于同一个文化圈层当中。尽管这个历史时期的南中中原文化圈层还没有涵盖今天的云南全境，但是，魏晋时期开始的南中地区的文化中原化、政治内地化，客观上为西南地区在下一个历史时期更大地域范围内的文化整合和政治统一奠定了基础，为中原文化在西南地区更大范围的流播准备了文化条件。这种中原文化圈层的扩展、形成方式通常是以民间或官方的文化交流、文化融合为主的和平运动方式，是中华多元文化圈形成的主要方式，文化冲突处于次要地位，而且，文化冲突也未必造成军事方面的冲突。

对于南中大姓称雄，乃至于后期爨氏独霸南中的历史，以往学者多从国家政治统一的层面，突出其分裂、割据的消极因素，但是，我们从文化人类学的角度出发，需要看到其在中华多元一统的文化格局形成过程中的积极作用：正是有了魏晋时期，南中大姓称雄，以及其后的爨氏独领南中，才造成了中原文化在南中地区与本土"蛮夷文化"的普遍涵化，改变了秦汉时期，由单纯的汉族先民移民到西南夷民族群体当中，形成的"汉文化孤岛"的格局。这在民族文化融合的历史大趋势中，无疑是一种进步和升维：从单纯的

---

① 《新纂云南通志·爨氏世系》按语云："爨氏以方土大姓世镇南中，浸淫至于梁、陈、隋、唐之际，爨氏之官充塞境内，朝命置府，徒遭诸爨之劫，此所谓开门节度，闭门天子者矣。"（新纂云南通志［M］.昆明：云南人民出版社，2010：623.）

汉族移民到移民"夷化"，融入当地文化，两类异质文化的因子在同一个民族群体中存活、发展，从而使得这个民族群体成为中原汉族先民与西南夷的文化链接。此成为中国历史上各民族相互结构性联系的范例之一，于是，中国各民族发展、交往的历史必然造成统一多民族国家的形成，而在民族文化圈的发展过程中，也必然表现出多元民族文化圈与中原统一文化圈层并行发展的历史态势。

二、两晋云南的政区发展

蜀汉景耀六年（曹魏景元四年，公元263年）春，司马昭派大军兵分三路伐蜀，这一年冬天，蜀汉被曹魏所灭。这时的南中为大姓霍弋掌控，霍弋先"领永昌太守，又领建宁太守"（《三国志·蜀书·霍峻传》），后再任庲降都督参军，遂继任都督。霍弋是一位政治上有远见卓识的地方领袖，他"抚和异俗，为之立法施教，轻重允当"（《华阳国志·南中志》），与南中其他大姓及夷帅之间的关系处理得当，从而发展壮大了自己的势力。蜀后主降魏，霍弋即"率六郡将守（大姓）上表委质于晋文王"（《三国志·蜀书·霍峻传》注引《汉晋春秋》），继而仍旧受命为南中都督。

蜀汉亡后一年左右，司马氏篡魏，三国之势变为西晋与东吴对立的格局。晋攻吴之交州，南中大姓悉数被征调前往，先大破吴军，泰始七年（公元271年），吴遣大军伐交趾，晋军大败，全军几乎覆没，其中的南中大姓部队损失严重。继而西晋利用南中空虚的机会，逐步加强了对南中地区的统治。《晋书·武帝纪》曰："泰始六年（公元270年）八月，分益州之南中（数）郡置宁州。"《晋书·地理志》又曰："泰始七年，武帝以益州地广，分益州之建宁、兴古、云南，交州之永昌，合四郡为宁州，统县四十五，户八万三千。"《华阳国志·大同志》言："泰始六年，分益州南中：建宁、云南、永昌、兴古四郡为宁州。"《华阳国志·南中志》又言："宁州，晋泰始六年初置，蜀之南中诸郡，庲降都督治也。……泰始六年，以益州大，分南中四郡为宁州，（鲜于）婴为刺史。"蜀汉庲降都督所领之南中七郡，其中牂牁、越嶲、朱提三郡因与蜀邻近，故仍属益州，而余下建宁、兴古、云南、永昌四郡则另属新设之宁州。

西晋统治集团设置宁州之目的，是要在蜀汉庲降都督的基础上，提高南中的行政级别，使之不再隶属于益州，从益州的附庸升格为与益州平行的单独的行政区划，进而直属于王朝中央管辖以便加强对其的统治。然而，政区的设置"不是由王朝统治者的意图来摆布，而是由社会历史发展所决定的，主要为部族组织和社会基础，三者的发展变化相互结合，决定行政区划的改变"①。南中地区内自古民族群体众多，又分属于不同的文化圈层，各民族群体的文明类型与文明发展程度都不尽相同。从外部来看，尽管蜀汉以来，受汉文化影响较大的南中大姓部曲和夷帅势力都有所发展，但是，到西晋时，南中地区整体与其他地区，特别是中原内地的社会经济发展水平还有较大的差距，照搬内地的行政模式还不能适应当地的社会实际，因此，把南中改为单独政区的时机还远未成熟。果然，西晋设立宁州后不久就又改区划。"太康三年（公元 282 年），武帝又废宁州入益州，立南夷校尉以护之。"（《晋书·地理志》）"太康三年八月，罢宁州刺史，三年一入奏事。"（《晋书·武帝纪》）显然，此时的南中地区还无法作为单独政区直隶中央，"武帝置南夷校尉于宁州，元康中改南夷校尉为镇蛮校尉"（《晋书·职官志》），宁州被罢省后，南中原诸郡县并未废置，仍然羁縻于益州，而改置南夷校尉或镇蛮校尉与蜀汉设庲降都督效果一致。《华阳国志·南中志》曰："太康五年，罢宁州，置南夷，以天水李毅为校尉，持节，统兵镇南中，统五十八部夷族都监行事。每夷供贡南夷府，入牛、金、旃、马，动以万计，皆豫作忿恚致校尉官属；其供郡、县亦然。南人以为饶。自四姓子弟仕进，必先经都监。"罢宁州，置南夷，改政治统领为军政合一的南夷校尉，而且明确目标即"统五十八部夷族都监行事"，可以看出，原宁州刺史没有兼领军队，对一些需要直接使用军事手段才能统治的部落，难以进行有效统治，所以，宁州的统治才难以深入和巩固。这就反映出"原宁州辖境范围内的各个少数民族地区，其经济文化的发展，落后于益州北部以汉族为主的蜀郡等地，不能采用与北部蜀郡等地相同的方式来进行统治"②。然而，西晋王朝没有像蜀汉划分南中七郡一样，充分考虑民族群体的天然分布这个问题，而是一味加强军事统治，企图用高压的态势维持南中的稳定，这虽在短期内可以把西晋的统治深入到原宁州刺史难以深入的各部族中，但是，长期来看，

---

① 方国瑜. 中国西南历史地理考释 [M]. 北京：中华书局，2012：45.
② 尤中. 云南地方沿革史 [M]. 昆明：云南人民出版社，1990：62.

南中各部族与中原及蜀郡的社会发展差距依然较大，南中各族的社会形态还不能适应中原"先进"的郡县制度。《华阳国志·大同志》言："罢宁州，诸郡还益州，置南夷校尉，举秀才贤良。"由此可知对大姓的察举权力归属（南夷）校尉。西晋在南中的一系列政区划置都是为了加强中央对南中的统治，削弱南中大姓和夷帅的势力，通过对大姓和夷帅的控制来控制南中的郡县与诸部族。显然，这与蜀汉通过培植、依靠南中大姓和夷帅的措施不同。蜀汉的重用大姓措施乃当时权宜之计，表面上缓和了地方与中央的矛盾，短期内便于取得地方的控制权，但从长期看，南中大姓往往借助蜀汉的支持，伺机壮大自己的势力，扩大自己的地盘、延揽人才、勾结夷帅、扩展部曲，一旦势力做大，时机成熟必然割据称雄，脱离中央的管控。而西晋借南中大姓参与征伐东吴，耗损元气的机会，不断向大姓施压，收夺大姓"仕进"之权力，使其听命于校尉的人事任免。在这种"高压"的态势下，大姓则不甘坐以待毙，积极与同受压制的夷帅勾结，对抗西晋的统治。

晋惠帝太安元年（公元302年），建宁郡大姓李睿、毛诜，朱提郡大姓李猛各率部曲数万，起兵造反，被宁州刺史兼南夷校尉李毅镇压后，李睿的"遑耶"（亲家）夷帅于陵承又反叛，最终攻陷州府，造成南中大乱。南中大姓的叛乱使得西晋认识到，强化南中诸郡县势在必行，于是决定复置宁州。"部永昌从事江阳孙辨，上南中形势：'七郡斗绝，晋弱夷强。加其土人屈塞，应复宁州，以相镇慰。'冬十一月丙戌，诏书复置宁州，增统牂牁、益州、朱提，合七郡。毅为刺史，加龙骧将军，进封成都县侯。"（《华阳国志·南中志》）孙辨上书于李睿、毛诜、李猛等南中大姓起兵反叛后的太安元年，宁州的复置，强化了西晋在南中的统治。中央王朝郡县制度的恢复和发展必然削弱大姓、夷帅的地方势力，难免要激起他们的反抗，而反对郡县制的推行、实施即成为反抗的核心。大姓、夷帅们"破设郡县，围攻州城"（《华阳国志·后贤志·李毅传》），"破坏郡县役吏民"（《华阳国志·南中志》）。李毅虽积极平乱，但处于当时"中原乱而李雄寇蜀，救援不至"，李毅只落得"疾病薨于穷城"（《华阳国志·后贤志·李毅传》）的结局。宁州州治原在建宁味县，李毅分建宁郡为晋宁、建宁两郡，新置晋宁郡郡治滇池，困病没于此城。太安二年（公元303年）西晋随即复置宁州。《晋书·地理志》载曰："太安二年（公元303年），惠帝复置宁州，又分建宁以西七县别立为益州郡。永嘉二年，改益州郡曰晋宁，分牂牁立平夷、夜郎二郡。"
这是西晋加强郡县制度在南中的施行，巩固中央统治的又一重要措施。然
而，此时的南中大部分已为李特所有。

李毅死后，"朝廷以广汉太守魏兴王逊为南夷校尉、宁州刺史，代毅。
自永嘉元年受除，四年乃至。"（《华阳国志·南中志》）永嘉四年（公元
310年）王逊上任宁州刺史，负责收拾南中叛乱残局，一度稳定南中局势。
"以地势形便上，分牂牁为平夷郡，分朱提为南广郡，分建宁为夜郎，分永
昌为梁水郡，又改益州郡为晋宁郡，事皆施行。"（《晋书·王逊传》）此段
记述林超民教授认为存在舛误：夜郎郡原属牂牁，不属建宁；梁水原属兴古
郡，不属永昌，并且记述也不完整。林超民教授结合《华阳国志·南中志》
《晋书·地理志》《宋书·州郡志》的相关记载，认为：王逊到南中时，宁州
所领应有八郡，即建宁、晋宁、朱提、牂牁、越嶲、兴古、云南、永昌。王
逊上任后又调整郡县：越嶲还益州，朱提分南广郡，牂牁分平夷、夜郎二
郡，兴古分梁水、西平二郡，由建宁分建都郡，云南分兴宁、东河阳二郡，
永昌分西河郡，多设了九郡，合为十六郡。[①] 王逊及其前任李毅将南中大郡
分割变小，主要是由于西晋的统治力量都不如两汉强大，把南中大郡分小，
分而治之，使得各郡的势力减弱，从而便于朝廷管理统治。这与蜀汉划分南
中七郡的做法有本质的不同。从二者的目的来看，表面上蜀汉划分七郡与西
晋划分十六郡，都是为了便于统治，着眼于当时短期的有效的政治吸纳；但
蜀汉更是从南中地区不同民族群体的社会经济发展状况，各部族所在区域、
相互联结的情况出发来考虑划分郡县的，因而也就符合当时南中的社会整体
发展实际和方向，从而适应各部族的经济、政治要求，促进了当时南中的社
会稳定和发展，是符合历史潮流的积极的政区划分行为。而王逊把南中大郡
小分、太守流动、分而治之只是出于统治者便于掌控的主观愿望和要求，意
在分化南中各方势力，并且挑拨大姓之间的矛盾，制造对立，结果是南中社
会不仅没得到应有的发展，而且更加纷乱，大姓之间刀兵扰攘，西晋在南中
的统治更加不稳以致失败。

建兴五年（公元317年）三月，司马睿在建康即大晋皇帝位，改元建

---

① 方国瑜主编. 云南郡县两千年 [M]. 昆明：云南广播电视大学，1983：39.

武，史称东晋。在南中，王逊为政苛酷，引起南中大姓的不满，许多人款通成汉李雄，李雄则利用南中的纷争，加紧对南中用兵，于咸和八年（公元333年）正月攻占南中，所有大姓皆投降李雄，"李雄将陷宁州，刺史尹奉及建宁太守霍彪并降之"（《晋书·成帝纪》）。李雄封李寿为"建宁王"，"以南中十二郡为建宁国"（《北魏书·李雄传》），统治南中，继续以大姓为属官。西晋在南中的统治则全面崩溃。从咸和八年至永和三年（公元347年）的十五年间，李氏在南中，无所作为，只有一些分设郡县的局部安排："（咸和）九年（公元334年）春，分宁州置交州。以霍彪为宁州（刺史），建宁爨深（琛）为交州刺史"（《华阳国志·李特、雄、朝、寿、势志》）；咸康四年（公元338年），"分宁州置安州，七年十二月罢安州"（《晋书·成帝纪》）；"咸康四年，分牂牁、夜郎、越嶲、朱提四郡置安州，八年（公元342年）罢安州，并宁州，以越嶲还属益州"（《晋书·地理志》）；"李寿汉兴六年（公元343年），分宁州兴古、永昌、云南、朱提、越嶲、河阳六郡为汉州"（《十六国春秋·蜀录》），《晋书·地理志》也有相同记述。对此，林超民教授认为：李寿势力未能染指永昌、云南、河阳三郡，况且，是时，越嶲已改属益州，兴古与朱提地界不相连接，所以，李寿所设之州郡，仅为书面安排一时之任命，未必真正建置。这就连"遥领"都不能算了。李氏盘踞南中的短短十五年间，经营未曾有突出建树，虽屡改区划，但旋置即改，而且是根据大姓之间关系的亲疏远近来建置州郡。"如果说诸葛亮分设南中七郡是以部族的联结为基础设置，那么李氏在南中分割州郡则是以大姓势力的联结与分合为基础；如果说王逊分南中八郡而为十六郡是为了削弱、控制大姓，那么李氏已无力控制大姓，只能按照他们的势力和意志分割州郡。"[①]李氏在南中已不能像王逊那样实际控制宁州，他的"建宁国"实际是空有其名的地盘，实际上的控制权力仍然掌握在南中大姓手中，这些大姓一些与之合作，另一些与之对抗。

由于中原大乱，天下纷争不断，西晋的郡县体制已经紊乱，州郡数目日益频多，且政区划分混乱。永嘉之乱以后，北方陷于十六国混战，口户流离，政区更是随政权的更迭变动无常，到了难以记识的地步。到了北朝，

---

① 方国瑜主编. 云南郡县两千年 [M]. 昆明：云南广播电视大学，1983：41-42.

"百室之邑，便立州名，三户之民，空张郡目"（《北齐书·文宣帝纪》），已严重脱离了实际而无行政区划的意义。在南朝，东晋之后有宋、齐、梁、陈代继兴替，政局无常导致政区划分没有准则，"或一郡一县割成四五，四五之中，亟有离合，千回百改，巧立不算"（《宋书·州郡志》）。永和三年（公元347年），桓温伐蜀，李势请降，益州、梁州、宁州复为晋所有，然而，东晋已无力直接统管南中。宁康元年（公元373年），苻坚将领杨安攻陷成都，巴蜀之地大半归入前秦囊中，但只能通过招徕邛、筰、夜郎之大姓豪酋，建立粗略的政治依附联系，再无法深入南中了。"故主"东晋也只能空任宁州刺史，挂名遥领南中而已。南中大姓则借机称雄争长，恃远擅命，自相承袭，摆脱了王朝的任命。这导致与中原王朝的官方政治联系也微若游丝，譬如《爨宝子碑》把晋安帝之义熙元年（公元405年）误记为大亨四年，连所奉正朔年号都已经"不知有汉，无论魏晋"，可见，其与王朝中央久疏来往。由此也可看出，南中依然奉晋为正朔，不能完全脱离王朝，究其根本，经由秦汉两世至东晋，中原的汉族文化圈层已深入南中大部地区，南中地区的许多部族受中原文化影响极深，他们与陆续迁入南中的一些汉人世家一同学习中原文化，同时运用中原的经济技术、政治制度、思想文化企图建立自己的独立属国，即藩属于中原王朝，仰仗庇佑，借鉴学习，又能较为独立地统治南中，所谓"开门节度，闭门天子"应该就是他们经营南中的意图。南中大姓本就是中原移入南中的望族世家，这些汉族移民带进南中的汉文化在豪强大姓统治者中部分地被长期保存下来，并与当地土著文化相融合，遂称大姓于南中，上文爨宝子所在之爨氏集团即为南中大姓之一。这些大姓掌控部曲、勾连夷帅，既不可能完全脱离中央王朝，又不愿完全顺从王朝的统治。他们或反抗此王朝，而依附于彼王朝；或对抗王朝的一部分势力，又依附于王朝的另一部分势力。他们与王朝既有着千丝万缕的联系、瓜葛，又不愿完全听命于朝廷的任何势力，这就决定了其仍然是中国整体国家经济、政治发展进程中的一分子，仍然是中国多类型文化、复合文明圈层中的一个要素，仍然是中国历史发展的局部构成，仍然是中国郡县制度发展历史不可分割的一部分。

两晋王朝，中央既已纷乱动荡，南中一隅就不能独保安宁。自东汉末年以来，南中大姓与夷酋豪帅们不断壮大自己的势力，据地称雄、日益做大，不断破坏、消解着郡县制度，相互间又常常倾轧火并、争夺资源，这就使得云南地区自秦汉以来引入的郡县制度，在稳步发展到西晋置宁州后，面临萎缩、倒退的危险。

秦汉两朝的地方区划基本为郡、县两级，汉制设有州刺史部，《汉书·武帝纪》曰："元封五年，初置刺史，部十三州。"刺史本司监察之职，辖区虽大过郡（如益州刺史部辖蜀郡、犍为郡、越巂郡、牂牁郡、汉中郡、广汉郡、梓潼郡、巴郡、益州郡、武都郡等），但其政治地位和行政级别却不及郡之太守，郡太守秩二千石，州刺史才六百石，不及三分之一。与州刺史相似的还有司隶校尉。《汉书·百官公卿表》言："司隶校尉，周官。武帝征和四年初置，持节从中都官徒二百人，捕巫蛊，督大奸猾。后罢其兵，察三辅、三河、弘农。元帝初元四年去节。成帝元延四年省。绥和二年哀帝复置，但为司隶，冠进贤冠，属大司空，比司直。"可知司隶本为平巫蛊狱案，事后使察州郡，几经置废，其监察形式与州刺史大致，但权限又大于州刺史。后来州刺史权力逐渐增大，绥和元年（公元前 8 年）改刺史为州牧，于是过去仅有司监察之责的官员，一跃变身为拥有地方行政实权的最高长官。由此，地方行政制度也由过去的二级制变为三级制。而后虽曾有御史大夫朱博等人认为州牧权力过大，于中央集权不利，奏议应恢复二级之旧制（见于《汉书·薛宣朱博传》），但至王莽时，又复称州牧。东汉光武初年，诸州皆置刺史，灵帝以后，诸州刺史遂改称牧，一般情况，州牧由公卿出任，作为一州行政长官，权力较大。东汉后期州牧刺史权力进一步扩大，全领一州之巨细事务。西晋于咸宁六年（公元 280 年）灭吴，重新统一全国，西晋一大特点就是北方广大游牧民族群体内迁，进一步纳入中原行政区划体系当中，因此，西晋广设州牧，在全国设置了十九个州①，州刺史权力独大，多执掌一州之军、政大权，兼开将军府，权重者为使持节，任轻者单为持节，又次者为假节，再次者为单车刺史，但这种专管民政的单车刺史较少，一般都兼理军、民两政。至此，西晋的整个地方行政制度就完全演变为州、郡、县三级政区制度。

西晋在南中设置宁州，统领七郡（后分建宁为建宁、晋宁二郡，共八

---

① 太康元年晋武帝设十九州，惠帝元康初年割荆、扬二州之部分别设江州，至晋怀帝又分荆、广二州别设湘州。因此，至西晋末期的全国州级政区实际为二十一州。

郡），这是云南政区发展历程上的一个重要坐标。两汉在云南地区设郡，隶属益州刺史部；蜀汉在云南设七郡由庲降都督统领，而庲降都督又隶属于蜀汉。在这个漫长的过程中，南中地区一直是蜀地行政单位的附庸，是蜀之边徼。而宁州的设置，使得南中地区成了与蜀（益州）平行的直属王朝中央统辖的一个单独行政区划，与蜀（益州）平级，同样成了全国十九个州之一。这不仅是秦汉以来，郡县制度在云南不断发展的结果，也是云南由边地向内地发展的一个重要标志。它与元代云南建省虽然在形式、程度上还有差距，但两者性质上都是一级政区，是完全一样的。

然而，历史的发展并不都是直线性地向前突进，当中会存在许多的曲折甚至反复。由于西晋王朝的内部矛盾以及来自外部的民族群体矛盾不断激化，宁州泰始六年（公元 270 年）设置以后不到五十年西晋王朝就覆亡了，当中数置数废，割分不断，这是当时的王朝国力、中央的控制力和南中的各个部族发展的不平衡性造成的。而后，继西晋而代之的东晋或者地方政权更都无力再向南中有效贯彻郡县制度，更无条件将南中作为一个单独的一级政区直属中央了。从东晋永和三年（公元 347 年）至北周覆灭（公元 581 年），在长达 234 年的历史当中，巴蜀地区都成了各方势力争夺的地盘，成都数易领主竟达十数次之多，一旦得蜀，外伺强敌，自顾不暇，当然无力经略南中，只得任由本土大姓擅命恃远，争长称雄于南中。李雄据蜀时期，南中霍、爨争霸，至咸康五年（公元 339 年）夏，"建宁太守孟彦率州人缚宁州刺史霍彪于晋，举建宁为晋"（《华阳国志·李特雄期寿势志》）。爨氏吞并了其他大姓，统领滇中、滇东、滇东北区域，遂称霸南中。作为地方行政层级划分的郡县制度，其发展又再度流滞，这一时期的南中政区已混乱不堪，上无稳定、有效的"中央"可达，下无清晰、完整的"郡县"可行，被"夷化"了的汉族大姓们结交夷帅、裹挟部曲，以势力划分山头，以兵威瓜分地盘，对内封闭，自成"王国"，对外则与朝廷虚与委蛇，各怀私欲，钩心斗角。以南中大姓爨氏为例，两爨碑［"爨宝子碑"，全称为"晋故振威将军建宁太守爨府君墓碑"，立于所谓大亨四年，实为义熙元年（公元 405 年）。"爨龙颜碑"，全称"宋故龙骧将军护镇蛮校尉宁州刺史邛都侯爨使君之碑"，立于南朝刘宋大明二年——公元 458 年］所记述的爨氏，是东汉末到中唐数百年间滇中的实际统治者，他们世领太守，拥兵自重，因远离中央王朝，事实上已经成为割据一方的云南王。到刘宋初期，爨氏内部争斗，分裂为东、西二爨，东爨以乌蛮即彝族先民为主，西爨以白蛮即白族及傣、壮、纳西等民族先民为主，随着时间的推移，爨由"南中大姓"渐渐变为各部族的名号，二爨碑就是为爨氏统治鼎盛时期两位统治者建立的墓碑，所谓"开门节度，闭门天子"就是指其既自立于南中而又依附于朝廷的状态。但是，由于中原汉文化圈层的历史辐射，爨本汉氏，深受中原文化涵养，后移居滇中，渐为"夷化"，出于对南中自身社会发展和"文化落后性"的心理认知，爨氏始终把自己作为中原王朝或蜀地政权的一部分，不曾独立建国；凡得蜀者之政权也自然与爨氏联络，把南中看作蜀地之外徼进行遥控统治。从东汉末年到唐初，无论由谁实际掌控着南中，都与中原内地有不可分割的联系。

公元 420 年，南朝刘宋政权取代东晋，南中地区遂为刘宋所有。南中郡县在原宁州的基础上又有所调整，《宋书·州郡志》言宁州"领郡十五，县八十一"。天监十三年（公元 514 年），北魏将领傅竖眼攻取益州，被任命为刺史，其又开始招徕南中，"经略边圉，民怀其德"（《北魏书·傅竖眼传》）。正德《云南通志》曰："爨云，建宁郡人，仕魏累官骠骑大将军，南宁州刺史。"南朝萧梁时期，武陵王萧纪"大同三年（公元 537 年）为都督，益州刺史。……纪在蜀，开建宁、越嶲或西，贡献方物，十倍前人"（《南史·梁武帝诸子昭明太子萧综萧绩萧续萧纶萧纪列传》）。萧纪在蜀十七年，南开建宁、越嶲，加强了蜀地与南中的联系。梁将徐文盛"大同末，以为持节、督宁州刺史。先是，州在僻远，所管群蛮不识教义，贪欲财贿，劫篡相寻，前后刺史莫能制。文盛推心抚慰，示以威德，夷獠感之，风俗遂改"。经过恩威并举，南中"夷獠"得以"风俗遂改"，进一步缩小了与内地的文明差距，从而加强了南中与内地的联系，改善了民族群体之间的关系，促进了边疆与内地的经济文化交流。这种进步代表了秦汉以来中原与南中（西南夷）地区关系的主流。梁承圣二年（公元 553 年），西魏遣将尉迟迥南征，尽得巴蜀之地，迥遂为益州刺史，招徕南中，威怀允恰（见于彰德《尉迟迥庙碑》）。而后，宇文氏篡魏，即拥益州，命益州刺史兼理宁州军政事宜，遥授爨瓒为南宁州刺史。随后，南朝梁亡于陈（公元 557 年），陈羸弱，无力控制益、宁之地，这片区域即为北周所属。"保定元年（公元 561

年）九月甲辰，南宁州遣使献滇马及蜀铠"（《北周书·武帝纪》）于周，二年，改南宁州为恭州。大象二年（公元580年）七月，益州总管王谦叛乱，摄政北周的杨坚"乃命行军元帅、上柱国梁睿讨益州平之，传首阙下"（《隋书·帝纪高祖杨坚》）。随后，即任命梁睿出任益州总管，梁睿进而又征伐王谦，尽得剑南之地，随即两次上书请求经略南宁州，设置总管府，并积极筹划南宁州县政区事宜，要求对"熟蛮"征收赋税（详见于《隋书·梁睿传》），从而既可以加强对西南诸夷的控制，又有利于开疆扩土和增强王朝的军政实力。所谓"熟蛮"就是早在秦汉时，受中原文化圈层影响，进入了农业文明，从事农业生产的民族群体的混称，他们大部分分布在今天川南、滇东北、滇中滇池周围，并非一个民族群体或一个部族。梁睿入主之总管府要求对这些混合的民族群体征税，可以反映出这些民族群体的农业文明已经发展到一定水平，由于农业文明对统一集权的社会组织方式和建设城镇有天然的要求，所以南中这部分"熟蛮"的实际存在，对郡县制度的推行、深入有着积极的因素。

从魏晋到北周，在长达近400年的时间里，中原腹地分裂，战争替代和平统一，实际掌握南中地区的大姓在不同的中原王朝或不同蜀地政权间运筹附和，窃据一方。虽然，表面上看，魏晋南北朝时期，中原混战，政权更替频繁，没有长期统一的中央王朝持续地经略南中，推进郡县制度，但是总体上，南中与中原及巴蜀的经济、政治、文化联系未曾断绝，在局部时期还得到了加强，因此，南中与内地仍然处在同一个巨大的中华文化圈层当中。

两晋南北朝时期，南中郡县划分总体上显得混乱，置罢不定，较为全面、系统的行政区划设置除蜀汉时期的南中七郡外，还有两晋时期的宁州。"（泰始）七年，又分益州置宁州"（《晋书·地理志》），西晋宁州共有八郡，其中除越嶲郡、牂柯郡外，其余六郡的范围全部或部分在今天的云南境内，现分述如下：

1. 晋宁郡

"晋宁郡，本滇国也……宁州刺史王逊表改益州为晋宁郡。"（《华阳国志·南中志》）"太安二年（公元303年）分建宁以西七县，别立为益州郡。永嘉二年（公元308年）改益州郡为晋宁郡。"（《晋书·地理志》）故此晋宁郡原为从建宁郡分出之益州郡，领建宁以西之七县，治滇池县（今晋城）、谷昌县（今昆明）、连然县（今安宁）、伶丘县（东晋改名建伶县，今昆阳）、俞元县、秦臧县、双柏县（今易门）。此外，《晋书·地理志》在俞元县之后列有修云县，《华阳国志·南中志》在伶丘县后也列有修云县，《宋书·州郡志》"律高令"条曰："晋武帝咸宁元年（公元275年），分建宁郡修云、俞元二县间流民复立律高县。修云、俞元二县，二汉无。"但无修云县的单条记载。对此，方国瑜先生认为："修云由俞元分境设治，当在俞元之南，疑为今之河西县（镇）地，至晋并于律高（今通海、曲溪一带）也。"①

2. 建宁郡

《晋书·地理志》曰："建宁郡蜀置。统县十七，户二万九千。"蜀汉置建宁郡，初领十七县，后太安二年（公元303年）分出晋宁郡七县后，还余十县。分别是味县（今曲靖、沾益一带，即郡治）、昆泽县（今宜良）、郁邬县（今宣威）、新定县（今宣威以东、北盘江上游一带）②、谈槀县、毋单县（今华宁东部至弥勒西部一带）、同濑县（今马龙）、漏江县（今泸西、师宗一带）、牧麻县（今寻甸、嵩明一带）、同并县（今弥勒）。

3. 朱提郡

"属县五，户八千"（《华阳国志·南中志》）。作为秦汉时期，巴蜀经略西南夷地区的前沿，矿藏丰富，农耕发达，社会经济较为发达的朱提地区，户数何至于只有八千，对此，任乃强先生解释："邓方时户口应去后汉

---

① 方国瑜. 中国西南历史地理考释 [M]. 北京：中华书局，2012：64.

② 方国瑜先生认为新定县应在建宁郡之东北境，与平夷郡接壤，疑其蜀汉时归属郁邬县（今宣威），晋分改建宁郡，分郁邬县辖地设新定县，初开为县。后又初置平乐郡之新兴、兴迁，皆在今宣威与威宁、水城相连北盘江（古之存水）上游一带。（方国瑜. 中国西南历史地理考释 [M]. 北京：中华书局，2012：73.）林超民教授认同此说。（方国瑜主编. 云南郡县两千年 [M]. 昆明：云南广播电视大学，1983：46.）任乃强先生认为新定县蜀汉时已有，乃诸葛亮平南中后，经此道还蜀，过汉阳，纪南中新定之功绩，而于今威宁县一带置新定县。（常璩.《华阳国志》校补图注 [M]. 任乃强，校注. 上海：上海古籍出版社，1987：280.）尤中教授认为其在今贵州盘州至普安一带。（尤中. 云南地方沿革史 [M]. 昆明：云南人民出版社，1990：79.）缪鸾和先生认为新定是俞元之误。（缪鸾和.《华阳国志·南中志》校注稿 [M]. 昆明：云南大学西南古籍研究所印行，2000：162.）

不远。惟晋世因蜀屡乱，征发频数，户口乃凋零如此耳。"① 由此可以窥见战乱对南中人口，特别是农业人口的危害，进而影响了南中郡县制度和城镇的发展进程。领五县，分别是朱提县（今昭通、鲁甸一带，即郡治）、南广县（今威信、镇雄一带）、堂琅县（今会泽、巧家一带）、汉阳县（今贵州威宁、水城一带）、南秦县（今贵州毕节）。

4. 永昌郡

"凯子祥太康中（公元 280—289 年）献光珠五百斤，还临本郡，迁南夷校尉。祥子元康末（公元 299 年左右）为永昌太守。值南夷作乱，闽濮反，乃南移永寿，去故郡千里，遂与州隔绝。"（《华阳国志·南中志》）永昌郡本为东汉明帝所置，东汉末期，南中诸郡乱，遂中原失去了对其的掌控，蜀汉建兴三年重置，后对其的掌控由西晋承接。领八县，分别是不韦县（今施甸）、比苏县（今云龙、兰坪一带）、博南县（今永平）、嶲唐县（今保山）、哀劳县、永寿县（今镇康、耿马一带）、雍乡县（今临沧、孟勇一带）、南涪县（或名南里县，今瑞丽）。汉、晋永昌郡皆治不韦县，而永寿县仅见于《晋书·地理志》，但《宋书·地理志》已无，说明元康末闽濮反，时任永昌太守的吕祥之子把郡治移到了永寿。

5. 云南郡

"云南郡，蜀建兴三年置，属县七。分置河阳郡后，县五。户万。"（《华阳国志·南中志》）据《晋书·地理志》可知，较蜀汉云南郡七县（参考前文蜀汉郡县），增云平县（今宾川）、永宁县（今宁蒗）二县，共领九县，郡治依然在云南县。

6. 兴古郡

"建兴三年置。属县十一，户四万。"（《华阳国志·南中志》）永嘉五年（公元 311 年），刺史王逊分置梁水、西平二郡后，兴古还领七县，分别是宛温县、律高县（今通海、曲溪一带）、镡封县（今丘北）、句町县（今广南、富宁）、汉兴县（今贵州兴义）、胜修县、都唐县（今西畴、文山一带），郡治依然在句町县，直到东晋时才迁至宛温县。

---

① 常璩.《华阳国志》校补图注 [M]. 任乃强，校注. 上海：上海古籍出版社，1987：280.

光熙元年（306年），晋惠帝死，司马炽嗣位，是为怀帝，改元永嘉。西晋永嘉五年（公元311年），匈奴政权汉赵（前赵）光文帝刘渊第四子刘聪遣石勒、王弥、刘曜等率军攻晋，攻入京师洛阳，掳走怀帝。永嘉之乱后，晋朝统治集团南迁，定都建康（今南京），建立东晋。

东晋时期（317—420），全国已陷入混乱的分裂割据状态，西南的宁州虽然大多数时间属于东晋王朝，但大姓爨氏已开始逐渐成为地方的实际支配者，对中原王朝仍称臣宁州刺史。

第三节　南北朝时期云南的政区设置

进入南北朝时期（420—589），前期南朝的宋、齐在形式上仍拥有宁州，而后期南朝的梁、陈以及北朝的魏、北周等，绝大部分时间在实际上都不再可能直接控制南宁州，大姓爨氏便成了南宁州的真正统治者，云南地方亦与内地汉族区的政治形势相配合而陷入分裂。中原王朝在云南所置郡县名存实亡，行政区域划分实质上也不复存在。但是，中原与南中之间政治关系的淡化甚至断裂并不能阻碍两个地区民族文化的交往与融合，自先秦以来，中原文化在西南地区的流播和涵化并没有停止，文化的融合仍具有强势的惯性，民族文化圈的整合仍然得到进一步的加强和发展，从而孕育着新的民族群体和民族文化圈。

一、南北朝时期云南的文化圈层发展

前文已记述过，秦、汉两朝在西南地区设郡置吏的同时，不断以屯戍的方式向西南地区移民。两汉以来，在今天的云南地区各交通沿线、郡县治所周围形成的"汉文化孤岛"不断地强化，削弱着这些地区原有的土著文化因子，同时，代表着中原汉文化的这些"文化孤岛"又与当地的各个民族文化不断融合、涵化，最终导致文化的转型和新的文化样式的产生。

民族是文化流播最为核心的因素，与各民族相关的人的生产生活方式、语言观念、价值取向、社会习俗等都是一个民族群体文化的重要构成要素。当秦汉以来进入云南的中原汉族先民，带着中原文化在云南的交通要冲和郡

县治所周边定居下来后，与相邻的其他民族群体产生了强烈的文化联系和互动，到两晋时，已经从"汉文化孤岛"扩大形成了云南地区内中原文化圈，这从目前云南发掘出土的汉晋墓葬可以看出①。从滇东北经滇中到滇西，汉晋以来随着大量中原移民进入该地区，中原文化已经对这一地区造成有效的辐射，使得宁州内的这一片区域，在两晋南北朝时期正式成为中原文化圈层的一个单元。

《华阳国志·南中志》曰："朱提郡……其民好学，滨犍为，号多人士，为宁州冠冕。……自四姓子弟仕进，必先经都监。"汉晋时期，由蜀入滇主道依然是滇东北的五尺道，因此，滇东北地区迁入的中原汉族先民依然较多，中原文化色彩较宁州的其他地区更为浓厚，中原文化水平也高于宁州其他地区。两晋时期，滇东北地区由秦汉以来移入的汉族先民"夷化"为了大姓，他们中的许多子弟依然通过科举考试、举荐秀才入仕。《华阳国志·大同志》又曰："罢宁州，诸郡还益州，置南夷校尉，持节如西夷，皆举秀才、廉良。"正是有较为浓厚的中原文化影响，今滇东北地区汉晋墓葬群最为密集。经过 20 世纪 50 到 80 年代的短短三十年的考古发掘，今滇东北昭通地区已出图 300 多座汉晋古墓，这些墓葬从形制结构、装饰器物都与中原同期的墓葬一致，被认定为东汉至南北朝的中原墓葬类型。② 其中昭通后海子出土的东晋末期大姓霍承嗣墓葬（东晋太元年间，376—396）最具代表性，该墓的制式、壁画都反映出大姓们的生产生活方式、风俗习惯与当时的中原文化高度吻合。

曲靖发掘整理的大小爨碑反映了东晋至南北朝时期，今云南的滇东北、滇中地区汉文化的流播尚炽，与中原的文化交流依然密切。从立于东晋大亨四年（实为义熙元年，公元 405 年）的《爨宝子碑》（因碑身形体较小，故称小爨碑）来看，爨宝子，名与字同，此即两晋南北朝中原始兴之风俗。碑文多用别体字和假借字，此为晋降至唐，中原碑刻用字之常态。《爨龙颜碑》（形体较大，故称大爨碑）立于南朝刘宋武帝大明二年（公元 458 年），碑文辞藻华丽典雅、行文流畅洒脱，除多用别体、假借字外，书法极佳，被认为

---

① 到目前为止，云南省内发掘的汉晋墓葬群集中在滇东北、滇中、滇西的部分地区，这些地区自秦汉以来就是中原进入云南的交通要道和郡县治所设置的密集区域。

② 李昆声. 55 年来云南考古的主要成就（1949—2004 年）[J]. 四川文物, 2004 (3).

是魏晋以来八分隶书的楷模①。大小爨碑的发现无疑再次证明了东晋南北朝时期，南中大姓具有极高的中原汉文化修养，也说明这个时期的南中部分地区受中原文化影响深重，属于当时中原文化圈层当中的一个部分。

同时，进入南中的中原文化随着南中大姓与中原王朝的政治关系疏远而与当地民族文化发生了更深层次的融合，涵化出新的文化类型，孕育形成新的民族群体——今天白族的先民白蛮。这个民族群体的文化特征既保留了浓厚的汉文化因子，如其语言发音方面较其他民族最为接近古代的汉语，"语言音白蛮最正，蒙舍蛮次之，诸部落不如也"②；从文字来看，白文采用汉字来表述白语发音，大部分直接采用汉字表述，少量参照汉字新创为白语字；在丧葬民俗方面，"西爨及白蛮死后，三日内埋殡，依汉法为墓，稍富室广栽杉松，蒙舍及诸乌蛮不墓葬"③。在保留大量的汉文化因子的基础上，白蛮也吸收了南中当地的诸多"夷文化"因子。例如，白蛮的宗教信仰就接收、保留了南中地区普遍信奉的原始鬼教；服饰方面，白蛮也同南中许多民族群体一样披毡而异于汉族。

从上述的民族文化发展情况可以看出：南北朝时期，中原文化圈层进一步向云南多元民族文化的更深层次发展，中原文化圈在云南地区已经正式确立，其文化载体是由秦汉以来的中原移民"夷化"而来的南中大姓。这些负载着中原汉文化的南中大姓在长期与云南各个民族群体共同生产生活中，逐渐接受了云南各族的文化因子。同时，由于政治上与中原政权的断裂和分离，南中大姓们所承载的汉文化受中原文化母体的影响逐渐淡薄，甚至隔绝，从而通过文化的融合涵化，自主发展出一种新的文化类型——白蛮文化，其文化载体也逐渐由南中大姓分流成白蛮——中原汉文化与云南夷文化涵化而成的新民族群体。白蛮文化的产生是中原文化圈层向云南文化异域扩展的结果，也是云南本土"夷文化"受到中原文化冲击、影响的文化回应。从此，在文化圈层的意义上，云南地区与中原已经连成了一个完整的文化整体：由于文化生存生境的改变，在汉文化以中原为文化核心区向西南辐射的过程中，文化的构成因子和文化形态逐渐丰富起来，单一的中原汉文化纯度

---

① 汪宁生. 云南考古 [M]. 昆明：云南人民出版社，1980：111-119.
② 赵吕甫.《云南志》校释 [M]. 北京：中国社会科学出版社，1985：297.
③ 赵吕甫.《云南志》校释 [M]. 北京：中国社会科学出版社，1985：296.

在减弱，而云南边疆民族文化的多元程度逐渐提升；由多元民族文化因素构成的民族文化圈在云南，乃至整个西南地区逐步确立，由多元民族文化因素孕育而成的新的民族群体也在逐渐形成，正是这些深受中原汉文化因子影响又适应、吸纳云南本土民族文化因子的新型民族群体使得云南与内地的民族历史发展紧紧地联结在一起，从而形成了中华民族多元文化的历史格局，构成了中华民族历史发展的整体。

二、南北朝时期云南的政区发展

公元 420 年，南朝刘宋政权取代东晋，宁州即为南朝宋所有。而宁州郡县的设置，则较之东晋时期又有所调整。据《宋书·州郡志四》的记载："宁州刺史，晋武帝太始七年分益州南中之建宁、兴古、云南、永昌四郡立。太康三年省，立南夷校尉。惠帝太安二年复立，增牂牁、越嶲、朱提三郡。成帝咸康四年，分牂牁、夜郎、朱提、越嶲四郡为安州，寻罢并宁州。越嶲复还益州。今领郡十五，县八十一，户一万二百五十三。"十五郡是建宁郡、晋宁郡、夜郎郡、朱提郡、南广郡、建都郡、西平郡、西河阳郡、东河阳郡、云南郡、兴宁郡、兴古郡、梁水郡、牂牁郡、平蛮郡，其中，领县全部或部分在今云南省境内的有建宁郡、晋宁郡、朱提郡、南广郡、建都郡、西平郡、西河阳郡、东河阳郡、云南郡、兴宁郡、兴古郡、梁水郡共十二郡，加之西部被"缅戎"控制的永昌地区，"（咸康）八年……省永昌郡焉"（《晋书·地理志》），南北朝时期的云南境内共有十三个郡级政区①（此部分内容将在第五章详细论述）。

---

① 虽然东晋至南朝时期，永昌地区被"缅戎"控制，不受中央王朝管辖，失去了行政区划的实质，但因其自成区域，内有层级，且受中原文化影响深远，并早在东汉已置郡县，后至隋唐重新纳入政区，所以，把它作为一个准政区或军事区域看待，称永昌地区。

第五章

蜀汉两晋南北朝时期云南的城镇

蜀汉两晋南北朝时期的云南城镇发展最为突出的特点就是此前紧密依赖于中原王朝政区治所的城镇体系开始松动,"夷化"了的南中大姓开始登上南中社会发展的历史舞台,并逐步成为发展主导,那些依赖于中原王朝郡县治所的城镇发展受到本土民族文化自觉的冲击而处于停滞,甚至有一定程度上的消解,南中部族的聚落正朝着城镇快速发展起来,原有的城镇体系受到冲击,一些受中原文化深刻影响的农业部族也在酝酿自己的城镇建设。

第一节　蜀汉两晋时期云南的城镇发展

蜀汉与两晋时期的云南城镇格局基本一致,但南中地区在蜀汉与两晋王朝两个时期所处的战略地位和经略策略不同,因此云南城镇的局部发展在这两个时期又有所调整。两汉之交,牂牁郡已经有大姓出现,至蜀汉时,诸葛亮采取较为开明的民族政策经略南中,恩威并施对南中的大姓、夷帅区别对待,继承并极大地发展了此前中原王朝的羁縻政策,他出于战略的考虑把南中视为政权后方,抚慰部族,移民南中,并依据各部族的实际分布调整了原设行政区划,改五郡为七郡,从而使得政区郡县的划分大多依据民族类别而非地域特征或政权的政治、军事需要。蜀汉政权的这些举措缓和了南中的民族矛盾,稳定了南中的政区设置,也稳固了南中治所城镇的发展,从而加速了南中民族群体的社会发展,促进了南中民族文化圈的形成和发展,强化了南中民族文化与中原文化的融合与涵化,从而稳固了南中的城镇发展。

西晋对全国有不到五十年时间的短暂统一,统治政策也曾重视农业生产，保护士族利益，反对奢侈、厉行节俭，有利于中原民生的恢复、城镇的繁荣。南中的民族社会也延续了快速的发展，然而本土大姓豪帅的崛起，势必打破中原王朝在云南推行的郡县制度，划分新的政治范围，从这一点来看，南中大姓的自治确实造成了对原有城镇治所的冲击和消解。但是，南中本土部族的社会发展主导性在加强，南中的民族文化圈酝酿着整合，比南中原有的地域范围更广的政治区域划分、更广阔的城镇建设在准备，直到南诏的崛起，这种由本土部落贵族主导的民族文化整合才得以实践。

蜀汉南中七郡之五郡属云南，现分述如下：

1. 建宁郡

建兴三年"改益州郡为建宁郡"（《三国志·蜀书·后主传》），治味县，共领十七县，分别是味县（今曲靖）、滇池县（今晋宁晋城）、谷昌县（今昆明）、连然县（今安宁）、建伶县（又名伶丘县，今晋宁昆阳）、俞元县、秦臧县、双柏县（今易门）、同劳县（今陆良）、同濑县（今马龙）、昆泽县（今宜良）、牧靡县（今寻甸、嵩明一带）、郁鄢县（今宣威）、新定县（今宣威以东、北盘江上游一带）、修云县（今通海河西）、同并县（今弥勒）、毋单县（今华宁）。

2. 朱提郡

建安二十年所置，共领五县，郡治朱提县（今昭通、鲁甸一带），其余四县分别是堂琅县（今会泽、巧家一带）、南秦县（今贵州毕节）、汉阳县（今贵州威宁、水城一带）、南昌县（今彝良一带）。

3. 永昌郡

建兴三年重置，领八县，治不韦县（今施甸），其余辖县分别是比苏县（今云龙、兰坪一带）、博南县（今永平）、嶲唐县（今保山）、哀劳县、永寿县（今镇康、耿马一带）、雍乡县（今临沧、孟勇一带）、南涪县（或名南里县，今瑞丽）。

4. 云南郡

建兴三年置，属县七，郡治云南县，辖青蛉县（今永仁、大姚一带）、弄栋县（今大姚以南、姚安一带）、姑复县（今华坪）、遂久县（今永胜、丽江一带）、邪龙县（今巍山、漾濞一带）、叶榆县（今大理、洱源一带）

六县。

5. 兴古郡

建兴三年置，属县十一，郡治句町县（今广南、富宁），所辖余县为宛温县、漏卧县（今罗平）、汉兴县（今贵州兴义）、律高县（今通海、曲溪一带）、毋掇县（今建水、开远一带）、贲古县（今蒙自、个旧一带）、胜修县、镡封县（今丘北）、都篖（今西畴、文山一带）、进乘县（今河口、马关一带）。

从上述五郡可以较为清晰地看出蜀汉时今天云南的城镇分布情况，其大部分依然同两汉时一样，分布于蜀身毒道的沿线，它们构成了唐宋时期云南城镇的基础。到了两晋时期，由于中原王朝的势力衰弱和地方部族的势力壮大，政区治所常有迁治，部分郡县出现了并废，城镇数量有所减少，城镇发展总体上处于停滞时期。两晋时期的云南城镇分布及地望大致如下：

1. 晋宁郡

晋宁郡原为从建宁郡分出之益州郡，领建宁以西之七县，治滇池县（今晋城）、谷昌县（今昆明）、连然县（今安宁）、泠丘县东晋改名建伶县（今昆阳）、俞元县、秦臧县、双柏县（今易门）。此外，《晋书·地理志》在俞元县之后列有修云县，《华阳国志·南中志》在伶丘县后也列有修云县，《宋书·州郡志》"律高令"条曰："晋武帝咸宁元年，分建宁郡修云、俞元二县间流民复立律高县。修云、俞元二县，二汉无。"却无修云县的单条记载。对此，方国瑜先生认为："修云由俞元分境设治，当在俞元之南，疑为今之河西县（镇）地，至晋并于律高（今通海、曲溪一带）也。"

2. 建宁郡

蜀汉置建宁郡，初领十七县，后太安二年（公元303年）分出晋宁郡七县后，还余十县。分别是味县（今曲靖、沾益一带）即郡治、昆泽县（今宜良）、郁鄢县（今宣威）、新定县（今宣威以东、北盘江上游一带）、谈槁县、毋单县（今华宁东部至弥勒西部一带）、同濑县（今马龙）、漏江县（今泸西、师宗一带）、牧麻县（今寻甸、嵩明一带）、同并县（今弥勒）。

3. 朱提郡

五县朱提县（今昭通、鲁甸一带）郡治、南广县（今威信、镇雄一带）、堂琅县（今会泽、巧家一带）、汉阳县（今贵州威宁、水城一带）、南秦县（今贵州毕节）。

4. 永昌郡

领八县，分别是不韦县（今施甸）、比苏县（今云龙、兰坪一带）、博南县（今永平）、嶲唐县（今保山）、哀劳县、永寿县（今镇康、耿马一带）、雍乡县（今临沧、孟勇一带）、南涪县或名南里县（今瑞丽）。

5. 云南郡

九县——郡治云南县，辖青蛉县（今永仁、大姚一带）、弄栋县（今大姚以南、姚安一带）、姑复县（今华坪）、遂久县（今永胜、丽江一带）、邪龙县（今巍山、漾濞一带）、叶榆县（今大理、洱源一带）六县，新增云平县（今宾川）、永宁县（今宁蒗）。

6. 兴古郡

永嘉五年（公元 311 年），刺史王逊分置梁水、西平二郡后，兴古还领七县，分别是宛温县、律高县（今通海、曲溪一带）、镡封县（今丘北）、句町县（今广南、富宁）、汉兴县（今贵州兴义）、胜修县、都篨（今西畴、文山一带），郡治依然在句町县，直到东晋时才迁至宛温县。

从中原王朝的官方文献大抵只能了解南中由郡县治所所在的城镇分布情况，而大量的南中本土部族之聚落、乡邑却不见于史料，但是，在汉魏以来的中原文化刺激、浸润下，"土流两重的政权形式"① 使得南中部族的社会急剧变化发展，本土的大姓、豪帅逐渐成为南中城镇及社会发展的主导力量，在这样的历史条件下，势必改变汉晋以来与部族的分布及社会发展不相协调的城镇分布格局，将城镇的建设发展深入到本土部族当中，特别是在一些从事农业生产生活的部族内部开始发展、建造集军事防御和财富集聚功能为一体的部族城堡和坞镇。

---

① 方国瑜. 中国西南历史地理考释 [M]. 北京：中华书局，2012：32.

第二节　南北朝时期云南的城镇发展

南北朝时期，云南的城镇集中于 13 个郡级区划当中，基本与县级行政单位重合，实质上是中原文化对南中地区的开发的反映。城镇数量比汉晋时期略有发展，但是城镇的规模却处于停滞的状态，深层的原因不仅在于中原王朝的政治影响衰微，南中本土的民族力量崛起，更在于城镇发展的主体——人口的缺乏，文明成果的积聚不够充分，而这都是南中本土的各民族群体尚未被纳入城镇发展的体系当中所导致的。虽然魏晋以来，南中的大姓开始转变为南中城镇发展的主体力量，但本土部族自身社会发展的不充分和滞后以及不平衡，造成了他们还没有足够的建设、发展城镇的文化实力，南北朝时期南中城镇的发展格局依然延续着汉魏时期的状态，且略有收缩。总体上，中原文化对南中经略的状态和布局，并没有因发展主体的转变而有所改变，这种格局一直延续到南诏的崛起和扩张才为之一变。

以行政区划的形式来归纳南北朝时期的云南城镇，主要为十三个郡所领的县城：

1. 建宁郡

太守郡治味县，而宁州刺史亦驻味县。"建宁太守，汉益州郡滇王国，刘氏更名。领县十三，户二千五百六十二。"（《宋书·州郡志》）十三县县数与东晋时期一致，但具体的县则有所调整。味县（今曲靖、沾益一带）、同乐县（今陆良东北一带）、谈槁县、牧麻县（今寻甸、嵩明一带）、漏江县（今泸西、师宗一带）、同濑县（今马龙）、昆泽县（今宜良）、新定县（今宣威以东、北盘江上游一带）、郁鄢县（今宣威）九县与两晋时期完全相同。但是谷昌县（今昆明）、双柏县（今易门）二县西晋时期属建宁郡，南朝宋时期则划归晋宁郡；西晋建宁郡有泠丘县（今昆阳）、修云县（今通海河西镇），南朝宋则废此二县，而新兴、万安二县为东晋末新设，或即为废省的泠丘、修云二县之地；毋单县东晋时期属晋宁郡，南朝刘宋时划归建宁郡；同并县（今弥勒）两汉时期属牂牁郡，蜀汉时期属建宁郡，至晋武帝咸宁五年（279）废，东晋哀帝（362—365）复立，南朝刘宋即沿袭属建宁郡。

2. 晋宁郡

郡治滇池县，有户六百三十七。领七县，县数与两晋时期相同，但具体的属县亦有调整。建伶县（今昆阳）、连然县（今安宁）、滇池县（今晋城）、秦臧县四县，自东晋至南朝宋皆属晋宁郡；谷昌县（今昆明）、双柏县（今易门）二县两晋时期属建宁郡，南朝宋始划归晋宁郡；俞元县（今江川、澄江一带）西晋属建宁郡，东晋时废，南朝刘宋复设，即属晋宁郡。东晋时期晋宁郡太守驻滇池县（今晋城），南朝宋时则迁驻建伶县（今昆阳）。

3. 朱提郡

有户一千一百一十，领五县，即朱提县（今昭通、鲁甸一带）郡治、堂狼县（今会泽、巧家一带）、临利县（今盐津、彝良一带）、汉阳县（今贵州威宁、水城一带）、南秦县（今贵州毕节）。郡治朱提县。五县中的南秦县蜀汉时即设有，东晋时期又分设为南秦、南昌二县；朱提、堂狼、汉阳三县沿袭于东晋时期未改；临利县系东晋初年新设，即东晋南昌县地，本属南广郡，至南朝刘宋又改归朱提郡。

4. 南广郡

有户四百四十。领四县，即南广县（郡治，今威信、镇雄一带）、新兴县、晋昌县、常迁县。后三县，今地难确指，但当在今南广河至横江流域的盐津、大关、绥江一带。蜀汉延熙年间（238—257）即设南广郡，属益州。西晋惠帝建武元年（304）废。西晋怀帝（307—313）至东晋元帝（317—323）时复设。当时，益州为李雄占据，故复设南广郡归属宁州，且被用作对付北部李雄势力的前哨据点。宁州刺史王逊曾把朱提郡太守移驻南广，以便对付李雄。至永昌元年（322）尹奉代王逊为宁州刺史之后，才把朱提郡治撤回驻朱提县。咸和八年（333），李雄占据宁州，仍设南广郡。南朝宋即沿袭设南广郡以隶属于宁州。南广郡所属四县中，南广、新兴、常迁三县，在西晋末年至东晋初年间复设郡时应已有，只是晋昌县未见于《华阳国志》的记录，当为东晋末年新设，南朝宋因之未改。①

5. 建都郡

有户一百七十。领六县，即新安县、经云县、永丰县、临江县、麻应

---

① 尤中. 云南地方沿革史［M］. 昆明：云南人民出版社，1990：79.

县、遂安县。六县之地，今难确指，郡治亦难定，六县当在今禄劝、武定、元谋、牟定、广通、南华一带。《宋书·州郡志》说："建都太守，晋成帝（327—342）分建宁立。"建都郡之地，原为建宁郡中的一部分，东晋成帝之时始从建宁郡中分出。成帝咸和八年（333），李雄军入宁州，宁州郡县即为东晋所有。则建都郡的设置时间当在咸和元年至七年（327—332）之间。东晋时期建宁郡西部有升麻县，一般认为在今嵩明、寻甸一带；晋宁郡西部有秦臧县，其地乃今禄丰、富民；云南郡东部有弄栋县，在今姚安、南华至元谋附近。三郡之间存在一块空白，即今禄劝、武定至元谋一带。这一带地方当属建宁郡，晋成帝时从建宁郡中分出设置建都郡，至南朝宋时沿袭不再改动。

6. 西平郡

领五县，有户一百七十六。郡治漏卧县。在五县即西平县、温江县、都阳县、晋绥县、义成县中，除都阳县之外，其余五县之地今难确指。《宋书·州郡志》说："西平太守，晋怀帝永嘉五年（公元 311 年），宁州刺史王逊分兴古之东立。"则其地在今文山州境内。至东晋成帝咸和年间，继王逊之后的宁州刺史尹奉乃确立西平郡属五县。《宋书·州郡志》说："都阳令，何《志》晋成帝立。案《晋起居注》，太康二年（公元 281 年），置兴古之都篾县。疑是。"则都阳县乃西晋太康二年在兴古郡内设置之都篾县。《华阳国志·南中志》"兴古郡"条说："唐都县，故名云梦县。"尤中教授认为：唐都县盖即《晋起居注》中都篾县之倒误。至东晋成帝时改称都阳县。南朝宋即因袭未改。又所谓"故名云梦县"，乃"故名都梦县"之误。西汉都梦县属牂牁郡，其地在今文山、马关、麻栗坡一带。东汉时期废都梦县。蜀汉自牂牁郡中分地置兴古郡，仍于西汉都梦县之地设都篾县。东晋成帝时改称都阳县，属西平郡。南朝宋沿袭东晋时期之建置。《宋书·州郡志》说，西平郡所属"五县应与郡俱立"，则五县与郡在同一地域之内。即西平郡驻西平县，西平等四县与都阳县皆在同一地域之内，亦即西汉时期的都梦县境内，于今文山、马关、麻栗坡三县境内。①

---

① 　尤中. 云南地方沿革史［M］. 昆明：云南人民出版社，1990：80.

7. 西河阳郡

领三县，有户三百六十九。三县即芘苏县、成昌县、建安县。三县中的芘苏县即两汉比苏县，为郡治，在今云龙至兰坪一带；其余成昌、建安二县为东晋成帝时新设，南朝刘宋袭之。《华阳国志·南中志》言："河阳郡，刺史王逊分云南置。"西晋怀帝永嘉五年（公元311年），王逊分云南郡之地设河阳郡，至东晋成帝咸和年间，宁州刺史尹奉又复将河阳郡分为东河阳、西河阳二郡。西河阳郡三县即以两汉以来比苏县之地为核心，加以邻境其他新县的一些地方而分设为三个县。成昌、建安二县的地望当在泸水沿岸。

8. 东河阳郡

领二县，有户一百五十二。二县即东河阳县（郡治，今剑川、鹤庆一带）叶榆县（今大理、洱源一带）。至南朝宋时沿袭之，未做改动。《宋书·州郡志四》曰："东河阳太守，晋怀帝永嘉五年，宁州刺史王逊分永昌、云南立。《永初郡国》又有西阿，领楪榆、遂段、新丰三县，何、徐无（遂段、新丰二县，二汉、晋并无）。领县二，户一百五十二。"南朝宋武帝永初年间（420—422），曾从东河阳郡中分设西阿郡，随又废去，至南朝齐时期复立西阿郡。

9. 云南郡

领五县，有户三百八十一。郡治云南县。《宋书·州郡志》只列出四县，即云南县、云平县（今宾川）、东古复县（今华坪）、西古复县（今丽江至永胜一带），其脱漏的一县当为邪龙县①（今巍山、漾濞、南涧一带）。《宋书·州郡志》言："云南太守，《晋太康地志》云，故属永昌。何志刘氏分建宁、永昌立。……云南令，前汉属益州郡，后汉属永昌，《晋太康地志》属云南。"云南郡本东汉益州西部都尉的一部分，永昌置郡后属永昌，蜀汉时，是分永昌、越巂、益州三郡连接之地设置的，至西晋怀帝永嘉五年（公元311年），又从云南郡中分出河阳郡。东晋成帝咸和年间，再分出兴宁郡。其余地方仍为云南郡。南朝宋时沿袭未改。

10. 兴宁郡

领两县，有户七百五十三。二县即弄栋县（为郡治，今姚安）、青蛉县

---

① 尤中. 云南地方沿革史 [M]. 昆明：云南人民出版社，1990：81.

228

（今永仁、大姚一带）。《宋书·州郡志》言："兴宁太守，晋成帝分云南立。……桥栋令，汉旧县，属益州，《晋太康地志》属云南。青蛉令，汉旧县，属越巂，《晋太康地志》属云南。"兴宁郡所领二县为两汉益州旧属，东晋成帝咸和年间，从云南郡中分出弄栋、青蛉二县别置兴宁郡。南朝刘宋时沿袭之，未做改变。

11. 兴古郡

领六县，有户三百八十六。郡治宛温县。六县即漏卧县（今罗平）、宛暖县①、律高（今通海、曲溪一带）、西安、句町（今广南、富宁至广西右江上游地带）、南兴（今贵州兴义）等。兴古郡是蜀汉时期分牂牁、益州二郡连接地带新设的。西晋末年至东晋初年间，宁州刺史王逊分兴古郡东部的一部分地方设置西平郡；又分兴古郡西部的一部分地方设置梁水郡；其余地方仍为兴古郡。南朝宋时，只把都簪县改称都阳县，属兴古郡；胜休县、镡封县（今邱北县西部）划归梁水郡；漏卧、宛暖等县仍为兴古郡。

12. 梁水郡

领七县，有户四百三十一。郡治梁水。七县即梁水县（今元江）②、胜休县（今石屏）、西随县、毋棳县（今开远）、新丰县（今个旧）、建安县

---

①　宛暖县即两《汉志》《晋志》之宛温县，《宋志·州郡志》："本名宛温，为桓温改。"《齐志》亦称宛暖县，曾为兴古郡治。《水经·温水注》曰："刘禅建兴三年，分牂牁置兴古郡，治温县。《晋书地道记》治此。"《华阳国志·南中志》亦言："兴古郡，治温县。"方国瑜先生考释此温县即宛温县，其地望当在今盘县及富源（平夷）二县地，蜀汉、西晋时，兴古郡治句町县，东晋始移治宛温。（《中国西南历史地理考释》，第85页）。李超民教授认同此说（《云南郡县两千年》，第50页）。任乃强先生认为宛暖县即今广南县（《〈华阳国志〉校补图注》，第306页）。尤中教授认为宛暖县地望在今砚山一带（《云南地方沿革史》，第81页）。现从方说。

②　《水经·温水注》曰："温水经律高县，又东南经梁水郡南。"可知温水当在梁水郡北，梁水在今南盘江南，温水即今盘江，律高即今通海，方国瑜先生疑两汉、西晋之贲古改为宋、齐之梁水。（《中国西南历史地理考释》第77页、《云南史料丛刊》卷一第308页）但此说与《华阳国志·南中志》把"梁水"与"贲古"并列不符。任乃强先生认为晋梁水县治，当在今元江县至曼（蛮）耗之间，温水经今元江故城南，梁水即今元江。（《〈华阳国志〉校补图注》，第305页）尤中教授也认为梁水县在今华宁至建水北部之间。（《云南地方沿革史》，第82页）林超民教授把梁水定位在今个旧至蒙自之间，显然与贲古县（后新丰、建安二县）之地相矛盾。现从任说。

（今蒙自）、镡封县（今邱北）。《宋书·州郡志》说其"晋成帝分兴古立"。梁水郡是西晋末年至东晋初年间，宁州刺史王逊分兴古郡西部的一部分地方设置的，尤中教授认为应当是东晋成帝咸和年间，继王逊之后的宁州刺史尹奉又复将兴古郡的一部分地方划归梁水郡。[①] 梁水郡七县中的梁水、西随二县均已见于《华阳国志·南中志》的记载，王逊最初从兴古郡中划地分设梁水郡时即有此二县；胜休、镡封二县，在《华阳国志·南中志》的记录中，仍属兴古郡，东晋成帝时，宁州刺史尹奉始从兴古郡中将此二县划归梁水郡，沿袭至南朝刘宋未改；新丰、建安二县当是南朝宋时新设。东晋时期梁水郡有贲古县，南朝宋时梁水郡无贲古县，但却出现两个新设县——新丰县、建安县。则新设的新丰、建安二县，当为旧贲古县之地以一置二，其地在今个旧、蒙自、元阳一带。

13. 永昌地区

《爨龙颜碑》有言："岁在壬申（宋元嘉九年，公元432年），百六遭衅，州土扰乱。东西二境，凶竖狼暴，缅戎寇场。君收合精锐五千之众，身伉矢石，扑碎千计，肃清边嵋。君南中盘石，人情归望，迁本号龙骧将军、护镇蛮校尉、宁州刺史、邛都县侯。"当时，西部的"缅戎"（永昌郡内的闽濮）和东西二境（滇西、滇东）的"凶竖"（其他民族的贵族分子和另一部分地方大姓）发动了兼并纷争，而南朝刘宋委派的宁州刺史显然不曾到任。因此，爨龙颜乃率领爨、汉族地方武装五千人，镇压了扰乱州土的其他民族的贵族分子及另一部分大姓。于是，爨龙颜便在宁州"人情归望"的情况下，被南朝刘宋任命为"龙骧将军、护镇蛮校尉、宁州刺史"，并封为"邛都县侯"。此时的宁州刺史便是由地方大姓爨龙颜充当，而不是刘宋王朝从内地派来的官吏充任。西部"缅戎"的反抗看来并不曾被爨龙颜"肃清"，因而造成了永昌郡的分裂，《宋书·州郡志》中宁州即不复存在永昌郡。这个时期的永昌地区已经不是严格意义上的郡级政区，但是自西汉以来，永昌郡地区内部日渐成形的层级建制体系并没有因"缅戎寇场"而崩塌，作为一个军事政治的管理体系，它必然又服务于"缅戎"的统治系统。永昌地区由于南朝政权的孱弱而暂时"独立"于"中央"，"缅戎"的反抗造成的分裂是短

---

① 尤中. 云南地方沿革史［M］. 昆明：云南人民出版社，1990：81.

暂的，更为重要的原因在于，永昌地区并没有从文化圈层上分离出去，依然
处在以中原文化为核心的多元合一的文化体系当中，永昌地区与中原地区民
间的经济、文化往来依然密切，从西汉武帝时期开始，对永昌地区的招徕经
略，使得永昌地区的区域政治格局一直处在中央王朝的影响下，从而，被纳
入中央王朝的战略规划、行政构想当中。

与前相比，南北朝时期中原王朝在南中建立的城镇数量有所减少（如失
去永昌境内的郡县城镇）。但是，应该看到的是：经过中原文化强烈刺激、
影响后的西南民族文化已经开启了急剧涵化的进程，南中的各个部族社会快
速发展，重新划分自己的民族政治区域，构建自己的民族发展格局，其中就
包括了部族集聚的中心设施和场所，城镇的建设主体也开始变为南中的本土
部族。到南朝末期，不仅那些居住于坝区盆地的、以农业生产生活为主的部
族建立了自己的城镇（如诸爨、洱海白蛮），就连山地间的部族也可能建设
自己的城堡（如洱海乌蛮），而这些本土部族建立的众多聚邑、城郭、"邑落
相望"的场景是鲜见于中原的官方史料的。因此，南北朝时期是南中城镇发
展主体从单一的中原民族向本土多元民族转变的时期，城镇的分布和发展也
在这一时期从单一的政区治所向多元的民族城郭村邑转变。

第三节　蜀汉两晋南北朝时期中原文化圈层对云南城镇发展的影响

魏晋南北朝及隋唐史的研究很早便成为中外学者关注的焦点。国内以陈
寅恪为主，国外以日本的京都学派和历史学研究会学派为主。

以历史发展的进步观念为主题，二战前后的两批日本学者分别对这段历
史的分野有两种理论：

1. 以内藤湖南、宫崎市定、宫川尚志等日本学者为首的京都学派认为在
古代。进一步归纳这一时期的中国文化呈向周边地区扩展的趋势，当这一扩
展促进了周边民族的觉醒时，那种文化涵化的力量就转而向中国内部发生作
用，当这种由内向外的扩展转变为反作用时，就形成了中世社会——上古以
来至唐代。六朝社会以贵族阶层为中心，孕育出与皇权统治体制截然不同的

社会基础——城市国家体制至汉末崩塌，取而代之的是政治军事型的城市和庄园式的乡村，使得具有独立庄园经济基础的贵族以"自律性"的人格摆脱了皇权的"他律束缚"，六朝贵族政治是一种处于皇权政治的外围而超越了皇权政治的新型政治权威，从而使整个时代呈现出贵族政治的"时代格"，六朝及隋唐正是"贵族政治的最鼎盛时代"。

2. 以前田直甸、堀敏一、西岛定生等日本学者为代表的历史学研究会学派（以下简称历史学派）则认为六朝时代是秦汉的延续，因此应归为古代。并进一步阐述隋唐的均田制是将因汉帝国崩溃而一度遭到削弱的个别人身支配予以重建的体制，从而国家将出现在国家外围的世界最终纳入自己的支配体制之中，由此重建了"个别人身支配"——不以土地为媒介的直接支配和隶属关系，譬如豪强对部曲的隶属，并以假田民的形式把周围的佃户控制起来，实际上还是家内奴隶制的延续。所谓六朝贵族政治还是包含了皇权在内的一种官僚形态，秦汉向六朝过渡的过程中没有时代的质变，这种专制的时代一直延续到清末。①

无论两种日本学派的理论观点如何不可调和，他们都不能否认"贵族政治"和"胡汉关系"是魏晋南北朝时期的两大历史主题。这两大主题也被国内以陈寅恪先生为代表的六朝学者接受并作为研究重点②。从中国南北朝的历史大势来看，世家大族的崛起确实起到了与皇权博弈抗衡的作用，同时具有来自"乡论环节的多层结构"的贤才主义，而不仅仅是秦汉皇权的延续产生的"门阀主义"，从而在中国历史上具有反皇权专制的积极方向和作用。

在"胡汉关系"方面，京都学派认为六朝时代是华夷关系的大运动时代，而历史学派则把六朝看作华夷秩序重构的时期。两派的理论主张虽侧重不同，但本质上都在试图解答胡汉文化圈层发展关系的问题，两派都承认那种秦汉时期由中原汉族文化为主导向四夷文化区辐射、影响的流向到南北朝时期开始转变，四夷文化在受中原秦汉文化的强烈刺激后开始勃兴，四夷的

---

① 谷川道雄. 魏晋南北朝隋唐史的基本问题总论 [C] // 魏晋南北朝隋唐史学的基本问题. 李凭，译. 北京：中华书局，2012：1-23.
② 陈寅恪. 魏晋南北朝史讲演录 [M]. 万绳楠，整理. 贵阳：贵州人民出版社，2014.

部族共同体在中国社会追求"自由的身份世界"过程中逐渐摆脱了其部族的血缘桎梏，丰富和改变着其部族的文化属性，并打破、超越了汉族社会的门阀主义，构想出一个超越种族、极为理念化的大共同体，最终流入隋唐帝国，实现了民族文化融合的格局①。在这种民族文化、民族关系大变革的时代冲击下，先秦以来的华夏中心论受到极大的挑战。日本学者吉川忠夫就曾指出，由于佛教的传入和兴盛，六朝时代曾发生了把域外的印度当作世界的中心——中土，而把中原当作边土的意识变化情况②。秦汉时期的中原文化中心观念，到了六朝的胡汉文化圈层运动中已经相对化了。

简言之，日本学者通过对中国南北朝时期的两个社会主题研究逐渐刻画出一个由内而外又由外及内的民族文化流向融合理论：秦汉的中原文化向四夷地区输出极大的影响，促进了四夷地区社会的发展，即中原文化的外化，而随着汉帝国的衰亡，中原文化出现了衰退和停滞，中原王朝内部皇权的衰弱促成了贵族阶层的崛起，造成了中原王朝皇族与贵族同治的所谓"王与马，共天下"的政治格局；而相对于中原文化的衰弱，西夷文化却获得了勃兴的机会，四夷各部族在获得中原文化不同程度的文化浸染和涵化的基础上，有了民族自觉和民族自治的意识，朝着"征服王朝"方向前进，如此，造成了四夷文化向中原反流的格局。这种文化互动的转变在政治层面的逻辑表现为：汉末以来，衰落的皇权开始通过乡论的多层结构向崛起的贵族政治权力倾斜与稀释，进而由于徼外四夷的强盛，进一步流向了勃兴的四夷贵族阶层，具体操作为秦汉的爵位册封变为六朝时的爵位、官号一并赐予实现，其目的在于通过"中原皇权将中原王朝的官号、爵位赐封四夷诸国的君王，使之成为内臣"③。本来给予内臣的册封被扩大到了中原周边的民族首领之中，即"外臣内臣化"，使得周边的诸国与中原王朝结成君臣关系（无论孰

---

① 谷川道雄. 隋唐帝国形成史论［M］. 李济沧，译. 上海：古籍出版社，2017：10-12.

② 参见吉川忠夫：《中土边土的争论》，转引自谷川道雄. 魏晋南北朝隋唐史的基本问题总论［M］//魏晋南北朝隋唐史学的基本问题. 胡汉问题. 李凭，译. 北京：中华书局，2012：16.

③ 参见（日）西岛定生所著古代东亚细亚世界的形成《中国古代国家与东亚细亚世界》。转引自谷川道雄. 魏晋南北朝隋唐史的基本问题总论［M］//魏晋南北朝隋唐史学的基本问题. 胡汉问题. 李凭，译. 北京：中华书局，2012：16.

为君，孰为臣），四夷的"内臣化"反过来强烈影响着中原王朝的内政，使得中原王朝重建并保持着"东亚世界"的政治统一格局。究其实质还是离不开中原文化的外流与四夷文化的返流，即民族文化圈的互动进程。

南北朝时期整体上的这种文化互动在南中表现为大姓、夷帅的崛起，承担起南中的政治区域划分和聚落村邑的建设工作，通过"开门节度，闭门天子"高度自治的方式重新建构南中的地缘政治格局；胡汉关系的实质是中原文化圈与四夷文化圈的涵化、融合，在这种民族文化圈的互动、融合过程中，"蛮夷"的上层贵族开始在酝酿、成形的民族文化圈中，或试图占据主导，成为区域文化圈的核心，或携带中原文化的文化基因积极融入"蛮夷文化圈"当中，无论"汉化"还是"夷化"，二者的本质都在于民族文化圈的互动与融合。在北方有北魏孝文帝汉化改革，在南方则表现为南中大姓的"夷化"和具有主导性的自治发展。这种民族文化的互动和融合使得中华文化的发展获得了前所未有的生机和活力——本来由于中原文化圈的扩展而影响、辐射的那些圈外层内的"四夷文化圈"获得了文化涵化和跃迁的力量，开始反作用、影响于中原文化圈，从而极大丰富和扩大了中原文化圈的内涵和文化影响力，重新构建着中国文化的圈层范围和结构。

在南中，秦汉以来进入此区域的汉人世家大族，用中原文化经营着周围极为有限的区域，在众多"蛮夷文化圈"包围中成为文化孤岛。由于生存生境的改变和刺激，这些中原文化的孤岛开始与本土的蛮夷文化发生涵化，逐渐融合到南中的蛮夷文化圈当中。《华阳国志·南中志》有言曰：

> 夷人大种曰昆，小种曰叟，皆曲头，木耳环，铁裹结。无大侯、王，如汶山、汉嘉夷也。夷中有桀、黠、能言议屈服种人者，谓之"耆老"，便为主。论议好譬喻物，谓之《夷经》。今南人言论，虽学者，亦半引《夷经》。与夷为姓曰"遑耶"。诸姓为"自有耶"。世乱、犯法，辄依之藏匿。或曰：有为官所法，夷或为报仇。与夷至厚者，谓之"百世遑耶"，恩若骨肉。故南人轻为祸变，恃此也。其俗徵巫鬼，好诅盟，投石结草，官常以诅盟要之。

此处所言的"夷人"指的是汉藏语系的氐羌民族群体，尚处于原始氏族公社向奴隶社会过渡的阶段，其部族并无选举制度，那些能言善辩、言议服人的"耆老"往往就能指挥族人，制定惩罚不服者，如果有众多不服者增多，则又另立"便为主"者，是故氏族社会不能结成稳固的较大群体①。那些携带着中原文化因子的南中大姓势必打破原有的、较为纯粹的西南夷民族文化圈格局，朝着局部区域的民族文化整合发展。南北朝时期的南中夷人不仅受到了中原儒家经典的熏染，也学会了"不学诗，无以言"的社会交往方式。《华阳国志·南中志》中的所谓"学者"即为南中儒生，他们与官方交道时只能用儒家语言，但在面对众多夷人的生活中却又要习得夷语，由此造成了他们时常"半引《夷经》"的状态。不仅如此，汉夷之间的联姻、联宗情况在此时期的南中也较为常见，"夷语'遑耶'之耶，盖即族支之义，遑，与义父义子，义兄弟之义字含义相同。本是同支者称'自有耶'"②。可见，南北朝时，南中的汉族与夷人之间虽有区别，但两种文化已有较高的涵化程度，在此基础上产生的大姓夷帅自然会接受、模仿中原文化的制度、观念用以统治管理南中地区，从而使得南中的民族文化圈与中原文化圈的融合程度更进一步。

①　常璩.《华阳国志》校补图注 ［M］. 任乃强，校注. 上海：上海古籍出版社，1987：247–252.

②　常璩.《华阳国志》校补图注 ［M］. 任乃强，校注. 上海：上海古籍出版社，1987：253.

余　论

从秦朝的"诸此国，颇置吏焉"到隋唐时"即其部落列置州县"，历经近 800 多年（公元前 221 年—公元 589 年）的岁月，中原王朝用政治、军事的手段在西南地区展开了行政区划，并以行政区划为依托设置郡县治所，建筑城镇，把西南地区纳入中原王朝的行政和城镇体系当中。

然而，政权的体系、政治的制度及一切社会的生产生活组织方式都不过是民族文化（民族的文明形态）的外在表现，从文化人类学的角度来审视这段"经略云南"的历史，我们不难发现：处于文化扩展主导地位的中原文化圈，凭借自身较为稳定、较高程度的文化驭能能力和文化代偿力向周边的"陌生"的生存生境拓展，遂形成了文化辐射、影响的圈层结构，以云南为主的西南民族文化圈在较为被动地接受中原文化影响、刺激的过程中，与中原文化发生了日益深化的文化互动与融合，这种民族文化的融合与涵化极大加速了云南民族文化及社会的发展进程，并逐渐强化了民族文化的自觉意识，各部族的上层贵族精英萌发了强烈的民族自治诉求，而且，更为重要的是云南的民族文化圈在与中原文化的融合、涵化过程中，不仅准备着本民族文化的纵向跃迁，孕育着新的文化类型（如南诏），还在文化发展的横向上产生出新的文化样式（如南中大姓）；于是，当中原文化的自身发展由于政治上的混乱而处于衰弱甚至停滞时，受中原文化浸染、影响的边疆民族文化还反向刺激、重塑着中原文化，从而给整个中华文化圈带来新的活力和发展空间。这也就是美国学者特纳（Frederick J. Turner）于 19 世纪末提出的文化的边疆区对文化的核心区具有的重要价值和历史作用——从某种角度上看，正是边疆多元的民族文化成全了中心文化的延续，成就了中心文化的丰富和强大。

"自西汉至南朝，西南地区的行政区划，载于各史《地理志》的地名，多无事迹可考。惟从部族区域与历史发展，不难得其大概。"民族文化圈层的概念既是地理的范畴，又是对民族社会发展的概括，我们今天对汉晋时期云南的政区和城镇进行沿革式的梳理，就是要揭开特定历史时期，云南与中原的民族文化圈层互动融合的面纱。"因为郡县区划是在部族区域的基础上建立起来的，也就是说，以部族区域为郡县区域，以部族分布为郡县分合的天然依据：这是所谓'羁縻统治''即其部落列郡县'的特点。部族区域和郡县区划是紧密联系的。大抵，由于居民分布形成部族区域，又由于部族区域形成郡县区划，要把居民、部族、郡县三者结合来了解行政区划的地域和每一地名的位置。……部族社会不断变化发展，随之部族区域发生变化，又随之郡县区划也发生变化。"①

秦、汉时中原王朝的官修史料，都把"西南夷"地区看作中原文化的辐射圈层之外，即徼外之别种殊域，自然也不在政治疆域之内，因此，《史记》《汉书》《后汉书》都把记述西南边疆的"四夷列传"圈定在"西南夷"的地区。然而自两晋至隋，中原王朝的史书在记述西南边疆的时候，都跨越过秦、汉的"西南夷"地区而述及今天的越南、老挝一带之"林邑""扶南"王国。这些史书具体为《晋书·四夷列传·南蛮》《南史·夷貊列传上·海南诸国》《宋书·夷蛮列传》《南齐书·东南夷列传》《梁书·诸夷列传·海南诸国》《隋书·南蛮列传》，南朝陈因国力羸弱不堪，无暇顾及边疆，所以无边疆四夷的传略。这种变化的开端应始于《三国志·蜀书》，只记述了部分南中大姓的传略，而无夷夏、中原边疆的内外之分，因此，蜀汉政权已经把整个南中地区看作自己的政治疆域之内了。汉晋时期，云南行政区域开始的内化式发展及城镇建置的中原模式都源于民族文化圈层的融合与涵化。论述及此，略做总结：

一、民族文化圈是一个实体的概念。它的基础是特定的自然地理环境和分布于这些生存生境当中的民族及其所结成的共同体，它反映的是民族群体的社会组织形态和社会发展程度，它由民族文化的特质界定，不同的民族文化圈之间互动的动力是民族文化向外寻找新的生存生境的冲动，互动的过程

---

① 方国瑜. 中国西南历史地理考释 [M]. 北京：中华书局，2012：29-35.

由文化的驭能力和代偿力决定，互动的结果通常是获得了文化的融合与涵化。由于在某个特定的历史时期，每一种民族文化的发展程度及驭能力、代偿力都与其他文化不尽相同，所以，代偿力较高的民族文化圈相对于较低的民族文化圈会表现出较强的文化辐射和影响力，从而产生了文化辐射圈层的格局。

二、行政区划与政治区域既有区别又有联系。政治区域是由客观的民族分布、民族文化的发展形成的，是民族实体存在的一种方式；行政区划则源于"九州"的政治构想，秦汉时云南的行政区划并无多少出于民族政治区域的考量，只是趋于财货和安全战略的目的而设置，因此，云南的行政区划设置之初，其主观构想并不依据，也不符合民族区域的客观分布。但是，随着后世王朝对行政区划的沿革，行政区划的目的和性质，势必使得行政区划朝着与民族政治区域相符合的方向发展。魏晋时期的蜀汉南中七郡便是这种调整的代表。

三、云南城镇的起源与本土民族的原始聚落息息相关，但是集军事防御和行政统辖两种功能为一体的中原城镇模式却随着秦汉云南行政区划的设置而产生，而云南的政区和城镇的出现和发展极大地刺激和加速了当地的民族社会发展——本土部族也开始发展自己的城堡、坞镇的道路，并在中原文化的涵化、影响下，于魏晋时产生民族觉醒和民族崛起的趋势，从而酝酿着云南的区域文化整合与地区的局部统一。

四、政区的设置朝着民族区域深入，郡县的建置推行朝着云南的边远区域推进，这两个举措都无疑促成了云南民族社会的整体发展，加快了云南民族文化圈整合发展的进程。到南诏、大理时期，这种文化的整合得以实践，同时，南诏、大理王国也实现了从奴隶制社会向封建制社会的转变，表明自汉晋以来，云南民族文化同中原文化的融合缩短了云南与中原的文化差距，最终到元代时，形成了多元一体的文化格局。

五、尽管此前为了政区和城镇的出现，历史已经做了许多的准备，但是，云南严格意义上的行政区划和城镇出现和发展是在汉晋时期，而且，是以中原文化的政治性推动方式展开的。当中原文化进入云南，乃至于整个西南地区，面对陌生的文化生存生境以及本土民族文化时，必然发生文化的互动、文明的碰撞，经过汉晋时期云南境内的中原文化与土著文化的接触和融合，中原文化开始南中本土化（"夷化"），中原进入南中的汉族先民携带着中原文化的基因已经与当地夷人融为一体，崛起的大姓开始孕育自己的政治诉求；而南中地区的本土民族文化也深刻地打上了中原文化，特别是中原农业文化的烙印，僰人、洱滨人、河蛮进入了农耕社会，划分自己的政治区域，建设部族的城镇郭邑，在中原王朝施予的强烈的文化刺激下，南中各个部族社会开始朝着文化整合、社会统一的方向加速发展。随着南中部族组织和社会发展，摆脱原有的、来自外部的、体现中原王朝政治意图的行政区划，建立新的政治区域格局的趋势越来越明显，新一轮的城镇建设也越来越近，终于，随着云南民族历史发展的进程，到了南诏、大理国时期，这种局部的文化整合、局部的政治统一、局部的政区规划、局部区域的城镇建设新高潮得以实现。

参考文献

一、古籍文献

[1] 司马迁. 史记 [M]. 北京：中华书局，2011.

[2] 孔安国，传. （唐）孔颖达，疏. 十三经注疏·尚书正义 [M]. 廖名春，陈明，整理. 北京：北京大学出版社，2000.

[3] 班固. 汉书 [M]. 北京：中华书局，2011.

[4] 常璩. 《华阳国志》校补图注 [M]. 任乃强，校注. 上海：上海古籍出版社，2015.

[5] 常璩. 《华阳国志》校注 [M]. 刘琳，校注. 成都：巴蜀书社，1985.

[6] 陈寿. 三国志 [M]. 北京：中华书局，2011.

[7] 范晔. 后汉书 [M]. 北京：中华书局，2011.

[8] 萧子显. 南齐书 [M]. 北京：中华书局，2011.

[9] 房玄龄. 晋书 [M]. 北京：中华书局，2011.

[10] 李延寿. 南史 [M]. 北京：中华书局，2011.

[11] 姚思廉. 梁书 [M]. 北京：中华书局，2011.

[12] 魏征. 隋书 [M]. 北京：中华书局，2011.

[13] 刘昫. 旧唐书 [M]. 北京：中华书局，2011.

[14] 王铚，王栐. 默记　燕翼诒谋录 [M]. 北京：中华书局，1981.

[15] 李焘. 续《资治通鉴》长编 [M] //四库全书. 上海：上海古籍出版社，1987.

[16] 欧阳修. 新唐书 [M]. 北京：中华书局，2011.

[17] 李昉，等. 太平御览 [M]. 影印本. 北京：中华书局，1960.

[18] 脱脱. 宋史 [M]. 北京：中华书局，2011.

[19] 梁启超，《饮冰室文集》点校 [M]. 吴松，卢云昆，王文光，段炳昌，点校. 昆明：云南教育出版社，2001.

[20] 孙星衍. 尚书今古文注疏 [M]. 陈抗，盛冬铃，点校. 北京：中华书局，1986.

[21] 胡渭. 禹贡锥指 [M]. 邹逸麟，整理. 上海：上海古籍出版社，1996.

[22] 蒋延锡.《尚书》地理今释 [M]. 上海：商务印书馆，1971.

[23] 阮元，等. 云南通志 [M]. 道光十五年（1835）刻本。

[24] 周钟岳，等撰. 新纂云南通志 [M]. 李春龙，牛鸿斌，点校. 昆明：云南人民出版社，2010.

[25] 中国地方志集成 [M]. 南京：凤凰出版社，2014.

二、专著和论文集

[1] 杨庭硕，罗康隆. 西南与中原 [M]. 昆明：云南教育出版社，1992.

[2] 苏秉琦. 中国文明起源新探 [M]. 北京：生活·读书·新知三联书店，2001.

[3] 吕思勉. 中华民族源流史·中国民族史 [M]. 北京：九州出版社，2009.

[4] 方国瑜. 中国西南历史地理考释 [M]. 北京：中华书局，2012.

[5] 赵吕甫.《云南志》校释 [M]. 北京：中国社会科学出版社，1985.

[6] 浦善新. 中国行政区划概论 [M]. 北京：知识出版社，1995.

[7] 周振鹤. 中国历代行政区划的变迁 [M]. 北京：商务印书馆，1998.

[8] 田穗生，罗辉，曾伟. 中国行政区划概论 [M]. 北京：北京大学出版社，2005.

[9] 李根源，辑. 永昌府文征：卷四 [M]. 杨文虎，陆卫先，校. 昆明：云南美术出版社，2002.

[10] 高立士. 西双版纳傣族的历史与文化·西双版纳召片领四十四世始末 [M]. 昆明：云南民族出版社，1992.

[11] 云南省少数民族古籍整理出版规划办公室. 车里宣慰使世系集解 [M]. 昆明：云南民族出版社，1989.

[12] 木芹.《南诏野史》会证 [M]. 昆明：云南人民出版社，1990.

[13] 方国瑜. 云南史料丛刊 [M]. 昆明：云南大学出版社，1998.

[14] 方国瑜主编. 云南郡县两千年 [M]. 昆明：云南广播电视大学，1983.

[15] 何一民. 中国城市史 [M]. 武汉：武汉大学出版社，2012. 2 月

[16] 彭长林. 云贵高原的青铜时代 [M]. 南宁：广西科学技术出版社，2008.

[17] 李杰. 中国少数民族文献探研 [M]. 昆明：民族出版社，2002.

[18] 吴晓亮. 洱海区域古代城市体系研究 [M]. 昆明：云南大学出版社，2004.

[19] 尤中. 云南民族史 [M]. 修订本. 昆明：云南大学西南边疆民族历史研究所，1985.

[20] 尤中. 云南地方沿革史 [M]. 昆明：云南人民出版社，1990.

[21] 尤中. 中国西南的古代民族 [M]. 昆明：云南人民出版社，1980.

[22] 李学勤. 中国古代文明与国家形成研究 [M]. 昆明：云南人民出版社，1997.

[23] 何耀华. 云南通史 [M]. 北京：中国社会科学出版社，2011.

[24] 张步天. 山海经解 [M]. 香港：天马图书有限公司，2004.

[25] 扶永发. 神州的发现——《山海经》地理考 [M]. 昆明：云南人民出版社，1992.

[26] 马曜. 云南简史 [M]. 昆明：云南人民出版社，1983.

[27] 张增祺. 滇文化 [M]. 北京：文物出版社，2001.

[28] 赵殿增. 三星堆文化与巴蜀文明 [M]. 南京：江苏教育出版社，2005.

[29] 李学勤. 中国古代文明十讲 [M]. 上海：复旦大学出版社，2003.

[30] 饶宗颐. 饶宗颐学述 [M]. 胡小明，李瑞明，整理. 杭州：浙江人民出版社，2000.

[31] 谭其骧. 长水集 [C]. 北京：商务印书馆，1987.

[32] 顾颉刚. 论巴蜀与中原的关系 [M]. 成都：四川人民出版社，1981.

[33] 周振鹤. 中国行政区划通史 [M]. 上海：复旦大学出版社，2009.

[34] 林超民. 林超民文集 [M]. 昆明：云南人民出版社，2008.

[35] 顾颉刚，刘起釪.《尚书》校释译论 [M]. 北京：中华书局，2005.

[36] 谭其骧. 长水粹编 [C]. 上海：复旦大学出版社，2015.

[37] 顾颉刚. 古史辨自序 [M]. 北京：商务印书馆，2011.

[38] 梁启超. 国史研究六篇 [M]. 2 版. 上海：中华书局，1947.

[39] 李长傅.《禹贡》释地 [M]. 郑州：中州书画社，1983.

[40] 顾颉刚. 浪口村随笔 [M]. 沈阳：辽宁教育出版社，1998.

[41] 王文光，朱映占. 中国西南民族通史 [M]. 昆明：云南大学出版社，2015.

[42] 张增祺. 滇国与滇文化 [M]. 昆明：云南美术出版社1997.

[43] 蒋志龙. 滇国探秘——石寨山文化的新发现 [M]. 昆明：云南教育出版社，2002.

[44] 马曜. 白族简史 [M]. 昆明：云南人民出版社，1988.

[45] 方国瑜. 彝族史稿 [M]. 成都：四川民族出版社，1984.

[46] 何光岳. 楚源流史 [M]. 长沙：湖南人民出版社，1988.

[47] 童恩正. 人类与文化 [M]. 重庆：重庆出版社，1998.

[48] 林惠祥. 文化人类学 [M]. 北京：商务印书馆，1991.

[49] 耿德铭. 哀牢国与哀牢文化 [M]. 昆明：云南人民出版社，2003.

[50] 谭其骧. 中国历史地图集 [M]. 北京：中国地图出版社，1996.

[51] 云南各族古代史略编写组. 云南各国古代史略 [M]. 昆明：云南人民出版社，1978.

[52] 方国瑜. 方国瑜文集 [M]. 昆明：云南教育出版社，2001.

[53] 吴慧. 中国历代粮食亩产研究 [M]. 北京：农业出版社，1985.

[54] 张履鹏. 两汉名田制的兴衰 [M]. 北京：中国农业出版社，2015.

[55] 缪鸾和.《华阳国志·南中志》校注稿 [M]. 昆明：云南大学西南古籍研究所，2000.

[56] 汪宁生. 云南考古 [M]. 昆明：云南人民出版社，1980.

[57] 杨世钰,赵寅松. 大理丛书 [M]. 昆明：云南民族出版社,2012.

[58] 李霖灿. 南诏大理国新资料的综合研究 [M]. 台北："故宫博物院",1982.

[59] 王明珂. 羌在汉藏之间 [M]. 杭州：浙江人民出版社,2013.

[60] 王明珂. 华夏边缘 [M]. 杭州：浙江人民出版社,2013.

[61] 许倬云. 中国古代文化的特质 [M]. 台北：联经出版事业公司,1988.

[62] 谷川道雄. 隋唐帝国形成史论 [M]. 李济沧,译. 上海：上海古籍出版社,2017.

[63] 哈定,等. 文化与进化 [M]. 商令戈,译. 杭州：浙江人民出版社,1987.

[64] 托卡列夫ＣＡ. 国外民族学史 [M]. 汤正方,译. 北京：中国社会科学出版社,1983.

[65] 马林诺夫斯基. 文化论 [M]. 费孝通,译. 北京：中国民间文艺出版社,1987.

[66] 哈维. 缅甸史纲 [M]. 李田意,等译. 昆明：国立云南大学西南文化研究室,1944.

[67] 基辛. 当代文化人类学 [M]. 于嘉云,等译. 台北：台湾巨流图书公司,1980.

[68] 施坚雅. 中华帝国晚期的城市 [M]. 叶光庭,等译. 北京：中华书局,2000.

[69] 施坚雅. 中国封建社会晚期城市研究：施坚雅模式 [M]. 王旭,等译. 长春：吉林教育出版社,1991.

[70] 海斯. 现代民族主义演进史 [M]. 帕米尔,等译. 上海：华东师范大学出版社,2011.

[71] 芒福德. 城市发展史：起源、演变和前景 [M]. 北京：中国建筑工业出版社,2005.

[72] 童恩正. 南方文明 [M]. 重庆：重庆出版社,2004.

[73] 李树桐. 唐史研究·唐代妇女的婚姻 [M] //台湾：中华书局,1979.

［74］尤中.尤中诗文选集·先秦时的西南民族［M］.昆明：云南人民出版社，2004.

［75］尤中.尤中诗文选集·对秦以前西南各族历史源流的窥探［M］.昆明：云南人民出版社，2004.

［76］陈庆江.西南边疆民族研究·明代云南县级政区治所的城池［M］，昆明：云南大学出版社，2001.

［77］顾颉刚.禹贡［M］//中国科学院地理研究所.中国古代地理名著选读.北京：科学出版社，1959.

［78］刘起釪：《禹贡》写成年代与九州来源诸问题探讨［M］//九州：第三辑.北京：商务印书馆，2003.

［79］蒋志龙.晋宁石寨山的考古新发现及其对滇文化研究的意义［M］//中国古代铜鼓研究会.铜鼓和青铜文化研究.贵阳：贵州人民出版社，2001.

［80］冯汉骥.汉骥考古学论文集［M］.北京：文物出版社，1985.

［81］任乃强.《山海经》新探［M］.北京：金城出版社，2000.

［82］雷海宗.殷周年代考［M］//中国近代思想家文库.北京：中国人民大学出版社，2014.

［83］李昆声.云南文物考古五十年［C］//云南省博物馆建馆五十周年论文集.昆明：云南教育出版社，2001.

［84］尤中.从滇国到南诏［M］.大理民族文化研究论丛：第四辑.北京：民族出版社，2010.

［85］杨德聪.文物考古年报［M］.昆明：云南省文物考古研究所，2007.

［86］方国瑜.滇史论丛［M］.上海：上海人民出版社，1982.

［87］陈寅恪.魏晋南北朝史讲演录［M］.万绳楠，整理.贵阳：贵州人民出版社，2014.

［88］王懿之.论滇越族属及其社会经济形态［C］//王懿之学术文选：傣族基诺族历史文化论.昆明：云南人民出版社，2014.

［89］王懿之.云南民族源流考［M］//民族历史文化论.昆明：云南美术出版社，2000.

[90] 中共中央马克思恩格斯列宁斯大林著作编译局. 马克思恩格斯全集 [M]. 人民出版社, 2003.

[91] 特纳. 历史译丛 [C]. 1963

[92] 谷川道雄. 魏晋南北朝隋唐史学的基本问题 [M]. 李凭, 译. 北京: 中华书局, 2012.

[93] 阚勇. 云南印纹陶文化初论 [M] //云南省文物考古研究所. 云南考古文集. 昆明: 云南民族出版社, 1998.

三、期刊报刊

[1] 杨须爱. 文化相对主义的起源及早期理念 [J]. 民族研究, 2015 (4).

[2] 周振鹤. 行政区划史研究的基本概念与学术用语刍议 [J]. 复旦学报 (社会科学版), 2001 (3).

[3] 王军. 从《帕萨坦》看西双版纳茫乃政权 [J]. 思想战线, 1984 (1).

[4] 王文光, 翟国强. 西南民族的历史发展与中华民族多元一体格局关系述论 [J]. 思想战线, 2005 (2).

[5] 张晓松. 唐朝羁縻府州制及与南诏政权政治行政关系探析 [J]. 云南行政学院学报, 2007 (1).

[6] 李昆声, 闵锐. 云南早期青铜时代研究 [J]. 思想战线, 2011 (4).

[7] 张光直. 关于中国初期"城市"这个概念 [J]. 文物, 1985 (2).

[8] 李东红. 从地方一族到国家公民——"白族模式"在中国民族建构中的意义 [J]. 思想战线, 2014 (1).

[9] 杜瑜. 中国古代城市的起源与发展 [J]. 中国史研究, 1983 (1).

[10] 张全明. 论中国古代城市形成的三个阶段 [J]. 华中师范大学学报 (人文社科版), 1998 (1).

[11] 王文光, 田婉婷. 中国民族史研究散论 [J]. 思想战线, 2000 (4).

[12] 王文光, 李汕. 云南近现代民族史研究论纲 [J]. 思想战线, 2007 (5).

[13] 金正耀. 广汉三星堆遗物坑青铜器的铅同位素比值研究 [J]. 文物, 1995 (2).

[14] 李晓岑. 从铅同位素比值试析商周时期青铜器的矿料来源 [J]. 考古与文物, 2002 (2).

[15] 段渝. 略论古蜀与商文明的关系 [J]. 史学月刊, 2008 (5).

[16] 杜勇. 说甲骨文中的蜀国地望 [J]. 殷都学刊, 2005 (1).

[17] 杜勇. 论《禹贡》梁州相关诸问题 [J]. 天津师范大学学报 (社会科学版), 2008 (2).

[18] 邵望平. 禹贡九州风土考古学从考 [J]. 九州学刊, 1988 (1).

[19] 傅奠基. 华阳黑水惟梁州——昭通政区朔源 [J]. 昭通师范高等专科学校学报, 2011 (6).

[20] 姜亮夫.《天问》所传西南地名小辩 [J]. 思想战线, 1982 (1).

[21] 周宏伟.《禹贡》黑水新考 [J]. 陕西师大学报 (哲学社会科学版), 1991 (8).

[22] 汪宁生. 晋宁石寨山青铜器图象所见古代民族考 [J]. 考古学报, 1979 (4).

[23] 云南省博物馆筹备处. 剑川海门口古文化遗址清理简报 [J]. 考古, 1958 (6).

[24] 李永衡, 王涵. 昆明市西山区王家墩发现青铜器 [J]. 考古, 1983 (5).

[25] 云南省博物馆考古发掘工作组. 云南晋宁石寨山古遗址及墓葬 [J]. 考古学报, 1956 (1).

[26] 云南省博物馆. 云南晋宁石寨山第三次发掘简报 [J]. 考古, 1959 (9).

[27] 丁长芬. 昭通青铜文化初论 [J]. 云南文物, 2002 (11).

[28] 欧阳春. 剑川西湖出土新石器时代文物 [J]. 云南文物, 1973 (6).

[29] 李昆声. 55 年来云南考古的主要成就 (1949—2004 年) [J]. 四川文物, 2004 (3).

[30] 赛明思. 评《中国王朝时代晚期的城市》[J]. 历史地理, 1981 (创刊号).

[31] 葛剑雄. 论秦汉统一的地理基础——兼评魏特夫的《东方专制主

义》[J]. 中国史研究, 1994 (02).

[22] 蒋志龙, 徐文德. 云南昆明天子庙贝丘遗址发掘获重要收获 [N]. 中国文物报, 2005-09-16.

[33] 吕振羽. 从远古文化遗存看我国各民族的历史关系 [N]. 人民日报, 1961-04-23.